Eduard Nolde

Reise nach Innerarabien, Kurdistan und Armenien

weitsuechtig

Eduard Nolde

Reise nach Innerarabien, Kurdistan und Armenien

ISBN/EAN: 9783956560668

Auflage: 1

Erscheinungsjahr: 2013

Erscheinungsort: Bremen, Deutschland

@ weitsuechtig in Access Verlag GmbH. Alle Rechte beim Verlag und bei den jeweiligen Lizenzgebern.

Cover: Foto © Mr. Minoque (Wikipedia)

weitsuechtig

REISE

NACH

INNERARABIEN, KURDISTAN

UND

ARMENIEN.

1892.

VON

BARON EDUARD NOLDE.

VORREDE.

Der Anfang vorliegender Reisebeschreibung erschien zuerst im Globus, Band 67. Dadurch war der Verfasser, Herr Baron Eduard Nolde aus Kurland, zu dem Herausgeber des Globus, Herrn Dr. Richard Andree, in Beziehungen getreten. Am 11. März 1895 schied Baron Nolde in London freiwillig aus dem Leben, nachdem er am Tage vor seinem Tode die Fortsetzung seiner Reisebeschreibungen Herrn Dr. Andree mit dem Ersuchen gesendet hatte, für die Veröffentlichung derselben Sorge tragen zu wollen. Herr Dr. Andree hat die Güte gehabt, das Manuskript der unterzeichneten Verlagsbuchhandlung zu diesem Zwecke zur Verfügung zu stellen. Sie übergiebt hiermit die von ihr besorgte Ausgabe der Oeffentlichkeit, als einen Beitrag zur Kenntnis des nur von sehr wenigen Europäern besuchten Innerarabien und der kurdisch-armenischen Landschaften, welche augenblicklich das Tagesinteresse besonders in Anspruch nehmen, sowie in der Hoffnung, dafs die aufserordentlich lebhaften, anziehenden, naturwahren, lehrreichen und an spannenden Ereignissen reichen Schilderungen des zu früh dahingegangenen Verfassers das Interesse der Leser in hohem Grade erregen werden. —

Von ihm befreundeter Seite erhalten wir über den Lebensgang des Verstorbenen folgende Mitteilungen. „Eduard von Nolde wurde am 16. April 1849 auf dem Majoratsgute Kalleten in Kurland geboren. Seinen ersten Unterricht erhielt er durch einen tüchtigen Privatlehrer und kam dann, 16 Jahre alt, auf das Gymnasium nach Riga. Nach drei Jahren verließ Nolde, nachdem er nach Prima versetzt war, die Schule und lebte in den beiden darauffolgenden Jahren bald bei seinen Brüdern, bald bei seinem Vater in Berlin oder bei seiner Mutter in Mitau. Im Jahre 1870 trat er als Freiwilliger (Junker) in das Leib-Garde-Ulanenregiment, das in Warschau steht, ein, nahm aber, ohne das Offiziersexamen gemacht zu haben, nach 1½ Jahren seinen Abschied. Als 1872 der Karlistenaufstand ausbrach, begab sich Nolde nach Spanien, trat als Freiwilliger in die Reiterei der Karlisten ein, brachte es bis zum Lieutenant und befehligte einen Zug der Reiterei bis Ende 1876. — 1877 begab sich Nolde nach Südamerika und kämpfte in dem zwischen den Chilenen und Peruanern entbrannten Kampfe ein Jahr lang auf Seite der ersteren. Ueber Rio de Janeiro und San Francisko kehrte Nolde im Spätherbst des Jahres 1878 wieder nach Petersburg zurück. Hier bewarb er sich um eine Anstellung im Staatsdienst und erhielt im Januar 1879 die Stelle eines Inspektors der Branntwein-Accise im Witebskischen Gouvernement. Nach zwei Jahren wurde er infolge einer Denunziation in einen Prozeß verwickelt, den er aber gewann. Es gelang ihm aber nicht wieder, eine ähnliche Stellung zu erhalten. Er blieb nun in Petersburg und schrieb in der Petersburger Zeitung „Herold" lange Abhandlungen über die Branntwein-Accise und ihre Verbesserungen. Die technische Gesellschaft, in deren Kreise er sehr gerne gesehen war, wählte ihn zu ihrem Ehrenmitgliede. Im Jahre 1888 reiste Nolde nach Konstantinopel, kehrte aber bald wieder zurück und begab sich darauf mit seinem Vetter, Grafen K. wieder nach der Türkei und von dort zu Jagdzwecken nach Afrika, von wo die Herren erst nach zwei Jahren zurückkehrten. Auch die folgenden Jahre hat Baron Nolde fast immer auf Reisen verbracht. 46 Jahre alt beendete er sein an Abenteuern und Gefahren reiches Leben in London freiwillig."

Braunschweig, im Juli 1895.

INHALTSVERZEICHNIS.

Seite

I. Von Damaskus bis Háiyanniéh . 3

Anwerbung der Dragomane und Diener. — Arabischer Hengst Manek. — Ankauf von Kamelen. — Wichtigkeit der Wasserschläuche für Wüstenreisen. — Türkische Eskorte. — Aufbruch von Damaskus. — Gröfse und Zusammensetzung der Karawane. — Lebensweise während der Wüstenreise. — Aufenthalt in Bozra. — Eintritt in die Wüste. — Tintenschwarze Felsenberge. — Ankunft in Kaf. — Berechnung der Entfernungen nach Kamelstunden. — Weidegründe der Roala. — Räuberhorden. — Kälte in der Wüste. — Djof. — Argwohn des Gouverneurs Djohar. — Erster Empfang. — Bedeutung von Djof. — Wege nach Haïl. — Regenwasserplatz in der „roten Wüste". — Eintritt in den Nefúd. — Grofse Kälte und Schneefall in der Wüste. — Mifsglückter Angriff von Räubern. — Jagd auf ein Rennkamel. — Schilderung des Nefud. — Tierleben. — Das Kastell von Háiyanniéh. — Uralte Brunnen.

II. Von Háiyanniéh bis Haïl 29

Unangenehme Neuigkeiten. — Abwesenheit des Emirs. — Haïl in Sicht. — Botschaft an den Regenten Hmoud. — Weigerung desselben, einen Fremden einzulassen. — Überwindung der Schwierigkeiten durch den Dragoman Nasroullah. — Einzug in Haïl. — Verbot des Rauchens in Centralarabien. — Erster Empfang. — Begeisterung der Bevölkerung Haïls für Maneks Schönheit. — Wohnung in Ibn-Raschids altem Privatschlofs. — Sonstige Verwendung desselben als Staatsgefängnis. — Wichtigkeit von Haïl. — Regierungspalais. — Grofsartige Kücheneinrichtungen. — Ibn-Raschids Reichtum. — Die Brunnen und ihre Wichtigkeit für den Feldbau. — Schulen in Haïl. — Sklaverei in milder Form. — Komische Sklavengeschichte. — Seltsame Zwischenfälle. — Nachrichten über die Ermordung des Franzosen Hubert. — Klare Auffassung Ibn-Raschids über europäische Angelegenheiten. — Mifstrauen der Araber. — Umschwung in der öffentlichen Meinung zu

Gunsten des Reisenden. — Regen. — Waffenerfolg des Emirs.
— Besuch der Moscheen. — Ausflug nach Ayde. — Die
Berge von Haïl. — Einladung Ibn-Raschids zum Stelldichein in der Wüste. — Aufbruch von Haïl. — Herzlicher Abschied von Hmoud.

III. Die politischen Zustände Innerarabiens . 52

Begrenzung des von Beduinen bewohnten und beherrschten Teiles
von Arabien. — Aufzählung der in Betracht gezogenen
Stämme. — Die kriegerischen Harbs. — Ihre Angriffe auf die
Mekkakarawanen. — Verpflichtung des Sultans, dieselben zu
schützen. — Versuch der Türken, Ibn-Raschid für die Räubereien der Harbs verantwortlich zu machen. — Erklärung Ibn-
Raschids, dafs die Harbs unabhängig seien. — Möglichkeiten,
den Übelständen abzuhelfen. — Schutzbündnis Ibn-Raschids
mit den Harbs. — Berechnung der Bevölkerung Innerarabiens.
— Anzahl der Krieger. — Die Wahabiten und ihre religiösen
Anschauungen. — Die wachsende Macht der Wahabiten. —
Plünderung von Kerbela und Medina durch dieselben. — Krieg
der Ägypter gegen die Wahabiten. — Schliefsliche Unterwerfung der Letzteren. — Räumung Arabiens durch die
Ägypter im Jahre 1842. — Darauf folgende innere Kriege. —
Regierungsantritt Emir Mohammeds in Haïl. — Seine Gewaltthaten. — Vorkommnisse in Riad. — Türkischer Feldzug
gegen Hasa, 1874 u. 1875. — Einmischung Ibn-Raschids in
die Verhältnisse Riads. — Bündnis verschiedener Stämme gegen
ihn. — Gleiche Streitkräfte der Gegner. — Abfall Bereydas
von Ibn-Raschid. — Ungünstige Lage Ibn-Raschids. — Grofsartiger Sieg Ibn-Raschids über seine Gegner. — Bestrafung
Riads.

IV. Im Lager bei Ibn-Raschid 78

Abstecher nach Oneyzeh. — Grüfse von Ibn-Raschid. — Grund der
Herabsetzung ihres Landes durch die Beduinen. — Einholung
durch 300 Reiter. — Empfang durch Ibn-Raschid. — Seine
Meinung, die Rebellion in Yemen betreffend. — Besichtigung
des Lagers. — Leibgarde des Emirs. — Seine Leibfarbe. —
Der Bannerträger. — Im Verkehr mit Ibn-Raschid. — Kamelkuriere. — Besuch des Emirs von Riad. — Versorgung des
Lagers mit Lebensmitteln. — Geschenke und Gegengeschenke.
— Die letzten Ratschläge des Emirs. — Aufbruch in Begleitung des Emirs. — Letzter Abschiedskaffee. — Freundschaftsversicherungen Ibn-Raschids.

V. Nach Meshed Ali 96

Gehörnte Viper als glückliches Omen. — Schlangenreichtum in
Mesopotamien und Innerarabien. — Reiz der Wüstenreisen. —
Lager bei den Stachelbäumen. — Die Zobeideh-Strafse. — Ein-

— XI —

tritt von Wassermangel. — Leistung eines Rennkamels. — In Sicht der goldenen Kuppel von Meshed Ali. — Ein Sandsturm. — Rast in Aïn Saïd. — Unfreundlichkeit der Bewohner. — Der See von Nedjef. — Der Hindiyéhkanal. — Vor dem Thore von Meshed Ali. — Perserkolonie. — Verbot der Leichentransporte. — Leichenschmuggel. — Safran als Verpackungsmaterial für Leichen. — Persische Frechheit. — Entgegenkommen der türkischen Behörden. — Die Ali-Moschee. — Fanatismus des Pöbels. — Aufbruch von Meshed.

VI. Nach Bagdad. Rückblick . 112

Lager dem Turm zu Babel gegenüber. — Ankunft in Kerbela. — Üppige Gärten. — Musseyib, der Geburtsort Maneks. — Berühmtheit dieses Pferdes. — Fata morgana. — Lager bei Hyr. — Hochwasser im Tigris. — Schwierigkeiten beim Hinüberschaffen des Lagers. — Ende der arabischen Reise. — Gute Beurteilung der Orientalen als Diener. — Zweckmäfsige Behandlung derselben. — Hauptfehler der Orientalen.

VII. Bemerkungen über das Kamel 123

Falsche Ansichten über dasselbe. — Leistungsfähigkeit. — Die Möglichkeit, längere Zeit Durst zu ertragen. — Das zweihöckerige Trampeltier. — Tragkraft der Kamele. — Vollblut-Rennkamele. — Wüstenpost. — Brauchbarkeit der Kamele für Berggegenden. — Unbeholfenheit der Kamele im Wasser. — Neigung der Kamele zu Schwindelanfällen. — Die wirtschaftliche Bedeutung der Kamele. — Unverständige Ausbeutung ihrer Kräfte. — Gute Behandlung der Kamele in Innerarabien. — Gröfserer Verbrauch als Nachwuchs an Kamelen. — Räude der Kamele.

VIII. Beitrag zur Kenntnis des arabischen Pferdes 133

Zuständigkeit des Urteils verschiedener Reisenden über arabische Pferde. — Übertriebenes Urteil über die Güte des arabischen Pferdes. — Geringe Anzahl der noch in Innerarabien vorhandenen wirklich guten Stuten. — Hengste als Reitpferde in Arabien unbequem. — Kostspieligkeit des Unterhalts eines guten Pferdes in Arabien. — Entgegenkommen, welches der Reisende als Staatsgast in Nedjd für den Unterhalt seiner Pferde fand. — Ibn-Raschids Gestüt, das gröfste Innerarabiens, in denkbar schlechtestem Zustande. — Gröfse der arabischen Stuten. — Farha, Ibn-Raschids Leibstute. — Ihre guten und schlechten Eigenschaften. — Merkmal starker Lungen. — Überlegenheit des englischen Rennpferdes über das arabische Pferd nur bei kurzen Entfernungen. — Die arabischen Pferde „schlechte Springer". — Grund dafür. — Der Begriff „Khamsa" und seine mifsbräuchliche Anwendung. — Die fünf arabischen Hauptstränge edler Pferde und ihre Reihenfolge. — Legende über die Entstehung der Unterabteilungen edler Pferde.

IX. Fortsetzung der Reise. — Kriege der Türken gegen die Hamawands   145

Aufbruch von Bagdad. — Jagd auf Wildschweine. — Der Djebbel Hamrin. — Unsicherheit für Reisende durch die räuberischen Hamawands. — Türkische Kriegszüge gegen dieselben. — Ihre Herkunft. — Husseyn Agha und Juamir, Führer der Hamawands. — Niederlage und Unterwerfung der Hamawands. — Juamirs Flucht. — Schonung der Hamawands von Seiten des Sultans. — Ihre Verbannung nach Tripolis und allmähliche Rückkehr der meisten in die Heimat. — Juamirs meuchlerische Ermordung. — Rache von Juamirs Frau. — Neue Räubereien der Hamawands. Neuer Kriegszug der Türken gegen dieselben. — Gefecht am Nordabhange des Hamrin. — Niederlage und zweite Unterwerfung der Hamawands. — Trauriges Loos der in Tripolis zurückgebliebenen Hamawands. — Vergebliche Bemühungen des Reisenden zu ihren Gunsten. — Bessere Erfolge für Andere.

X. Von Karatepe nach Kerkuk.   158

Ankunft in Karatepe. — Von allen Kurden als Gastfreund empfangen. — Begegnung mit dem Sohne Juamirs. — Wut und Bissigkeit eines Pferdes. — Krieg zwischen zwei Kurdenstämmen. — Eigentümlicher Waffenstillstand. — Buntscheckige Karawane. — Merkwürdiger Beschützer. — Unvermuteter Reichtum mancher Diener. — Geheimhaltung des Besitzes von Geld bei den Orientalen. — Lager bei Kafri und Tuz-Khurmati. — Plünderung einer Karawane. — Zusammentreffen mit Ismaël Beg. — Aufregende Zwischenfälle. — Ismaël Beg als Räuber erkannt. — Abstecher nach Tschemtschemal und Baziau. — Der Karadagh. — Die kurdischen Weiber von Suleimanije. — Aufenthalt in Kerkuk. — Angebliches Grab des Propheten Daniel. — Lebhafter Handel in Kerkuk. — Sitz der türkischen Behörden. — Grenze der Dattelpalme.

XI. Von Kerkuk nach Mossul   177

Die goldene Brücke über den kleinen Zab. — Ihre Geschichte. — Gefährliche Lage des Reisenden beim Ritt über dieselbe. — Unbekannter Weg nach Mossul. — Gewöhnlicher Weg über Erbil. — Schlachtfeld von Arbela. Vorteile des unbekannten Weges. — Ungenauigkeit der Karten dieser Gegend. — Kolonisation derselben in den letzten zehn Jahren. — Kabinetsgüter des Sultans. — Zahlreiche Dörfer. — Gräber der Söhne Husseyns im Karatschokhgebirge. — Fort Machmur. —

Schweres Hagelwetter. — Lager beim Dorfe Wadi-Bischara. — Arabischer Fuchshengst. — Ankunft am grofsen Zab. — Hochwasser. — Erkrankung der berühmten Stute Farha. — Übersetzen über den Flufs. — Über die Schwierigkeit, Neuerungen oder Verbesserungen unter türkischer Verwaltung einzuführen. — Cisternen und alte Wasserleitung nach den Gärten von Nimrud. — In Aussicht genommener Kanal bei der sogenannten Nimrudsbrücke. — Der Tigris schafft sich selbst ein neues Bett. — Ruinen von Nimrud. — Keilschriftplatten. — Verbot der Ausfuhr von Altertümern. — Parforceritt nach Mossul.

XII. Aufenthalt in Mossul   200

Verkauf der Kamele. — Abschied von den Kameltreibern. — Abgelegenheit Mossuls. — Schwierigkeit der verschiedenen Wege nach Trapezunt, Samsun, Damaskus und Alexandrette. — „Keleks", Flöfse aus Tierhäuten auf dem Tigris. — Keine Europäer in Mossul. — Festungsartige Häuser. — Kirchliche Zustände. — Überwiegen der Mohammedaner über die Christen. — Mossul früher eigenes Fürstentum. — Ausflug nach Niniveh. — Ausgrabungen. — Grab des Propheten Jonas. — Wildschweinjagd. — Tiger. — Einblick in das Haremsleben.

XIII. Von Mossul nach Bitlis. Nachrichten über die Modikan-Landschaft   213

Aufbruch von Mossul. — Ungenauigkeit der Kiepertschen Karte von Djezirèh-ibn-Omar ab. — Geländerlose Brücke über den Khabur. — Rasttag bei Zewè. — Grofsartige landschaftliche Schönheit dieses Gebietes. — Am Bhotan entlang bis Sört. — Uralte Felsenkammern. — Die Skorpiontreppe. — Ruhetag in Sört. — Hufbeschlag der Pferde, Büffel und Rinder. — Said Pascha und seine Klagen. — Erfolgreiche Fürsprache beim Sultan. — Ein französischer Dominikaner-Mönch. — Die Modikan-Landschaft. — Unabhängigkeit ihrer Bewohner. — Die Kurden als Herren der Armenier. — Ausschreitungen gegen dieselben. — Merkwürdiges Verhältnis der Kurdenführer zu den türkischen Beamten. — Versuch der Türken, die Kurden als Kriegstruppen zu organisieren. — Unterscheidung der Kurden als „Assireten und Guranen", eine auf Mifsverständnissen beruhende Bezeichnung. — Aufbruch von Sört. — Herrliche Landschaftsbilder. — Besuch zweier Kurdenführer. — Kurdische Begleiter nach Bitlis. — Uralte Goldbergwerke bei Maaden. — Schlechte Saumpfade. — Maneks Selbstgespräche. — Geistige Regsamkeit arabischer Pferde. — Schöner Lagerplatz bei Dukhan. — Glückliche Pürsche auf einen Panther. — Ankunft in Bitlis.

XIV. **Aufenthalt in Bitlis.** — **Über das armenische Hochplateau zum Euphrat.** 237

Merkwürdige Bauart von Bitlis. — Frühere Zustände in Bitlis. — Gute Bauart der Häuser. — Ruinen einer uralten Citadelle. — Hassan Takhsim Pascha. — Diner im Lager. — Grofsartige Zuschauermenge bei demselben. — Mein Koch Hadji Saleh. — Die albanesischen „Bessas" und ihre Bedeutung. — Glückliche Bärenjagd. — Aufbruch von Bitlis. — Der Ortap-Pafs. — Zu niedrige Höhenangaben auf den Karten. — Viel Schnee im Juni. — Beabsichtigtes Nachtquartier beim Dorfe Kala-Rasch. — Weitermarsch bis Pionk. — Gefecht zwischen Kurden und Armeniern bei Kala-Rasch. — Änderung der Gegend vom Ortap-Pafs ab. — Rauhes Klima und langer Winter in Hoch-Armenien. — Düstere Bauart der Häuser. — Abgeschlossenheit der Bewohner im Winter. — Einförmigkeit des Hochplateaus. — Plünderung einer Karawane durch kurdische und armenische Banden. — Im Verkehr mit den Räubern.

XV. **Kurdische Räuber und ihre Ansichten.** — **Die Gegend nördlich vom Euphrat.** — **Beiträge zur Kenntnis der kurdisch-armenischen Wirren.** 247

Schwieriger Übergang über den Euphrat. — Zweites Zusammentreffen mit Räubern. — Lange Unterredung mit einem Führer derselben und dessen Anschauungen über sein Räuberleben. — Gewisse Berechtigung derselben. — Begegnung mit einer Schlange. — Starke Bevölkerung der Gegend nördlich vom Euphrat. — Zusammensetzung der Bevölkerung. — Tscherkessen-Dörfer. — Gute und schlechte Eigenschaften ihrer Bewohner. — Ihre Versuche, den Reisenden um Fürsprache bei russischen und türkischen Behörden zu bewegen. — Zutrauen zu der Urteilsfähigkeit und Gerechtigkeit der Europäer. — Unterbreitung von Streitigkeiten zwischen Kurden und Armeniern zur Schlichtung durch den Reisenden. — Versuch der Armenier, zum Islam überzutreten.

XVI. **Von Madrak über Erzerum nach Trapezunt. Ende der Reise.** 258

Im Lager bei Madrak. — Sperrforts am Palantukam. — Wichtigkeit von Erzerum als Schlüssel zu Kleinasien. — Seine Lage und Befestigung. — Feste Stellung von Dewé-Boyun. — Ankunft in Erzerum. — Schneesturm beim Übergang über den Kop-Dagh. — Das Pontische Gebirge. — Aufhören der kurdisch-armenischen Bevölkerung. — Die Lasen und ihre Laster. — Niedrige Stellung der Frau. — Letztes Lager bei Tschairlyk. — Gedanken des Reisenden in Voraussicht des

— XV —

Endes des Lagerlebens. — Schlechtester Weg der ganzen Reise am letzten Reisetage. — Ausgleiten der Pferde an steilen Abgründen. — Höchste Gefahr beim Überreiten einer Granitabdachung. — Ungeheure Anstrengungen der Stute Leila. — Bewufstsein der grofsen Gefahr auch beim Pferde. — Glückliche Überwindung der Schwierigkeiten. — Schönheit und Fruchtbarkeit des Landstriches bei Trapezunt. — Mildes Klima auch im Winter. — Ausgedehnte Obstwälder. — Ausfuhr kostbarer Hölzer aus Trapezunt. — Die Unsicherheit für Europäer in der Umgebung von Trapezunt. — Grofser Handelsumsatz. — Hungersnot im Jahre 1893. — Hohe Preise der Cerealien. — Verkehrte Mafsregeln der Türken. — Einschiffung nach Konstantinopel.

Reise

nach

Innerarabien, Kurdistan und Armenien.

———

I.

Von Damaskus bis Háiyanniéh.

Anwerbung der Dragomane und Diener. — Arabischer Hengst Manek. — Ankauf von Kamelen. — Wichtigkeit der Wasserschläuche für Wüstenreisen. — Türkische Eskorte. — Aufbruch von Damaskus. — Gröfse und Zusammensetzung der Karawane. — Lebensweise während der Wüstenreise. — Aufenthalt in Bozra. — Eintritt in die Wüste. — Tintenschwarze Felsenberge. — Ankunft in Kaf. — Berechnung der Entfernungen nach Kamelstunden. — Weidegründe der Roala. — Räuberhorden. — Kälte in der Wüste. — Djof. — Argwohn des Gouverneur Djohar. — Erster Empfang. — Bedeutung von Djof. — Wege nach Haïl. — Regenwasserplatz in der „roten Wüste". — Eintritt in den Nefud. — Grofse Kälte und Schneefall in der Wüste. — Mifsglückter Angriff von Räubern. — Jagd auf ein Rennkamel. — Schilderung des Nefud. — Tierleben. — Das Kastell von Háiyanniéh. — Uralte Brunnen.

Nachdem ich meine persönliche Ausrüstung, wie auch die für den Orient so wichtigen Geschenke in London besorgt, brach ich am 25. November 1892 von dort auf und nahm meinen Weg über Marseille, Beyrut nach Damaskus, wo ich am 16. Dezember eintraf.

Während früherer Reisen in Kurdistan, Mesopotamien und Syrien hatten zwei Dragomane in meinen Diensten gestanden, die es so gut verstanden, sich in meine Ideen und Anschauungen hinsichtlich gröfserer Reisen im Oriente, wie auch hinsichtlich des Verkehrs mit den verschiedenartigsten Menschen hineinzufinden, und die mich überhaupt so sehr zufrieden zu stellen gewufst, dafs ich beschlossen hatte, diese erprobten Diener auch noch weiter in meinen Diensten zu behalten und dieselben zuvörderst wieder bei meiner neuesten Expedition nach Innerarabien zu verwenden.

Diese beiden für meine Zwecke wichtigen Leute waren: 1. Nasroullah, ein Araber aus Mossul, der fünf Sprachen, nämlich Arabisch, Türkisch, Kurdisch, Chaldäisch und Russisch, vollständig beherrschte, und 2. Guedou, ein in Bagdad erzogener, sehr gut französisch sprechender Araber, der seine eigene Sprache nicht allein sehr gut und in allen möglichen Dialekten eingehend beherrschte, sondern auch so gewandt schrieb, dafs er mir als Sekretär für arabische Korrespondenzen sehr bequem war.

Meinen Anordnungen entsprechend, fand ich diese beiden Leute, meine Ankunft erwartend, in Damaskus vor, sowie auch mit ihnen einige andere ausgesuchte Diener, Pferdeknechte, und endlich auch meinen arabischen Hengst Manek, der mich als erstes Leibrofs auf der bevorstehenden Reise tragen sollte. Er war während meiner fünfmonatlichen Abwesenheit von Damaskus dick und fett und auch dementsprechend übermütig geworden und schien gar nicht zu ahnen, dafs ihm ein Ritt von über 5000 km zugedacht war. Aufser allem diesen hatte ich für meine bevorstehende Reise auch noch den Scheik von Palmyra, Mohammed Ibn-Abdallah, angeworben, der die Leitung aller meine Kamele betreffenden Angelegenheiten übernehmen sollte, und daher ebenfalls ein wichtiges Mitglied meines Reisestabes wurde. Auch er war zum anberaumten Tage mit zehn von ihm ausgewählten Kameltreibern pünktlich erschienen. Ungeachtet alle diese Vorbereitungen bereits getroffen waren, blieb doch noch eine Masse Arbeit zu bewältigen, ehe ich an einen Aufbruch denken konnte, denn nicht wenig hängt ja bei jeder gröfseren Expedition dieser Art von der Vollkommenheit und der richtigen Berechnung der ersten Ausrüstung und den ersten Anordnungen ab.

Kamele mufsten gekauft werden — und für eine zuvörderst auf etwa 3000 km berechnete Wüstenreise mufsten es natürlich Tiere allererster Güte sein; mehr Pferde mufsten beschafft — und noch mehr Leute angeworben werden. Vorräte aller Art hatten berechnet zu werden, sowie endlich — vielleicht als wichtigstes von allem — mufsten Wasserschläuche nicht allein angekauft, sondern auch aufs sorgfältigste gemessen, geprüft und gewogen werden. Es ist vielleicht schon hier der Ort zu erwähnen, wäre es auch nur als Beispiel für künftige Wüstenreisende, dafs ich die Möglichkeit, meine Unternehmungen und Märsche in Arabien fast ausschliefslich nach meinem Belieben zu lenken und mir dadurch auch manche andere Erfolge zu sichern, in erster Linie der Stärke und Wohlgenährtheit meiner Kamele, wie auch den grofsen Wasservorräten, über die ich verfügte, zu verdanken habe. Infolge besonderen Befehls Sr. Majestät des Sultans sollte mich eine Eskorte türkischer Soldaten bis Djof, also die ersten etwa 700 km, begleiten. Sie bestand aus einem Offizier und 25 — samt ihren Pferden — auserlesenen Männern, ausschliefslich Kurden, von denen irgend welche Sympathieen oder Schwachheiten gegenüber mich etwa angreifenden Beduinen nicht zu erwarten waren. Alles dieses war in 14 Tagen glücklich beendigt, so dafs ich endlich im stande war, am Neujahrstage 1893 von Damaskus auszuziehen.

Es war eine ganz stattliche Karawane: 36 Mann Bedienung, 40 Kamele, 6 Pferde, verschiedene Maultiere und Esel, dazu die 26 Mann berittener Eskorte samt deren eigener, ihre Vorräte mitführender wieder aus 25 Kamelen bestehender Karawane. Mit den ersten Märschen in einem mit Dörfern und Wasser versehenen Lande, hatte ich es natürlich nicht eilig. Nach einigen Tagen guter Übung stellte es sich heraus, dafs das Aufstellen meines Lagers nie mehr als 35 bis 40 Minuten in Anspruch nahm; nach Ablauf dieser Zeit hatten meine acht Zelte, wie auch die sechs der Soldaten, bereits aufgestellt und vollständig eingerichtet zu sein; das Küchenfeuer hatte zu brennen und mein erster Imbifs (eine Flasche Wein, Sardinen oder kalte Zunge nebst Biskuit) mufste aufgetragen sein. Das Mittagessen oder, in diesem Falle richtiger gesagt, das Abendessen fand dann etwa vier Stunden später statt — in eiligen Fällen auch etwas früher. Die Hauptgrundlage dieser Mahlzeit war vor allen Dingen eine Suppe ersten Ranges für mich allein aus drei Hühnern und einer vollen Ochsenschwanz- oder Mockturtlekonserve zubereitet, darauf ein Schafs- oder Lammsbraten, eine Eier- oder Reisspeise, Biskuit nebst Wein und Kaffee. Auf die Dauer eine etwas einförmige und ermüdende Speisenfolge, in der Wüste beschafft aber immer noch nicht allein gut genug, sondern eher sogar opulent. — In fünf sehr kleinen Märschen erreichte ich das von Damaskus nicht mehr als 130 km entfernte Bozra, den Hauptplatz des Hauran und die thatsächliche Grenze des türkischen Reiches auf dieser Seite.

Starke Regengüsse hatten den Erdboden für die darauf ausgleitenden Kamele so unwegsam gemacht, dafs ich in Bozra drei Tage lang festgehalten wurde. Ich nutzte diese

Zeit so gut wie möglich dazu aus, um mit den in den benachbarten Bergen wohnenden Drusenhäuptlingen einige Besuche auszutauschen, wie auch, um in Mufse die in Bozra vorhandenen Altertümer zu besichtigen, so namentlich auch das ebenso bedeutende wie wohl erhaltene, jetzt als türkisches Fort und Kaserne dienende römische Kastell. Endlich glückte es doch, mit den Kamelen aus dem schweren Lehme herauszukommen und am Nachmittage des 9. Januar das nur etwa 3½ Stunden entfernte Drusendorf Dibin zu erreichen.

Von da ab — wie auch überhaupt weiterhin — war meine Karawane auf festem, von jedem Wetter so unabhängigem Boden, dafs in dieser Hinsicht nichts mehr meine Bewegungen hemmen konnte. Am andern Tage ging es hinaus in die wirkliche, echte Wüste. Das aus stolzer, malerischer Höhe herabschauende verfallene Kastell von Salkhad zur Linken, und die Ruinen des altrömischen Forts Ezrak zur Rechten lassend, wurde nunmehr direkt auf Kaf losmarschiert, das wir nach fünf schon ziemlich normalen, etwa 40 km täglich betragenden Märschen erreichten.

Auf dieser ganzen, vollständig wüsten Strecke sieht man das steinige Arabien bereits in seiner vollen, öden und doch strengen, und in seiner Art poetischen Majestät. Gelegentlich hat die Wüste hier wohl auch einen steppenartigen Charakter, vorherrschend ist sie aber, wie gesagt, steinig. Das das ganze Land bedeckende Geröll scheint grossenteils vulkanischen Ursprunges zu sein, denn es besteht aus schweren, tiefschwarzen, wie Meteorsteine aussehenden Steinen. Man sieht in Arabien ziemlich häufig ganze Komplexe von tintenschwarzen Felsenbergen, und macht es daher bisweilen einen seltsamen Eindruck, sich auf einem

Terrain zu befinden, das, ohne auch nur den geringsten hellen Fleck zu zeigen, meilenweit wie mit schwarzem Sammet überzogen erscheint. Wir fanden wohl einmal unterwegs etwas Regenwasser, doch giebt es auf der ganzen, von Dibin bis Kaf etwa 200 km betragenden Strecke nur einen Doppelbrunnen (Biar el Hazim genannt), und auch dieser befindet sich nicht auf der Mitte der Strecke, sondern erst 7½ Stunden vor Kaf, wo man dieses Wasser kaum mehr nötig hat.

Am 14. Januar traf ich vor Kaf ein. Es ist ein sehr unbedeutendes Nest mit höchstens 200 bis 300 Einwohnern, welche ihr hartes Leben durch Bau einiger geringen Datteln fristen, wie auch durch das Einsammeln von Salz, das in der Umgegend, die Steppe wie mit einer Kruste bedeckend, gefunden wird.

Abgesehen davon, ist dieses kleine Dorf auch so etwas wie ein Stapelplatz für die umhernomadisierenden Beduinen, welche den Teil ihrer Habe, den sie zeitweilig nicht gebrauchen, da in Verwahrung lassen. Diese auf das allgemeine Interesse der Beduinen begründete Lage schützt Kaf vor Plünderung. Um sich aufserdem für schwierigere Fälle durch eine grofse Autorität gedeckt zu fühlen, sind die Bewohner dieser Oase sehr geneigt, sich für Unterthanen Ibn-Raschids auszugeben, des Emirs von Haïl, oder, wie er jetzt gewöhnlich kurzweg genannt wird, des Emirs von Nedjd. Derselbe scheint sich aus dieser Ehre indessen nur sehr wenig zu machen, denn er klagte mir später selbst darüber vor: die ihm von Kaf aufgedrängten Geschenke resp. Tribut seien so bettelhafte, dafs sie in gar keinem Verhältnisse stünden zu seiner Verantwortlichkeit — einem so abgelegenen Orte Sicherheit und Neutralität zu garantieren resp. zur Aufrechterhaltung derselben durch von ihm zu unternehmende weitläufige Kriegszüge einzutreten. Kaf ist, wie gesagt, ein ganz armes Nest; ich kaufte daselbst sämtliche überhaupt vorhandenen Hühner — 26 an der Zahl. Schafe waren nicht zu bekommen und nur einige Ziegen und Zicklein wurden zum Kaufe angeboten. Damit war indessen nichts anzufangen, denn im ganzen Oriente geniefsen auch arme Leute kein Ziegenfleisch, das für ungesund und Durchfall erzeugend gilt. So blieb ich denn ohne Schafe, was mir um so empfindlicher war, als ich in dieser Beziehung grofse Hoffnungen auf Kaf gesetzt hatte.

Schon am nächsten Tage nach meiner Ankunft in Kaf ging es wieder weiter nach Djof, wo ich am 23. Januar ankam.

$1^1/_2$ Stunden von Kaf liegt Issery, gewissermafsen ein Zwillingsdorf von Kaf und von derselben Gröfse wie dieses. Ich berechne die Entfernung von Damaskus bis Kaf auf $67^1/_2$ meiner Kamelstunden (337,5 km) und diejenige von Kaf bis Djof auf 70 Stunden (350 km), also die ganze Entfernung Damaskus bis Djof 678 km. Meine Karawane machte im Durchschnitt 5 km die Stunde, eine Berechnung, welche ich darauf gründete, dafs ich die nach Minuten und Stunden berechneten Schritte gewisser, besonders gleichmäfsig marschierender Kamele mit wohlbekannten Entfernungen verglich. Natürlich mufste das immer wieder sorgfältig kontrolliert und berichtigt werden, indessen glaube ich kaum, dafs in diesen Berechnungen etwaige Fehler mehr als etwa 2 bis 3 km per Tagemarsch betragen mochten.

Von Kaf, resp. Issery ab, war es bis Djof wieder dieselbe gewaltige Wüste — vorherrschend steinigen, gelegent-

lich steppenartigen Charakters. Diese ganze Gegend gilt
für einen der zeitweiligen Weidegründe der Roala, eines
Stammes, der etwa die Hälfte sämtlicher zwischen Syrien
und Bagdad, ganz Nordarabien einnehmenden Anazéh ausmacht.
Als persönlicher Freund des Roala Grofscheiks
Sotamm Ibn-Shaalan hatte ich von einer Begegnung mit
gröfseren Partieen dieser Beduinen nichts zu fürchten.
Auf dem Höhepunkte seiner Macht, stand Sotamm im Rufe,
über 15 000 Krieger verfügen zu können, eine für Arabien
sehr grofse Anzahl. Leider erfuhr ich später, dafs dieser
mächtige und wirklich vornehme Araber im Sommer 1893
ermordet worden — und zwar nachdem er soeben von
einer Reise nach Konstantinopel zurückgekehrt, wo er mit
der gröfsten Auszeichnung empfangen worden war.

Zweimal begegnete ich wohl auch echten Räuberhorden,
dieselben wären indessen im Vergleiche zu meiner Karawane
und Begleitmannschaft so schwach (kaum je Hundert
mangelhaft bewaffnete Reiter), dafs sie selbst sich glücklich
und geschmeichelt fühlten, als ich es annahm, bei ihnen
einen Kaffee zu trinken.

Nachdem ich mitten im Winter von Damaskus aus die
ganze Zeit und in fast gerader Linie südlich gezogen, hatte
ich gehofft und mich sogar berechtigt geglaubt, sehr bald
aufser dem Bereiche irgend welcher bedeutenden Kälte zu
sein. Das traf aber durchaus nicht zu, vielmehr das Gegenteil,
denn je südlicher ich kam, um so kälter schien es zu
werden. Allmählich sank das Thermometer unter den
Gefrierpunkt, trotzdem wir uns bereits auf dem Breitengrade
von Kairo befanden und bei einer Bodenerhebung,
die nicht mehr als 700 bis 800 m über dem Meeresspiegel
betrug.

Kurz vor Djof wurde Nasroullah etwas vorausgeschickt, um, nach orientalischer Sitte, dem Gouverneur dieses Platzes, Djohar, meinen Besuch zu melden. Derselbe erschrak indessen beim Anblicke so vieler Reiter und türkischer Soldaten, wie auch einer sich von weither entwickelnden, vielleicht noch mehr Bewaffnete bergenden Karawane. Er beschlofs deshalb, uns wo möglich gar nicht einzulassen.

Vor dem einzigen Thore des Kastells von Djof absitzend, fand ich dasfelbe geschlossen. Auf meine Frage nach Nasroullah und warum weder er, noch auch die zwei mit ihm geschickten Soldaten zu sehen seien, erklärten mehrere mich umringende Araber: Nasroullah sei im Schlosse und erwarte da die Befehle des Gouverneurs. Auf weitere Fragen, wo sich denn dieser Gouverneur befinde, hiefs es: derselbe sei in der Stadt, er werde aber wohl bald erscheinen. Ich wurde sehr gedrängt, doch etwas Kaffee zu trinken, ja aber wo? Ich schlug vor, diesen Kaffee auf dem Platze vor dem Thore einzunehmen und wollte zu diesem Zwecke schon einige Teppiche bringen lassen. Ob solcher Idee entsetzten sich die Araber aber ganz gewaltig, indem sie erklärten, dafs durch solch ein Vorgehen — ein Fremder den Djofschen Kaffee vor der geschlossenen Pforte einnehmend — ja auf ewig Schande und Schmach über das Kastell gebracht werden würde!

Unterdessen erschien Nasroullah auf der Plattform des die Pforte beherrschenden Turmes und erklärte mir: er sowohl, als seine zwei Soldaten seien entwaffnet und offenbar im Schlosse als Geisseln gefangen; ich möge doch ja vorsichtig sein und besonders nicht etwa selbst auch noch in eine ebenso gefährliche wie lächerliche Falle geraten, wie

z. B. wenn ich mich darauf einliefse, zum Zwecke oder auch unter dem Vorwande irgend welchen Kaffeetrinkens, in einen ziemlich schwarz und verdächtig aussehenden, in der Nähe des Kastelles befindlichen Gang einzutreten, wozu mich die Araber dringend aufforderten. Diese ganze Lage hätte offenbar die Veranlassung zu weiteren grofsen Mifsverständnissen und Unannehmlichkeiten werden können.

Endlich schlug ich dem, mittlerweile selbst auf dem Turme erschienenen Djohar ein Übereinkommen auf folgender Grundlage vor: Er habe von mir auch nicht das geringste zu fürchten, denn ich sei auf einer ganz friedlichen Reise nach Nedjd begriffen, und zwar hauptsächlich um seinen, Djohars eigenen Herrn, den Emir Ibn-Raschid zu besuchen. Die Anwesenheit einiger türkischer Soldaten finde ihre einfache Erklärung darin, dafs ich bisher durch ein gefährliches und gesetzloses Land zu reisen gehabt und daher einer entsprechenden Begleitung bedurft hätte. Nunmehr, wo ich die Besitzungen des Emirs erreicht, bestehe solche Notwendigkeit natürlich nicht mehr und würden, wie das von vornherein bestimmt gewesen wäre, die Soldaten gleich nach der ihnen nötigen Erholung wieder zurück nach Damaskus geschickt werden, was sogar noch vor meiner eigenen Abreise aus Djof geschehen solle, wie ich denn überhaupt alle und jede Verantwortung für die gute Aufführung sowohl meiner Soldaten, wie auch der übrigen Leute übernähme.

Im äufsersten Falle, das müsse Djohar ja selbst einsehen, könnte ich ja wohl mich des Djofschen Kastelles mit Gewalt bemächtigen, ein Unternehmen, welches kaum mehr als ein paar Leute kosten dürfte, besonders wenn man z. B. die Pforte bei Nacht einschlagen oder durch

Feuer zerstören lassen wollte; aber natürlich — keine Gedanken lägen mir ferner als solche. Wenn Djohar mir seinen guten Willen und seine eigenen guten Absichten zeigen wolle, so möge er Nasroullah herauslassen, und dann wolle auch ich ihm mein Vertrauen dadurch beweisen, daſs ich sofort allein zu ihm ins Schloſs kommen wolle. Um Djohar gegen jede Möglichkeit und Gefahr einer Überrumpelung durch plötzliches Eindringen sicher zu stellen, schlug ich vor, mich samt allen Bewaffneten weit vom Thore zurückzuziehen, damit, während Nasroullah herausgelassen würde, jede Gefahr eines Eindringens durch die auf einen Augenblick geöffnete Pforte ausgeschlossen sein möge.

Ich habe die Araber niemals treulos oder verräterisch gefunden und so manches Beispiel ihres guten Glaubens auch mir als Wildfremdem gegenüber erlebt, und nun konnte ich meiner bisherigen Praxis noch ein solches, recht charakteristisches Beispiel hinzufügen.

Djohar erklärte nämlich nun ohne weiteres, wenn ich öffentlich vor seinen, wie auch vor meinen eigenen Leuten mein Wort geben wolle, meinen Vorschlag wahr zu machen und auszuführen, so gehe er darauf ein. Das geschah; und nachdem ich mich gehörig weit ins Freie zurückgezogen, wurde Nasroullah mit seinen zwei Soldaten zu mir herausgelassen. Einige Minuten darauf betrat ich selbst das Kastell. Es war vielleicht ein etwas gewagter Schritt meinerseits, aber ich konnte nicht anders handeln, denn wie wäre an eine erfolgreiche Weiterreise zu denken gewesen, wenn ich als verdächtiger Feind auſserhalb des Schlosses geblieben und damit alle die Hoffnungen verloren hätte, die ich hinsichtlich neuer Vorräte und Führer auf

Djof gesetzt hatte. So aber gestaltete sich alles aufs beste.

Gleich hinter der Pforte stehend, die hinter mir eiligst wieder zugemacht wurde, erwartete mich Djohar, umgeben von seinen wichtigsten Leuten. In sichtlicher Aufregung küfste er mir die Hand, worauf ich mich, ihn auf die Stirn küssend, beeilte, ihn zu umarmen.

Durch alle möglichen, mehr oder weniger dunklen Gänge und Räumlichkeiten wurde ich in die grofse Empfangs- und Kaffeehalle geleitet. Unterwegs waren auch der Galgen und die Folterkammer zu durchschreiten. Es war kein angenehmer Anblick, besonders wenn ich bedachte, dafs ich mich für den Augenblick ganz allein und nach einem ziemlich seltsamen Zwischenfalle in Herrn Djohars Händen befand.

Es lief aber alles schnell und ausgezeichnet gut ab.

Den Säbel abschnallend und zum Halten abgebend, liefs ich mich vor dem grofsen, in der Halle lodernden Feuer nieder, worauf mir auch sofort Kaffee gereicht wurde, und kaum hatten meine Lippen die Tasse berührt, so ertönte auch schon Djohars lauter Befehl, das Schlofsthor eiligst aufzuwerfen. Das geschah wie mit Theaterschnelligkeit, denn es verging kaum eine Minute und es füllten schon mehr als 50 meiner bewaffneten Leute die Halle, um sich in derselben als Kaffeegäste niederzulassen.

Von diesem Augenblicke an waren die herzlichsten Beziehungen zwischen mir und meinem Lager einerseits und Djohar, dem Kastelle und der Stadt Djof anderseits hergestellt.

Djof ist für Arabien ein ganz beträchtlicher Ort, von wenigstens 10000 bis 12000 Einwohnern. Das Wasser ist gut und reichlich; die Gärten schön und ausgedehnt, und die Datteln von Djof stehen mit Recht im Rufe, durch ihr Aroma die feinsten der Welt zu sein.

Ich fand keine Schwierigkeiten in Djof, so viele Schafe, Kälber und Hühner zu kaufen, als es mir beliebte, wie auch allerlei andere für meine Wüstenreise nötigen Vorräte, namentlich an Gerste, für Pferde und Kamele zu erneuern. Es war ursprünglich meine Absicht gewesen, wenigstens zwei Tage lang in Djof zu rasten, aber ein heftiger Sandsturm hielt mich sowohl, als auch die Soldaten noch zwei Tage länger fest. Diese Zeit wurde indessen, wenigstens vom Standpunkte des Wüstenlebens aus, in angenehmster Art verbracht, insofern als Djohar und ich abwechselnd grofse Schmausereien veranstalteten und wir alle, meine Leute, die Soldaten und die Kastellbesatzung aufs üppigste lebten.

Hier sah ich zum erstenmale einen Muselmann in Arabien, Djohar, ein ganz europäisches Mittagsmahl verzehren, ein Ereignis, welches auch andern so wunderbar erschien, dafs eine, wohl ein paar Tausend zählende Menschenmenge sich um mein Lager versammelte, um den aufserordentlichen Anblick zu geniessen, wie Djohar eine Mahlzeit verzehrte, die aus Suppe, Fischen, Spargeln und andern unerhörten, Blechbüchsen entnommenen Gemüsen bestand, und wie er mit Behagen nachträglich auch noch Chokolade trank — ein ebenfalls neues, als amerikanischer Kaffee betrachtetes Getränk — und endlich auch noch gar eine grofse Havanacigarre aufrauchte. Mittlerweile hatte Djohar zwei, wie sich herausstellte, ganz vorzügliche und mir persönlich auch sehr angenehme Führer ausgewählt, welche mich durch die Wüste Nefud bringen sollten.

Zwei Richtungen können gewählt werden, um durch diese Wüste nach Haïl zu kommen. Die eine, gewöhnlichere, auch von Palgrave und den Blunts eingeschlagene, führt über das Oasendorf und Schlofs von Djebbah, die andere aber, von Norden gerechnet Djebbah rechts liegen lassend, über das Kastell von Háiyanniéh und von da nach Haïl.

In beiden Fällen ist der letzte Ausgangspunkt von Norden aus nicht Djof, sondern ein etwa 36 km südöstlich davon gelegenes Dorf Gara. Etwa 10 km nördlich davon liegt Makakeh, eine ebenfalls unter Djohars Verwaltung stehende Stadt, die von derselben Gröfse und Wichtigkeit wie Djof ist, sowie auch ein dem Djofschen gleiches Kastell hat.

Nachdem die Soldaten schon in der Nacht abgezogen, brach ich selbst am 28. Januar von Djof auf, um noch am selben Nachmittage mein Lager vor Gara aufzuschlagen. Da ich unter den beiden erwähnten, nach Haïl führenden Richtungen die zweite als die weniger bekannte und daher interessantere gewählt, ging ich am folgenden Tage mit meiner Karawane zuvörderst erst nur bis zu zwei, Hoa genannten Brunnen. Dieselben liegen nicht mehr als etwa 24 km südlich von Gara. Es ist indessen das letzte Wasser vor Háiyanniéh und hielt ich daher da noch einmal an, um mich beim bevorstehenden Marsche durch den Nefud bis zum letzten Augenblicke auf dieses Wasser stützen zu können. Die beiden sehr tiefen Brunnen scheinen nicht reich an Wasser zu sein und ist dasselbe warm und so schlecht, dafs es schlimm wäre, auf dasselbe angewiesen zu sein; aber ganz in der Nähe ist ein Platz, wo das Regenwasser, einen kleinen See bildend, sich fast immer hält. Die

Beduinen scheinen aus dem Vorhandensein dieses wichtigen Platzes ein Geheimnis zu machen; dank den guten Beziehungen zu Djohar und meinen Führern, wurde mir aber auch dieser Vorteil zur Verfügung gestellt.

Dieser Regenwasserplatz von Hoa liegt schon innerhalb des Nefud und ist die Umgegend da wohl der roteste Teil dieser Wüste. Ich war schon lange darauf gespannt, die „rote Wüste" zu sehen, wäre es auch nur im Gegensatze zu dem bereits gehabten und erwähnten Anblicke der kohlschwarzen. Auf meinem Wege fand ich die Farbe des Nefud später nicht so ausgesprochen rot, wie die Blunts sie auf dem Wege von Djebbah beschrieben, hier aber, bei Hoa, und ganz besonders beim Glanze der untergehenden Sonne, sah es wohl so aus, als ob der Boden, auf den man trat, sowie die Wüste und alle umliegenden Felsen, wie mit Blut übergossen wären. Ziemlich unheimlich erklang in dieser wilden Umgebung etwas später das Geheul der wilden, durch die Nähe des Wassers angezogenen Tiere, das Geheul der Schakale, das schrille Gelächter der zahlreichen Hyänen und endlich auch das weithin durch die Nacht hallende Gebrüll der Leoparden. Das Wasser, welches von Hoa für etwa eine Woche mitgenommen werden mufste, war an Geschmack nicht übel, dafür aber war es so rot wie eine „gute" Krebssuppe, so dafs Manek, wie immer voller Grillen und Einfälle, sich auch bei grofsem Durste mit den Zeichen gröfster Entrüstung weigerte, davon bei Tage zu trinken — was ihn übrigens weiter nicht hinderte, sich dasselbe Wasser bei eingetretener Dunkelheit aufs beste munden zu lassen. Der Farbstoff dieses Wassers erwies sich als von so grofser Intensität, dafs die Wasserschläuche denselben lange behielten und wir infolge davon noch nach Wochen rötliches Wasser trinken mufsten.

Am 30. Januar begann der wirkliche Einmarsch in den so berühmten oder, richtiger gesagt, berüchtigten Nefud. Mehr als 12 Kamele waren mit Wasser fast überladen und trotzdem alle bei dieser Gelegenheit schwer belastet waren, so wollte ich doch nun auch die entsprechenden Ergebnisse dessen sehen, dafs für mich in Damaskus die besten Exemplare dieser Tiere ausgesucht und dafs diese unschätzbaren Geschöpfe aufserdem noch mit einem, im Oriente unerhörten Luxus gefüttert worden seien.

Demgemäfs erhielt denn Scheik Mohammed den strengsten Befehl, die Lastkamele zu einem womöglich 6 km und in keinem Falle weniger als 5,5 km die Stunde ergebenden Schritte anzuhalten, was für Kamele eine gute Leistung, auch wenn man nicht des hier besonders schweren Sandes, wie auch der Belastung gedenkt, die in diesem Falle bei keinem Tiere geringer als das Maximum von 700 Pfund war.

Zwischen Hoa und Háiyanniéh bezeichnete mein Barometer die Bodenerhebung des Nefud als zwischen 800 und 1000 m schwankend. Eine solche Höhe hätte unter diesem Breitengrade (30 bis 27,5°) an und für sich noch lange nicht die grofse Kälte erklären können, die wir hier auszustehen hatten, und welche alle Tage immer schlimmer wurde. Es war aber die alte Geschichte vom Sande als schlechtem Wärmeleiter und von seiner, auf die Temperatur einen so grofsen Einflufs ausübenden Ausstrahlung. Die Tage waren bisweilen recht warm und angenehm, bei Nacht aber fror es regelmäfsig 5 bis 10°C., und ich habe niemals, weder in Mexiko, noch im Himalaja, im Kaukasus, noch in Hocharmenien so arge und plötzliche Thermometerstürze beobachtet, wie diejenigen, welche ich hier im Nefud festzustellen hatte. Zum Beleg entnehme ich meinem Reisetagebuch folgendes, durchaus nicht einzig dastehendes Beispiel: 1. Februar, das Thermometer zeigt um 12 Uhr mittags + 5,5, steigt darauf bei sehr kaltem Winde nur sehr langsam; um 2 Uhr nachmittags + 6, um 4 Uhr + 7,5, — nun rennt aber das Quecksilber auf einmal rasch herauf, und zwar bis auf 25,5⁰ C.! um 7 Uhr abends (kurz vor Sonnenuntergang); worauf es dann aber, noch plötzlicher, und zwar innerhalb der ersten 15 Minuten, nachdem die Sonne verschwunden, um 33⁰ C. herunterstürzt, d. h. bis auf — 8⁰, aus denen gegen Morgen — 11⁰ werden.

In dieser Art war es täglich, meist auch bei heftigem kalten Winde, der wie in der Wüste häufig, gelegentlich ebenso plötzlich eintrat und ebenso auch wieder aufhörte. Bei solch hartem Wetter begann ich um meine armen Pferde und natürlich vor allen Dingen um den unschätzbaren Manek ernstlich besorgt zu werden. Glücklicherweise war für ihn ein sehr guter Pelzrock vorhanden, in den er jede Nacht bis auf die Knie und Ohren eingeschnallt wurde. Für die andern Pferde waren leider nicht so grofse Vorkehrungen getroffen. Trotzdem ging glücklicherweise keines davon verloren, obwohl es jämmerlich anzusehen war, wie die armen Tiere vor Frost zitterten und sich infolge der Kälte des Sandes nicht einmal zu etwas Nachtruhe hinlegen konnten.

Die gröfste Überraschung stand uns aber noch bevor. Am 2. Februar fand nämlich ein grofser Schneefall statt, der den Nefud weit und breit mit einer mehrzölligen Schneeschicht bedeckte, so dafs es eher wie eine russische Winterlandschaft aussah, als wie etwas, das man ganz nahe dem Mittelpunkte Arabiens zu sehen gewärtigt hätte. Übrigens erklärten die Beduinen, wohl gehört zu haben, dafs solche Schneefälle hier schon vorgekommen, aber doch so selten seien, dafs es zum letztenmale als ausnahmsweises Ereignis vor etwa 50 Jahren geschehen.

In der Nacht auf den 3. Februar näherte sich eine Räuberbande meinem Lager und versuchte es, uns in aller Stille zu umzingeln. Die Hunde hatten das aber so zeitig bemerkt, dafs wir infolge ihres Lärms alle bewaffnet auf dem Platze waren, ehe noch irgend eine Überraschung hatte stattfinden können. Räuberische Beduinen versuchen es bisweilen, plötzlich über die Wasserschläuche herzufallen und dieselben mit ein Paar Lanzenstichen zu durchbohren, um dann am nächsten oder höchstens am übernächsten Tage die vor Durst verschmachtende Karawane in ihre Gewalt zu bekommen.

In meinem Falle konnte es indessen zu nichts dergleichen kommen, und die Räuber, wohl nicht mehr als etwa 15 bis 20 Mann stark, ergriffen eine so überstürzte Flucht, dafs sie selbst zwei schöne und rasche Rennkamele (Delouls) verloren, die wir am nächsten Tage erbeuteten.

Das eine wurde ziemlich rasch gefangen, aber das andere hielt eine lange Jagd aus. Das Lager war bereits wieder mehrere Tage ohne frisches Fleisch gewesen und es war daher ein allgemeiner Wunsch, dieses Wildes durchaus habhaft zu werden. Anfangs widerstand ich dem Verlangen, meine besten Pferde für diese Hetze herzugeben, und zwar um so mehr, als denselben hier jeden Augenblick eine entscheidende Rolle zufallen konnte. Sehr bald indessen und als ich sah, dafs mit dem Kamele anders nicht fertig zu werden, wurde ich zuletzt auch selbst vom Jagdeifer hingerissen. Den arabischen Führer Mnéz Ill auf meine schwarze, aufserordentlich schnelle Stute Leila (die Nacht) setzend, machte ich mich mit ihm und Manek daran, diese Deloul¹) zu erobern. Gegen diese zwei schnellen und ausdauernden Pferde war das arme Kamel eigentlich nicht sehr grofsmütig gehandicapd, dennoch dauerte es noch eine ganze Weile, bevor es gestellt wurde.

Die Kamele von Nedjd sind zwar sehr schnell, doch fand ich immer, dafs gute Pferde sie mit verhältnismäfsiger Leichtigkeit überholen, so dafs dieses Kamel als ein ganz ungewöhnlicher Renner betrachtet werden mufs. Auf die Dauer und wenn es über ein gewisses Mafs — sagen wir beispielsweise über 15 deutsche Meilen — hinauszugehen hätte, dann allerdings kann auch das allervorzüglichste arabische Pferd nicht mehr gegen ein Rennkamel aus Nedjd aufkommen. Die Türken haben es mehrmals versucht, diese Tiere auch im nördlicheren Arabien einzugewöhnen und dieselben namentlich für den Kurierdienst in Mesopotamien und in der Syrischen Wüste zu verwenden. Der Versuch mufste aber aufgegeben werden, da sich herausstellte, dafs diese Tiere nördlich vom Nefud sehr bald verkommen und zu Grunde gehen.

Nach einem letzten, mehr als 11stündigen Marsche war endlich am 4. Februar das Kastell von Háiyanniéh in Sicht. Einsam und düster steht es in der Wüste da.

Praktisch wird dies als das Ende des Nefudmarsches betrachtet, obwohl diese Wüste sich von da noch auf drei wasserlose Tagemärsche gegen Süden hinzieht, aber natür-

---

¹) Die besten Rennkamele sind meistens Kamelstuten.

lich denkt niemand, der die sechs und meistens sogar sieben wasserlosen Märsche bis dahin überwunden, viel von einer Entfernung, welche kaum die Hälfte davon beträgt.

Ich berechne die Entfernung vom Wasser von Hoa bis Háiyanniéh auf 290 km und wäre dies das äufserste Minimum, auf welches die beim Durchmarsche durch den Nefud nicht zu vermeidende, vollständig wasserlose Strecke herabgebracht werden kann.

Der Nefud ist eine, wie schon erwähnt, ausgesprochen rötliche, schwere Sandwüste von hügeligem oder, vielleicht besser gesagt, wellenförmigem Charakter. Im Durchschnitt beträgt der Abstand zwischen den Kämmen dieser Sandwellen und deren Basen 30 bis 50 m, gelegentlich steigen diese Unterschiede aber auch bis auf 70 und sogar 100 m, so dafs man bisweilen an wirklichen und sogar ganz steilen Sandabgründen einherreitet.

Ganz abgesehen von der Frage, wie dieses Chaos überhaupt entstanden, als früherer Meeresgrund oder dergleichen, erscheint es unbegreiflich, wie die Wüstenstürme im Laufe der Jahrtausende die Niveauunterschiede hier nicht ausgeglichen oder ihre Schroffheit wenigstens um ein bedeutendes vermindert haben. Oder sollte man annehmen, dafs hier der Wind, auf einmal ursprünglich vorgezeichnete Linien und Formen einwirkend, solches nur mit einer gewissen Regelmäfsigkeit thut und in seiner Wirkung nur ebenso zerstörend oder nivellierend, wie in demselben Grade wieder aufbauend ist?

Auf mich machten die Sandwellen des Nefud übrigens nicht den Eindruck einer so auffallenden Regelmäfsigkeit, wie dieselbe von ein paar andern Reisenden beschrieben, und ersieht man, dafs die Bodenerhebungen durchaus nicht so ausschliefslich in einer Richtung laufende Wellen darstellen, auch daraus, dafs diese Wellen sehr häufig auch durch querlaufende Erhebungen, gleichsam wie durch Dämme untereinander verbunden sind. Der ganz malerische Anblick dieses jedenfalls seltsamen Chaos gewinnt auch noch dadurch, dafs das Terrain dieser Wüste fast überall mit vielem, wenn auch in einzelnen Büscheln dastehendem Buschwerk reich bedeckt ist. Die Stämme dieser meist recht dornigen und trockenen, mehr als Manneshöhe erreichenden Sträucher sind 0,5 bis 1 Fufs dick und geben daher ein ganz vorzügliches Brennmaterial, welches uns bei dem kalten Wetter sehr zu statten kam.

Die Beduinen machen im allgemeinen grofses Wesen wegen des Nefud und fürchten jedes Reisen in demselben immer bis zu einem gewissen Grade. Araberabteilungen, welche weit in diese Wüste eindringen, verlieren da leicht einige ihrer Leute, welche, aus Nachlässigkeit oder Sorglosigkeit etwas zurückgeblieben, sich zwischen den unzähligen Bodenerhebungen verirren und dann sehr bald dem Hunger und noch schneller dem Durste erliegen.

Es ist gewifs nicht ratsam, die Gefahren des Nefud und anderer ähnlicher arabischer Einöden mit ungenügenden Vorkehrungen oder mit nachlässigen Leuten herauszufordern, bei starken Kamelen hingegen, sowie bei reichlichen Wasservorräten, guten, im Falle der Not nach Hilfe abzuschickenden Pferden, mit guten Leuten und zuverlässigen Führern, halte ich indessen jede Gefahr für ziemlich ausgeschlossen und eine Bereisung des Nefud, als einer der schönsten und romantischsten Wüsten, für höchst genufsreich.

Das Tierleben dieser Wüste ist natürlich nicht reich, aber selbst das Dasein der wenigen Tiere, denen ich begegnete, scheint unbegreiflich. Alles, was ich sah, waren Hyänen, Antilopen und Gazellen, einige Hasen und endlich, gleichwie in andern äufserst wasserlosen Gegenden, so auch hier, ganz in der Mitte des Nefud, eine Sorte sehr hübscher grauer Füchse. Es ist nicht zu begreifen, wie diese Tiere ohne Wasser leben können. Allmählich erfuhr ich wohl und mufste es trotz allen Sträubens gegen die Unwahrscheinlichkeit als Thatsache hinnehmen, dafs nämlich die Schafe und Ziegen in Nedjd überhaupt nicht trinken, auch nicht, wie ich es bei mitgeführten Tieren versuchte, wenn man ihnen Gelegenheit dazu giebt. Offenbar genügt ihnen die in Disteln und den häufig genug ganz verdorrten Gräsern homöopathisch enthaltene Flüssigkeit, und scheint das jedenfalls wieder einer der vielen Beweise dessen zu sein, wie sehr bei Generationen hindurch geübter Praxis die Lebensgewohnheiten resp. deren Befriedigung in einem die gewöhnlichen Naturgesetze erschütternden, ja fast verändernden Mafse entwickelt und dem Kampfe ums Dasein angepafst werden können.

Wenn man es schon als Thatsache annimmt, dafs Schafe und Ziegen in Arabien nicht trinken, so liefse sich ja wohl auch erklären, dafs die ihnen so nahe verwandten Antilopen und Gazellen es ebenfalls gelernt, in diesem Lande ohne Wasser auszukommen, wobei ich indessen hinzufügen mufs, dafs die Beduinen mir erzählten, dafs im wasserlosen Innern diese letztgenannten Tiere nur während neun Monaten vorkommen, für die Zeit aber, wenn sie Junge werfen und dieselben aufgesäugt werden müssen, auswandern und sich dann nur in solchen Gegenden aufhalten, wo Wasser vorhanden, wie am Euphrat, im Lande Hasa, in Yemen oder im Hauran.

Hyänen und noch weniger Panther, habe ich nirgends so übertrieben weit vom Wasser gesehen oder gehört; abgesehen davon, würde denselben ja auf einige Zeit wohl auch das Blut erbeuteter Tiere als Flüssigkeit genügen. Mag es nun auch weiter mit den, immerhin von Pflanzen lebenden, übrigens seltenen Hasen sein, wie es wolle, so bliebe doch immer noch die Frage wegen der Füchse übrig, denn ich sah dieselben überall, auch Hunderte von Kilometern vom nächsten, ihnen meist auch nicht einmal zugänglichen Wasser entfernt, in Gegenden, wo Tage lang nicht einmal Vögel zu sehen waren.

Über dieses Problem habe ich oftmals wohl Stunden und sogar Tage lang nachgedacht, bin aber nicht weiter gekommen, als bis auf die wohl auch nur halbwegs genügende Erklärung, dafs diese Füchse möglicherweise von Eidechsen leben, und dafs ihnen die in denselben enthaltene Flüssigkeit als Wasserersatz genügt. Gelegentlich fangen diese Füchse wohl auch Springmäuse, welche aber auch durchaus nicht überall vorkommen, dafür in ihrem Blute allerdings aber wohl mehr „Nass" enthalten, als arabische Eidechsen!(?)

Die Kamele in Nedjd können bei vollem Marsch und Arbeit in der kühleren Jahreszeit 25 Tage, und während der heifsesten Zeit fünfmal 24 Stunden ohne Wasser auskommen. Ein arabisches Pferd wird nicht für gut oder von reinem Blute erachtet, wenn es nicht im stande ist, grofse Entfernungen zurücklegend, 48 Stunden ohne getränkt zu werden, auszuhalten.

In Beduinenlagern, welche bisweilen auf lange Zeit weit von jedem Wasser aufgeschlagen werden, sind nicht allein die Menschen, sondern auch die Pferde ausschliefslich auf Kamelmilch angewiesen. Ein erwachsener und kräftiger Beduine muſs auf der Reise oder auf Kriegszügen, auch bei grofser Hitze, 36 Stunden ohne jeden Trunk aushalten können, aber auch dann darf dieser Zeitraum nicht aus zwei Tagen und einer Nacht, sondern nur aus zwei Nächten und nur einem Tage bestehen. Aber auch das ist ganz bedeutend, da bei der grofsen Hitze und der zehrenden Wüstenluft ein gewöhnlicher Mensch schon alle 1½ bis 2 Stunden eines grofsen Trunkes von mehreren Glas Wasser dringend bedarf.

Das Kastell von Háiyanniéh ist ein ziemlich roh aufgeführtes Gebäude; nur in seinen unteren Teilen aus Stein, die oberen hingegen blofs aus in der Sonne gebranntem Lehme. Das ganze Ding, viereckig und nur von zwei Türmen flankiert, ist bedeutend kleiner als die Schlösser von Djof und Mskakeh, und nur eine ganz kleine Eisenthür führt ins Innere. Etwa 200 m davon steht noch ein dritter einzelner Turm. Derselbe, durch einen unterirdischen Gang mit dem Hauptgebäude verbunden, ist dazu da, die dazwischenliegenden Brunnen, nötigenfalls unter einem Flintenkreuzfeuer, zu halten. Diese, obwohl recht einfachen Befestigungen sind dennoch ganz genügend, nicht allein Angriffen eines nicht über Kanonen verfügenden Feindes zu widerstehen, sondern auch jedem die Benutzung des Wassers zu verwehren, der Ibn-Raschids Erlaubnis dazu nicht besitzt. Die Brunnen von Háiyanniéh sind sehr gut und wasserreich, und ganz besonders der nur einige Schritte von der Schloſsthür entfernte Hauptbrunnen. Er ist, je nach dem augenblicklichen Verbrauchs- oder Wasserstande, 140 bis 170 m tief und von vortrefflichem oder, richtiger gesagt, ganz gewaltigem, wohl uraltem Baue; soviel ich mit Hilfe hinabgeworfener und an Bindfäden hinabgelassener Wachszündhölzer sehen konnte, ist er teils im rohen Felsen ausgehauen, teils aber auch mit behauenen Quadersteinen ausgemauert. Dieser, wie auch noch ein paar andere von mir in Arabien gesehene Brunnen, müssen wohl auf Rechnung der Werke assyrischer Könige gesetzt werden, von denen es heifst, dafs sie Feldzüge bis ins Innere und sogar bis in den Süden von Arabien unternommen haben.

Ich fand Háiyanniéh ganz belebt durch die Anwesenheit sehr grofser, nach Tausenden von Tieren zählender Kamelherden. Dieselben gehörten den Roalas, die im Winter den Nefud als Weidegrund benutzen, dieses aber nur unter der Bedingung thun können, dafs es ihnen gestattet wird, ihre Kamele von Zeit zu Zeit aus den Brunnen von Djof, Mskakeh, Háiyanniéh und Djebbah zu tränken.

Dieser Umstand macht es denn auch erklärlich, dafs Ibn-Raschid [1]) nicht allein sich als Herr des Nefud fühlt,

---

[1]) Das Wort „Ibn" bedeutet Sohn, und wenn es vor einen Namen gesetzt wird mithin: „Sohn des". So heifst z. B. Hassan Ibn-Mhénuéh — Hassan, Sohn des Mhénneh, u. dergl. Bei sehr vornehmen und wichtigen Familien wird der Name eines besonders hervorragenden Mannes förmlich zum Familiennamen. So hiefs z. B. der Vater des Emirs von Haïl — Abdallah, trotzdem nennt man den Emir nicht Ibn-Abdallah, wohl aber Ibn-Raschid, nach einem andern berühmten Vorfahren. Aufserdem wird bei dem Haupte eines wichtigen Hauses auch der Vorname ganz weggelassen, und nur bei den übrigen jüngeren Mitgliedern solcher Familie gebraucht. So ist denn z. B. kurzweg: Ibn-Raschid, Ibn-Haddal, Ibn-Arouk u. dergl. einfach das Äquivalent für: „Der Raschide", „der Haddal" etc.

Mein grofser Freund und Kamelchef, der Scheik von Palmyra, hatte aus besagten Gründen eigentlich vier, mit einer Nüance sogar fünf Namen, welche je nach Umständen benutzt wurden. Im Falle ich ärgerlich oder in übler Laune war, hiefs er, seinem Vornamen gemäfs, kurzweg „Mohammed", bei etwas

sondern auch, dafs ein grofser Teil (wohl die Hälfte) der
mächtigen, sonst weder die Türkei noch den Emir von
Nedjd anerkennenden Anazéhs von seinem guten Willen
abhängig sind. Der bereits erwähnte, sonst stolz und anmafsend auftretende Sotamm verfehlte es denn aus diesem
Grunde auch niemals, alljährlich einen sogen. Staats- und
Freundschaftsbesuch in Haïl zu machen und da die Zusicherung zu empfangen, den Schlössern des Nefud werde
der Befehl wiederholt werden, allen Sotamm anerkennenden Araberstämmen die Benutzung der in Frage kommenden Brunnen zu gestatten, eine Zusicherung, welche
ihrerseits wieder nicht wenig dazu beitrug, Sotamms
eigene Stellung seinen eigenen Stämmen gegenüber zu be-
festigen.

---

besserer Disposition mit Hinzusetzung seines Vaternamens, also:
Mohammed Ibn-Abdallah, oder Ibn-Abdallah kurzweg; bei
normal gemütlichem Verkehre dagegen, im Reiserate oder in
meinem Zelte Kaffee trinkend, hiefs er Scheik Mohammed.
Bei ganz grofsen Gelegenheiten endlich, wenn er (ein ungewöhnlich grofser und stattlicher, ganz von Seide und Goldbrokat
strotzender Araber) mit mir zu Tisch safs, in Gegenwart türkischer Generalgouverneure, Paschas oder arabischer Scheiks,
hiefs er Ibn-Arouk, als Chef eines in der That noch jetzt in
Poesien und arabischen Liedern fortlebenden Hauses. Der Koran
verbietet Familiennamen, als ein dem menschlichen Hochmute
Vorschub leistendes Übel. Die Araber, Kurden, Albanesen und
andere auf ihre Stammbäume aufserordentlich haltende Völker
haben sich indessen, wegen Nichtachtung dieses Gesetzes, entweder einfach mit ihrem Gewissen abgefunden oder dasselbe,
wie eben beschrieben, umgangen.

II.

Von Háiyanniéh bis Haïl.

Unangenehme Neuigkeiten. — Abwesenheit des Emirs. — Haïl in Sicht. — Botschaft an den Regenten Hmoud. — Weigerung desselben, einen Fremden einzulassen. — Überwindung der Schwierigkeiten durch den Dragoman Nasroullah. — Einzug in Haïl. — Verbot des Rauchens in Centralarabien. — Erster Empfang. — Begeisterung der Bevölkerung Haïls für Maneks Schönheit. — Wohnung in Ibn-Raschids altem Privatschloſs. — Sonstige Verwendung desselben als Staatsgefängniſs. — Wichtigkeit von Haïl. — Regierungspalais. — Groſsartige Kücheneinrichtungen. — Ibn-Raschids Reichtum. — Die Brunnen und ihre Wichtigkeit für den Feldbau. — Schulen in Haïl. — Sklaverei in milder Form. — Komische Sklavengeschichte. — Seltsame Zwischenfälle. — Nachrichten über die Ermordung des Franzosen Hubert. — Klare Auffassung Ibn-Raschids über europäische Angelegenheiten. — Miſstrauen der Araber. — Umschwung in der öffentlichen Meinung zu Gunsten des Reisenden. — Regen. — Waffenerfolg des Emirs. — Besuch der Moscheen. — Ausflug nach Ayde. — Die Berge von Haïl. — Einladung Ibn-Raschids zum Stelldichein in der Wüste. — Aufbruch von Haïl. — Herzlicher Abschied von Hmoud.

Einige recht unangenehme Neuigkeiten kamen mir in Háiyanniéh zu Ohren. Der Emir, so hieſs es, sei von Haïl abwesend; er sei auf einem Kriegszuge, irgendwo weit hinten im Süden, fast auf halbem Wege nach Aden; in Haïl sei eine Regentschaft eingesetzt unter dem Präsidium von Ibn-Raschids Vetter Hmoud. Alles das konnte für mich sehr wohl zu einer recht peinlichen Lage führen. Die Regentschaft in Haïl würde vielleicht nicht wünschen oder auch sich nicht stark genug fühlen, einen Fremden in Haïl so ohne weiteres liebenswürdig aufzunehmen. Jedenfalls war nun nichts anderes mehr zu machen, als meinen Weg ruhig fortzusetzen.

Am 9. Februar war ich in Sicht von Haïl und seiner malerischen, den Hintergrund bildenden Berge des Djebbel Shammar.

Nasroullah, der um einige Stunden vorausgeschickt war, hatte eine sehr stürmische Unterredung mit dem Regenten Hmoud. Derselbe erklärte es für eine unerhörte Zumutung, mich in Haïl einziehen zu lassen. Alle Schwierigkeiten und Kriege, so setzte er Nasroullah auseinander, die Ibn-Raschid mit den erst kürzlich besiegten Wahabiten und andern Einwohnern von Nedjd gehabt, alles das sei nur die Folge der Unzufriedenheit dieser Leute darüber gewesen, dafs der Emir freundschaftliche Beziehungen zu Türken, Ungläubigen und allerlei, Arabien und arabischen Interessen ganz fernstehenden Fremden unterhalten. Die grofse Mehrzahl von Ibn-Raschids alten, sogar die Stadt Haïl bewohnenden Unterthanen bestehe aus Wahabiten, und so habe denn die Regierung von Haïl es nunmehr schon seit Jahren unwiderruflich beschlossen, keine Fremden mehr ins Nedjd auch nur einzulassen. Wenn er, Hmoud, bei Zeiten davon gewufst haben würde, hätte er gewifs Befehle erlassen, mich schon in Djof aufzuhalten.

Obwohl ziemlich erschreckt, verlor Nasroullah glücklicherweise den Kopf doch nicht, erwiderte vielmehr kräftig und erklärte entschieden, ich käme nach Nedjd mit einem Einführungsschreiben des Sultans und Kalifen, und es würde überhaupt ein ernstes und arabischer Gastfreundschaft unwürdiges Wagnis sein, mich nach einem so langen

Marsche in die Wüste zurückzutreiben; der Emir, wenn er anwesend wäre, würde gewifs an nichts derartiges auch nur denken und dergleichen mehr. Endlich versuchte Hmoud noch einige Einwendungen hinsichtlich der Form meines ersten Einrittes und meiner europäischen Tracht, die sehr wohl die Veranlassung zu Unordnungen und sogar zu einem Aufstande der Einwohner geben könnte. Solches wäre um so mehr zu befürchten, so behauptete er, als er, Hmoud, im Augenblicke nur über sehr wenige Soldaten verfüge. Übrigens hätten die wenigen Fremden, die jemals in Haïl gewesen (Palgrave, die Blunts, Daughty und der Franzose Hubert), nicht allein keinen öffentlichen und officiellen Einzug beansprucht, sondern auch immer aus Rücksicht für die öffentliche Meinung ausschliefslich arabische Kleidung getragen. Wenn man nun noch bedenke, so meinte Hmoud, dafs ich einen weifsen Lederhelm trage, wie auch einen Säbel mit Goldgriff, so sei wirklich gar nicht abzusehen, wie alles überhaupt glücklich ablaufen könne, selbst bei seinem, des Regenten, besten Willen. Aber auch in diesen Fragen gab Nasroullah, der sich von seinem ersten Schrecken wieder erholt, nicht nach, sondern meinte, es würde gewifs nicht so schlimm werden; aufserdem besäfse ich, aufser einigen weifsen Mänteln gar keine arabische Kleidung und müsse daher der Regent selbst einsehen, dafs ich in keinem Falle darauf eingehen werde noch könne, mich in einer lächerlichen und unwürdigen Art als Araber zu verkleiden, noch dazu in Gott weifs wie und von wem zusammengeliehenen Kleidern. Schlimmsten Falls würde ich, auf Haïl ganz verzichtend, mein Lager aufserhalb der Stadt aufschlagen und noch am nächsten Tage weiter nach Oneizeh ziehen, um von da aus eine Zusammenkunft mit dem Emir einzuleiten. Endlich gab die Regentschaft allen Widerspruch auf und des Emirs sogen. altes Palais wurde eiligst für mich in Bereitschaft gesetzt.

Bald darauf ritt ich nun auch in Haïl ein.

Eine grofse, wohl nach einigen Tausenden zählende Menschenmenge füllte die Strafsen und den Platz vor dem Regierungsgebäude, vor dessen Thore Hmoud, umgeben von seinem Gefolge, mich sehr artig erwartete, um mich zum ersten Staatskaffee einzuladen.

In Haïl, wie auch in ganz Centralarabien, ist das Rauchen streng verpönt und gilt solcher Genufs in diesen Wahabigegenden als ein dem Weintrinken vollständig ebenbürtiger Greuel. Tabakhandel und sogar zufälliger Besitz des Teufelskrautes ziehen bereits harte Strafen nach sich, die sich in Wiederholungsfällen bis zum Ohrenabschneiden steigern können. Unter solchen Umständen war es eine wichtige Frage, ob ich öffentlich und bei Hofe rauchen solle oder nicht, oder ob mir als Fremden das ausnahmsweise gestattet werden würde. Zu rauchen, wäre unter diesen Bedingungen eine Herausforderung, und nicht zu rauchen, immerhin ein gewisses Zeichen der Schwäche gewesen, um so mehr, als es ganz bekannt, mit Nasroullah sogar besprochen war, dafs ich Wein trinke und rauche.

Der erste Empfang war indessen ein so artiger und zuvorkommender, dafs ich es für geraten hielt, nicht alles auf einmal zu überstürzen. So beschlofs ich denn beim ersten Empfange weder zu rauchen, noch auch um Erlaubnis dazu anzufragen. Erst im letzten Augenblicke, als ich mich zum Aufbruche anschickend bereits die Handschuhe anzog, schien Hmoud sich auf diese Frage zu besinnen. Er entschuldigte sich, ganz vergessen zu haben, mich zu fragen, ob ich nicht rauche und daher vielleicht nicht habe rauchen wollen, worauf ich ihm natürlich erwiderte: Allerdings, und beim nächsten Male würde ich von seiner liebenswürdigen Einladung Gebrauch machen.

Als ich das Schlofs verliefs, um mich in meine Wohnung zu begeben, sah ich die Menschenmenge noch um vieles angewachsen. Man hatte mich beim erstenmale wohl mit etwas finsterem Schweigen vorüberziehen lassen, jetzt aber kam der arabische Enthusiasmus für Pferde zum Durchbruch. Maneks Schönheit hatte so sehr alle Herzen gewonnen, dafs ein lautes Beifallsgemurmel die Menge durchlief und sich endlich auch durch laute Zurufe von: Mashallah, Mashallah! was für ein prachtvolles Pferd! Luft machte. Ich war so gerührt von dieser, meinem eigenen Lieblinge gezollten Bewunderung, dafs ich mich dafür mit ein paar Handbewegungen bedankte, worauf die Beifallsbezeugungen sich nur noch steigerten. Wenigstens eine gemeinsame Liebhaberei hatte man und war es, als ob dieser Zufall das erste Eis in Nedjd zu meinen Gunsten gebrochen, wie mir denn überhaupt Maneks Schönheit oft genug als wahrer Kreditbrief und Einführungsschreiben für die Herzen der Pferdebewunderer gedient. Einem europäischen Leser mag das fast märchenhaft erscheinen, im Oriente aber und soweit die arabische Zunge reicht, ist es nun einmal so. Aus diesen Gründen ist denn auch ein Pferd erster Klasse nirgends in der Welt so teuer, wie in Arabien, und so erklärt es sich denn auch, dafs ich öfters auf meine Frage, wie viel wohl dieses oder jenes Pferd wert sein möge, die Antwort erhielt: es ist so viel wert — als Derjenige, dem es zum Kaufe angeboten werden würde, besitzt, d. h. mit andern Worten: jeder Araber, ob arm oder reich, würde für das betreffende Pferd eben alles hingeben, was er im Augenblicke an Geld, andern Pferden, Zelten, Kamelen, Teppichen etc. besitzt.

Die mir zum Aufenthalt angewiesenen Baulichkeiten waren Ibn-Raschids altes Privatschlofs (Kasr), natürlich nur in arabischem Sinne ein Palais, in Wirklichkeit aber ein Konglomerat von unzähligen (wohl 250 bis 300), häufig dunklen Kammern, Kämmerchen, Turmzimmern, Korridoren und Gallerieen; dazu mehrere sehr grofse Höfe, sowie auch ein wirklich schöner, ausgedehnter Garten. Eine mit Türmen versehene Mauer umfafst den ganzen Komplex, aber auch im Innern strotzt es von Türmchen, Verteidigungsgallerieen und dergleichen. In gewissem Sinne ist es so etwas wie ein Londoner Tower von Haïl, insofern, als sich hier die während der letzten 20 Jahre besonders blutige Geschichte Innerarabiens abgespielt.

Ibn-Raschid residierte da bis zum Jahre 1891 und baute sich erst in diesem Jahre ein kleines, neues, durch eine Gallerie mit dem Regierungsgebäude verbundenes Haus, denn er wollte seinem Regierungsschlosse, seinen Schätzen, seinen Kanonen und seiner Rüstkammer näher sein.

Die meisten von Ibn-Raschids wichtigen Staatsgefangenen waren unter seiner persönlichen Kontrolle hier gefangen gehalten worden, und Hassan Ibn-Mhènnéh, der Scheik und Bürgermeister von Bereida, war von da erst meinetwegen und am Tage meiner Ankunft ins Regierungsgebäude übergeführt worden.

Das ehemalige Staatscafé des Emirs lag alleinstehend auf einer Terrasse, und wählte ich es, als besten Raum, zu meinem Schlaf- und Hauptempfangszimmer. Es war ein grofser, mit einer Menge von Teppichen ausgelegter, sowie auch mit Säulen und einiger einfacher persischer Freskomalerei geschmückter Raum. Wie ich später erfuhr und mir auch Hmoud selbst erzählte, war es hier, wo vor mehr als 20 Jahren Ibn-Raschid acht seiner Oheime und Vettern samt ihrer Dienerschaft ermorden liefs.

Haïl ist kein grofser Ort und dürfte wohl kaum mehr als 10000 bis 12000 Einwohner zählen. Ibn-Raschid, der sich die meiste Zeit in der Wüste aufhält, residiert in Haïl gewöhnlich nur während der drei bis vier heifsesten Monate im Jahre, wenn in der Wüste alles so ausgedörrt ist, dafs auch für die Kamele keine Disteln mehr zu finden sind. So spielt denn Haïl in diesem Araberstaate eigentlich nicht so sehr die Rolle einer Hauptstadt, als vielmehr diejenige eines Entrepots, wo Weiber, Kinder, Schätze und Vorräte aufbewahrt werden. Alles, was man in Haïl sieht: Gebäude, Mauern, Gärten und Brunnen, sind im besten Zustande, sie sehen so rein und nett aus, als wäre alles ganz neu und erst vor einigen Tagen erbaut oder beendet. Die ganze Stadt ist zwar von einer Mauer umgeben, die aber nur aus dickem Lehme besteht und wohl nicht so sehr auf eine ernste Verteidigung berechnet ist — als vielmehr, um aus polizeilichen Gründen die Stadt absperren zu können, wie auch noch allenfalls, um ihr einen ersten Schutz gegen räuberische Reiterüberfälle oder Handstreiche zu gewähren, zu einer Zeit, wenn so gut wie gar keine Soldaten anwesend sind.

Im übrigen ist Haïl die einzige Stadt in Arabien, von der man, da sie so gut wie offen daliegt, denken könnte, ihre Herren hätten von jeher so wie die preufsischen Könige hinsichtlich Berlins gedacht, nämlich, dafs die beste Verteidigung in der offensiven Behauptung des offenen Feldes läge.

Das Regierungspalais ist ein grofses, befestigtes und wenn auch finster, so doch sehr stattlich aussehendes Gebäude. Die, wie bei allen arabischen Kastellen, nach aufsen fensterlosen und nur Schiefsscharten zeigenden Mauern sind wohl 25 m hoch; die Anzahl der Türme beträgt, wenn ich mich recht entsinne, sechs. Das ganze erinnert unwillkürlich an die altfranzösischen oder altspanischen Donjons, deren Bauart ja wohl auch arabischen Ursprungs sein dürfte.

Die aufserordentlich rein gehaltenen und zweckmäfsigen Kücheneinrichtungen des Haïler Schlosses verdienen geradezu den Ausdruck grofsartig. Das haben sie aber auch zu sein, denn wenn Ibn-Raschid in Haïl ist, so speist aufser seinem Gefolge auch seine persönliche Garde regelmäfsig bei ihm, also mehr als 2000 Menschen. Die Küchenausgaben des Emirs betragen Hundert Pfund Sterling täglich. Neben der an Flinten, Säbeln und Munition reich versehenen Rüstkammer sah ich im Schlosse auch acht recht altmodische Kanonen, die wohl kaum eine andere praktische Verwertung finden könnten, als zu Kartätschenschüssen bei etwaiger Verteidigung des Schlosses. Einer anstürmenden Menge gegenüber mag allerdings auch das unter Umständen von entscheidender Wichtigkeit werden können.

Ibn-Raschids, meist aus türkischen und englischen Goldstücken bestehender Schatz wird ebenfalls in diesem Schlosse aufbewahrt und wird der Wert dieses Schatzes auf $1^1/_2$ bis 2 Millionen Pfund Sterling angegeben, einer, besonders an Bargeld für Arabien ganz ungeheuren Summe. Inwieweit das genau ist, weifs ich natürlich nicht, möglich ist es aber schon, denn sehr reich ist Ibn-Raschid jedenfalls und kann man ihm von seinen Einnahmen, nach Abzug der Ausgaben wohl ungefähr 60000 bis 75000 Pfund

Sterling als jährlich übrigbleibenden Überschufs nachrechnen.

Die Instandhaltung der bestehenden, sowie die Errichtung neuer Brunnen, bildet eines der Hauptaugenmerke, wie auch eine der Hauptausgaben der Haïler Regierung. Wichtig genug ist es auch, da bei der Abwesenheit jedes fliefsenden Wassers und bei bisweilen Jahre lang ausbleibendem Regen das Brunnenwasser nicht allein für Menschen und Tiere die einzige Hilfsquelle ist, sondern auch zur Bewässerung der Gärten und sogar der Felder zu dienen hat. Das Wasser wird mit Räderwerken, welche durch Kamele getrieben werden, aus den meist sehr tiefen, gewöhnlich aber auch sehr wasserreichen Brunnen herausgeschöpft und dann durch kleine Kanäle auf das zu berieselnde Land geführt. Es ist eine mühsame Art, so die wenigen, in der Umgebung von Haïl vorhandenen Felder zu bewässern, dennoch scheint es sich bei den für Getreide bestehenden aufserordentlich hohen Preisen ganz gut bezahlt zu machen, und würde die Fläche der Felder daher wohl noch vergröfsert werden, wenn das bei Haïl, wie auch in den übrigen arabischen Oasen irgendwie zum Feldbau geeignete Terrain nicht ein durch die Wüste äufserst beschränktes wäre. Es wird vorherrschend Gerste gebaut, welche in guten Jahren einen Marktpreis von etwa 1 Medjidieh pro 4 Konstantinopeler Okka behauptet [1]).

In Innerarabien wird der Verbrauch auch nicht annähernd durch die eigene Erzeugung gedeckt und mufs daher alles, nicht allein an Gerste, sondern auch an Reis

---

[1]) 1 Konstantinopler Okka = $3\frac{1}{3}$ Pfd.; 1 Medjidieh = 3,60 Mark, mithin also für 4 Okka, der Tagesration eines Pferdes (13 Pfund), 3,60 Mark!! d. h. 1 Centner à 100 Pfund etwa 25 Mark!!

und anderem Getreide Nötige weither von Bagdad und aus dem Irak verschrieben werden.

Es giebt vier Schulen in Haïl, die, nach arabischen Begriffen, als sehr gut beschrieben werden, und hat sich Ibn-Raschid diesen geistigen Luxus ziemlich viel kosten lassen. Im Laufe der Zeit holte er verschiedene Lehrer aus Syrien und Ägypten und versucht es jetzt, mit ihrer Hilfe einige frische Lehrkräfte aus seinen eigenen Leuten heranzubilden.

Aufser der Kenntnis des Koran und der arabischen Sprache, welche natürlich die Hauptgrundlagen des Unterrichtes bilden, wird in diesen Schulen auch noch etwas Geographie und Arithmetik vorgetragen. Als in letzterer besonders hervorragend wurden mir auch zwei Beduinenjungen vorgeführt, die es verstanden, sowohl mit einfachen als auch mit Decimalbrüchen zu rechnen. Kenntnis der Gestirne findet man unter den Beduinen bisweilen in bedeutendem Mafse, und namentlich der Emir setzte mich wirklich in Erstaunen durch die Masse seines Wissens in dieser Beziehung, denn er kennt Hunderte von Sternen mit Namen, erklärte sehr genau, wie dieselben ihre Lage je nach den Stunden verändern, und wie das alles beim Auffinden und Einhalten von Richtungen auszunutzen resp. zu berücksichtigen sei, wie er sich denn überhaupt recht viel mit solchen Dingen abgiebt, auch seine verschiedenen Uhren und Kompasse fast täglich reguliert und vergleicht. Hinsichtlich seiner Barometer meinte er lachend, dieselben wären für Arabien ganz unnütze Instrumente, da sie das ihm einzig Interessante, aber nicht Vorkommende, nämlich den Regen, ja doch nicht anzeigen könnten, denn wenn diese Barometer auch gelegentlich fielen, so sei das

Ende vom Liede nur Wind und Sturm, von denen man genug habe.

Sklaverei existiert in ganz Innerarabien; als Regel aber in einer so milden Form, dafs die Sklaven eher wie verwöhnte Kinder angesehen und behandelt werden, denn als Sklaven in dem Sinne, wie wir an dieselben in Europa denken. Einst hatte ich Gelegenheit, in eine ziemlich komische Sklavengeschichte thätig mit einzugreifen.

Es war etwa zwei Tage von Kaf. Ich war im Augenblicke ziemlich weit hinter der Karawane zurückgeblieben, als ich in der Ferne so etwas wie eine Jagd gewahr wurde. Ein Mann lief einem andern nach. Einige in der Vorhut befindliche Soldaten, hingerissen vom Jagdeifer, mischten sich ein und fingen, da sie beritten waren, den flüchtigen Menschen, so dafs, als ich auf dem Platze ankam, derselbe bereits gebunden war. Ich wurde sehr ärgerlich, als ich erfuhr, dafs der eingefangene Mensch (ein schwarzer Somalijunge) ein seinem Herrn entflohener Sklave sei, der sehr wohl vielleicht hätte entkommen können, wenn meine Soldaten sich nicht eingemischt hätten.

Nun kam es zu einer Entscheidung, wie ich sie schon früher einmal, wenn auch damals mit einem andern Resultate, in Kurdistan hinsichtlich eines seinem Vater weggelaufenen Jungen getroffen. Der Sklave wurde aus seinen Banden befreit und beide, er und sein Herr, wurden in diejenige Lage zurückversetzt, in welcher sie sich im Augenblicke der Einmischung der Reiter befunden. Aufserdem sollte der Flüchtling aber noch einen kleinen Vorsprung bekommen, als Äquivalent für seine den Reitern gegenüber unnütz verschwendeten Kräfte. Es war nicht viel, da er sich ihnen fast augenblicklich selbst ergeben, etwas wollte ich aber doch zu seinen Gunsten in Betracht ziehen. Nach ziemlich langer Auseinandersetzung wurde dieser Extravorsprung auf 125 m festgesetzt. Der Besitzer des Sklaven widersprach zwar aufs heftigste gegen alle diese Anordnungen, welche ihn seinen Sklaven kosten könnten. Er war so wütend, dafs er hoch und teuer schwor, er würde, wenn nur im Besitze seiner zu Hause gelassenen Büchse, seinen (etwa 50 bis 60 Pfund Wert habenden) Sklaven eher ohne weiteres niederschiefsen, als ihn infolge meiner Mafsregeln eventuell zu verlieren. Wie die Sache nun aber lag, hatte dieser Mann aufser seinem Säbel nur noch eine ziemlich mangelhafte Pistole. Dieselbe schien mir für des Mohrenjungen Leben nicht sehr gefährlich, es wäre denn ganz in der Nähe. Immerhin gab diese Möglichkeit zu einer neuen Diskussion darüber Anlafs, infolge welcher ich mich einverstanden erklärte, des Sklaven Leben als in seines Herrn Hand zu betrachten, sobald es letzterem gelingen sollte, bis auf fünf bis sechs Schritte an ersteren heranzukommen. In diesem Falle wollte ich einschreiten und den Sklaven gebunden seinem Besitzer ausliefern. Der Besitzer des Sklaven meinte wohl, sein Pistol sei gut genug, einen Menschen auch auf mindestens zehn Schritte in der Hand zu haben, erschrak dann aber nicht wenig, als der Sklave darauf erklärte, er sei bereit, sich in solcher Entfernung einem Schusse seines Herrn auszusetzen unter der Bedingung, dafs, wenn derselbe ihn weder töte noch auch laufunfähig mache, ich den Sklaven mit mir nehmen solle.

Endlich ging das Wettrennen los; beide erwiesen sich als gute und ausdauernde Läufer, wie man das in Arabien bei den windhundgleichen Beduinen häufig genug sieht. Anfänglich verlor der Sklave etwas Terrain, gewann es aber nach einiger Zeit nicht allein wieder zurück, sondern es gelang ihm endlich auch, eine Entfernung von über einem Kilometer zwischen sich und seinen unterdessen ganz ermüdeten Verfolger zu bringen.

Nun war es offenbar, dafs der Sklave wohl in keinem Falle überholt werden würde und setzte ich daher meinen Weg fort, leider ohne auch nachträglich zu erfahren, was aus diesen Leuten geworden. Gewöhnliche Menschen würden unter solchen Umständen sehr bald in der Wüste zu Grunde gehen, bei Arabern und Negern kann das aber gar nicht so gesagt werden, denn es ist ganz unglaublich, was solche Menschen aushalten können, und namentlich im Winter, wenn sie den Durst Tage lang zu ertragen im stande sind.

In Háiyanniéh sah ich einst einen soeben eingefangenen Sklaven. Er hatte seinem Herrn ein Kamel gestohlen und auf demselben die Flucht ergriffen. Fünf Tage und fünf Nächte war er fast ununterbrochen durch den Nefud geritten, ohne Nahrung und ohne Wasser, und wäre wohl nicht eingefangen worden, wenn räuberische Beduinen, denen er begegnete, ihm nicht sein Kamel als gute Beute abgenommen hätten. Wohl setzte er ganz tapfer auch dann noch seine Flucht zu Fufse fort, wurde aber, schon im Angesichte von Háiyanniéh, von seinem ihm nachgefolgten Herrn eingeholt.

Nach dieser langen Abschweifung ist es indessen höchste Zeit, dafs ich wieder auf meinen Aufenthalt in Haïl zurückkomme.

Hmoud machte mir zwar nach meiner Ankunft schon am nächsten Morgen seinen Gegenbesuch, dennoch war während der ersten paar Tage in mehr als einer Beziehung eine gewisse, fast unheimliche Kühle an ihm zu bemerken.

Unter anderen etwas seltsamen Zwischenfällen war auch folgender, der sowohl meinen Dragomanen, wie auch dem Scheik Mohammed sehr bedenklich erschien. Hmoud schickte mir nämlich als Kuriosität die Photographie des im Jahre 1885 zwischen Haïl und Medina ermordeten Franzosen Hubert. Dieses Bildnis, das ich noch jetzt besitze, trägt Huberts Namensunterschrift und war nach seiner Ermordung offenbar seinen Sachen entnommen worden. Wie es nach Haïl gekommen, wird wohl, gleich dem ganzen Zusammenhange dieser Geschichte, nie mehr aufgeklärt werden, da zu viele Interessenten an der Verbreitung verschiedener Versionen darüber beteiligt zu sein scheinen. Seiner Zeit drückte wegen dieser Angelegenheit Frankreich so stark auf die Pfortenregierung, dafs dieselbe sich dadurch Luft zu machen, wie auch Zeit zu gewinnen suchte, dafs sie sich in eine Korrespondenz darüber mit Ibn-Raschid einliefs. Derselbe war indessen nicht gesonnen, sich so belästigen zu lassen, warf vielmehr alle Schuld auf die grauenhafte, wie er behauptete, überall auf türkischem Territorium, und ganz besonders in der Nähe von Medina herrschende Unsicherheit und sonstige scheufsliche Zustände daselbst. Jedenfalls, meinte er, sei Hubert in türkischem Lande umgebracht, und sei es stark, anstatt da Ordnung zu schaffen, ihn mit solchen Geschichten zu langweilen. Er habe sich das übrigens um so weniger gefallen lassen, als er für Hubert die gröfste Liebenswürdigkeit und Gefälligkeit an den Tag gelegt, die unter anderm, wie jedermann wisse, sogar so weit gegangen, dafs er, der Emir, um Huberts seltsame Leidenschaften zu befriedigen, mit grofsen Weitläufigkeiten und Unkosten in den Bergen habe grofse Gerüste erbauen lassen, um dem

Franzosen den Abklatsch und das Kopieren der daselbst an Felswänden vorhandenen uralten Inschriften zu ermöglichen. Endlich wurden alle Begriffe über diese Geschichte ganz und gar verwirrt, indem sogar ein Preufse, als Huberts Diener, aufs Tapet gebracht wurde. Hubert war schon zweimal in Haïl gewesen und kam um, als er zum drittenmale auf dem Wege dahin war. Es scheint sicher zu sein, dafs er damals eine für eine solche Reise ganz unverhältnismäfsig grofse Geldsumme in Baar bei sich führte, ein um so bedenklicherer Umstand, als er nicht mit sehr starker Bedeckung reiste. — Später erzählte mir Ibn-Raschid selbst, dafs, nachdem Hubert umgekommen, sein Diener in Haïl erschienen und um die Herausgabe der vom Ermordeten früher dagelassenen Sachen bat. Der Emir ging darauf wohl ein, behielt sich aber vor, noch erst einige Erkundigungen darüber einzuziehen, ob Hubert wirklich tot sei. Nachdem sich das als richtig herausgestellt, wurden die Sachen herausgegeben, ganz natürlich, wie der Emir meinte, da er so schnell wie möglich von Fragen darüber loskommen wollte, und er den betreffenden Diener, als einzigen Europäer, schon früher zusammen mit Hubert gesehen. Heraus aus Arabien scheint jedenfalls ein solcher Diener mit solchen Papieren und Sachen nie gekommen zu sein, da ich in Syrien, Bagdad, Bassorah u. s. w. vergeblich danach geforscht, und ob er überhaupt existiert hat, lasse ich dahingestellt.

Gelegentlich fragte ich den Emir einmal: „Ja, aber woher wissen Sie denn, dafs Huberts Diener ein Deutscher oder gar noch genauer durchaus ein Preufse gewesen [1)]?"

[1)] Dafs die beiden Leute, wie sie erzählen, immer deutsch untereinander gesprochen, beweist ja noch gar nichts, da Hubert worauf er mir fast ärgerlich antwortete: „Ach was, natürlich weifs ich sehr gut, was das Elsafs ist, wie sollte ich auch nicht, denn es ist ja das Land, welches von den Deutschen vor 20 Jahren den Franzosen abgenommen wurde; dessenthalben das berühmte Paris bombardiert worden und die Franzosen noch jetzt so wütend gegen Deutschland sind, dafs sie sich mit dem Moskowiterreiche verbunden haben und diese Frage überhaupt den Angelpunkt aller europäischen Politik bildet, einer Politik, von der das Schicksal des Daulah [1]) abhängt, ein Schicksal, das auch uns hier in Arabien wichtig und interessant genug ist, um uns einigermafsen darüber zu unterrichten". Als listigen und gar nicht so übel unterrichteten Beduinen hatte ich Ibn-Raschid schon kennen gelernt, eine so klare Auffassung europäischer Angelegenheiten war mir aber doch ganz erstaunlich, besonders in dieser wie so häufig in Arabien seltsamen Verbindung von Staatsklugheit und Barbarei, von Wildheit mit traditioneller Höflichkeit und Liebenswürdigkeit, von semitisch-hellem Verstande und Talente, mit allerlei Unwissenheit und Vor-

---

selbst ein Elsässer und sein Diener daher auch sehr gut sein Landsmann hat sein können.

[1]) Das Reich katexochen, in dem Sinne, wie in alten Zeiten vom heiligen römischen Reiche gesprochen wurde, und wie der türkische Staat der muselmännischen Welt gegenüber eine solche Stellung insofern in Anspruch nimmt, als der Sultan ja auch der Kalif sein will. Die persischen und indischen Shias, die Wahabiten, sowie auch manche andere, wenn auch muselmännische, politische Gegner der Türkei, erkennen das zwar nicht an. Unter gewöhnlichen Bedingungen, und wenn man sich nicht offen als im Gegensatze zu türkischer Politik befindlich zeigen will, bleibt es indessen immer dabei, dafs das türkische Reich, das Kalifat also, „das Reich" sei, und wird in dieser Beziehung der Sultan, als die ganze Idee in sich personificierend, niemals Sultan, Padishah oder Kalif, sondern kurzweg der Daulah genannt.

urteilen — wirklich ein seltsames, häufig überraschend groteskes Mixtumkompositum!

Die Thatsache, dafs mir Huberts Bildnis zugesandt wurde, brauchte an und für sich noch nicht so schlimm zu sein, etwas seltsam und, wie meine Leute meinten, höchst verdächtig sah aber der Umstand aus, dafs auf dem Bildnisse der Hals des unglücklichen Mannes mit einem scharfen Instrumente durchgeritzt resp. aufgeschnitten war, offenbar als Zeichen und Notiz darüber, dafs ihm die Gurgel abgeschnitten. Darüber entstand aber wieder die Frage, ob diese Marke alt oder neu sei, und ob sie in letzterem Falle nicht für mich oder vielleicht auch für uns alle die Bedeutung eines Memento haben solle? Da ich die schon grofsen Bedenklichkeiten nicht noch ganz zwecklos vermehren wollte, erklärte ich die erwähnte, durch eine Lupe aufmerksam besichtigte Halsmarke für unbedingt alt und daher für den Augenblick jeder Bedeutung entbehrend.

Bisweilen machte es wirklich einen, unter den Umständen etwas schweren Eindruck, wenn diese und ähnliche Fragen abends spät in düsterer Umgebung erwogen wurden. Die Weitläufigkeit und Seltsamkeit des von mir bewohnten Gebäudekomplexes, mein eigenes hohes Zimmer — ein wahrer Saal — fast unheimlich beleuchtet durch ein grofses, in der Mitte loderndes Feuer, die vielen Blutgeschichten, sowie die natürlich noch übertriebenen Erzählungen über die vielen, im Schlosse angeketteten Gefangenen; dazu die dunklen Nächte und von draufsen her das eigentümlich dumpfe Trommeln der Nachtpatrouillen!

In den ersten Tagen verliefs ich meine Wohnung nur, um meine Besuche im Schlosse zu machen, blieb aber sonst, die weitere Entwickelung der Dinge abwartend, ruhig zu Hause.

Den Arabern gegenüber, wie ja auch überhaupt mit mifstrauischen und anfänglich verschlossenen Leuten, ist es immer gut, wenn man kann, ihnen Zeit zu lassen, sich an neue Menschen, neuen Umgang und neue Gedanken erst zu gewöhnen. Hinterher sind sie dann gar nicht eigensinnig und kommt man mit ihnen ganz gut durch.

Unterdessen traten allerlei Ereignisse ein, die aufserordentlich zu meinen Gunsten zu wirken begannen. Vor allen Dingen fing es gleich nach meiner Ankunft in Haïl zu regnen an, und zwar in Form eines wahren Platzregens, der, alles überschwemmend, 36 Stunden lang anhielt. Für meinen persönlichen Geschmack war dieses, mit Sturm und ziemlicher Kälte verbundene Wetter durchaus nicht gemütlich, für die Araber aber war es das seltenste, gröfste und erfreulichste unter allen denkbaren Geschenken des Himmels.

Hmoud hatte seit Monaten an Husten gelitten, den er um so mehr empfand, als derselbe ihm allnächtlich den Schlaf raubte. Gleich nach meiner Ankunft war dieser Husten aber plötzlich verschwunden, offenbar infolge des grofsen, durch den Regen herbeigeführten Wechsels in der Atmosphäre. Immerhin waren das lauter gute Vorbedeutungen. Maneks Eroberungen gingen ebenfalls ihren gewohnten Gang. Verschiedene der in Haïl angesehensten Leute erbaten und erhielten natürlich die Erlaubnis, das grofsartige Pferd zu besuchen, ihm auch Zucker und Datteln darzubringen. Das zog aber wieder die Notwendigkeit nach sich, auch mich zu besuchen, wenn auch nachträglich und um sich für meine Erlaubnis zu bedanken, mein Pferd bewundert haben zu dürfen. Allmählich war auf diese Weise die halbe Stadt bei mir gewesen; man wurde bekannt und die Kaffee- und Theesitzungen bei mir hatten bald kein Ende mehr.

Endlich kam noch eine grofse Nachricht: der Emir hatte einen grofsen Waffenerfolg gegen die vereinigten Stämme der Oteibehs und der Mteyr davongetragen, und eine grofse Beute von 6000 Kamelen, 300 Pferden etc. war dabei in seine Hände gefallen. Als nun noch gar festgestellt wurde, dafs die Feinde Ibn-Raschids am betreffenden Tage drei Stunden vor Sonnenuntergang, also genau um dieselbe Stunde die Flucht ergriffen, um die ich in Haïl angekommen, da wurden meine Leute so stolz und übermütig, dafs z. B. Nasroullah, Guedou und Scheik Mohammed ganz ruhig anfingen, bei Hofe zu rauchen.

Mit echt orientalischer Phantasie und Charlatanismus hoben sie hervor, wie, abgesehen von der in erster Linie in Betracht kommenden Gnade Allahs, nun wohl jedes Kind einzusehen vermöge, dafs ich ein glückbringender und in der speciellen Gnade desselben Allahs stehender Mensch sei. Der Regen, sowie die Genesung Hmouds — alles wurde nun einfach auf mein Glückskonto gesetzt. In wenigen Tagen war ich auf einmal und zu meiner eigenen, sehr angenehmen Überraschung in Haïl ein ganz populärer Mann geworden.

Ich begann auf der Strafse zu rauchen — und siehe da — das ging so glatt ab, dafs die Leute auf dem Bazar, aus den Läden und Häusern, wenn mir gelegentlich das Feuer ausgegangen war, mir selbst Kohlen herausbrachten, damit ich mir mein Rauchzeug wieder frisch anzünden möge.

Endlich kam auch noch der allergröfste Triumph.

Die Priester und Schriftgelehrten der Stadt wandten sich an Hmoud mit der Bitte, er möge doch die Frage aufklären, warum ich, der ich alles Mögliche besuche und mich für allerlei interessiere, von den Moscheen und Schulen der Stadt niemals spreche? und ob man das als Interessenlosigkeit oder gar als Mifsachtung für diese wichtigsten Dinge auffassen solle? „Was", — erwiderte ich natürlich, wenigstens scheinbar, sehr entrüstet — „in der ganzen muselmännischen Welt wird es nur ungern gesehen, wenn Christen oder andere Nichtgläubige die Moscheen betreten; nur in gewöhnlichen Fällen (manche Hauptmoscheen ausgenommen) werde das Europäern in der Türkei und in Persien zwar erlaubt, aber gewissermafsen wider Willen und fast erzwungen. Aus solchen Gründen habe ich denn auch gemeint, hier, wo von Druck von aufsen keine Rede sein könne, ganz besondere Rücksicht an den Tag zu legen, indem ich die Frage überhaupt gar nicht berührt, da ein Moscheenbesuch Ungläubiger ja immer nur als gotteslästerliche Neugier ausgelegt werde. Und nun solle die Sache so gedreht werden, dafs meine Rücksicht als Mifsachtung dastehen solle? Das sei doch wirklich arg und und ungerecht — ja unverständig. Wenn übrigens meine Nichtbesichtigung der Moscheen gewissermafsen eine Mifsachtung, so müsse das Gegenteil ja dann als Ehre betrachtet werden." Noch am selben Tage wurde mein Besuch der Hauptmoschee, eines neuen und recht hübschen Gebäudes, anberaumt.

So machte sich denn alles in Haïl aufs beste und begann ich da wirklich in ganz angenehmer Art zu leben. Kurz vor meiner Abreise unternahmen wir mit Hmoud, der unterdessen immer freundschaftlicher geworden war, einen Ausflug nach Ayde, einem in den Bergen gelegenen, von Haïl etwa zwei Stunden entfernten Felsenschlosse.

Die Berge von Haïl, der Djebbel Shámmar, sind eine dicht bei der Stadt belegene, vollständig unabhängige Bergkette oder Bergmassiv. Nach oberflächlichem Augenmaſse würde ich die Längenausdehnung dieses Gebirges auf 30 bis 40, und seine Breite auf etwa 10 km schätzen. Haïl liegt etwa 1100 m über dem Meeresspiegel und die Spitzen des Djebbel Shámmar mögen sich wohl noch 700 m höher, also bis zu 1800 m, erheben.

Unter diesem Breitengrade tragen sie natürlich keinen Schnee und ist das für die Haïler Oase um so bedauerlicher, als ja sonst auch fliefsendes Wasser in Überfluſs vorhanden sein würde. Diese Berge steigen ohne jeden Übergang unmittelbar aus der Wüste empor, und zwar so, daſs man stellenweise, sich noch auf dem Lande der Wüste befindend, vom Sattel herab mit der Hand die bisweilen in einem Winkel von 45 und mehr Graden aufsteigenden Felswände beklopfen kann. Das Ganze, aus übereinandergetürmten Felspyramiden und Nadeln bestehend, hat sehr edle Formen, wie denn auch die Farbe, ein dunkles Lilla, bei Sonnenuntergang bisweilen in Rosa überspielend, eine äuſserst schöne ist.

Gleich nach meiner Ankunft hatten sowohl die Regentschaft, als auch ich selbst an Ibn-Raschid geschrieben. Am 16. Februar kam nun auch seine Antwort. Er schlug mir ein Stelldichein in der Wüste vor, etwa auf halbem Wege zwischen Shakra und Riad. Von dem Orte, wo er geschrieben, wollte er selbst nordöstlich sich auf den verabredeten Platz begeben.

Fünf Reiter aus des Emirs Gefolge waren von ihm gesandt, mich an den vorgeschlagenen Ort zu geleiten, wie auch überhaupt während des Marsches mir in Ibn-Raschids Namen zur Hand zu sein.

Schon am andern Tage, also am 17. Februar, brach ich in aller Frühe auf. Hmoud gab mir bis etwa eine Stunde das Geleite, und als wir da den letzten Abschiedskaffee tranken, wurde er auf einmal so gerührt, dafs ich wirklich annehmen mufste, dafs er mich ganz lieb gewonnen, denn er weinte und schluchzte so stark, dafs es eine wahre Abschiedsszene wurde.

Entgegen allem arabischen Herkommen, nach welchem man sich bei einem Abschiede nicht mehr zurückwenden darf, that Hmoud das im letzten Augenblicke doch noch einmal. Mehrere Schritte zurückkehrend, kam er wieder auf mich zu, um mir, seine Hand auf meine Schulter legend, zu sagen: „Vergessen Sie nicht, dafs nicht allein ich in diesem Lande Ihnen ein aufrichtig ergebener Freund bin und immer bleiben werde, sondern dafs ich in solchem Sinne an meine acht Söhne geschrieben, die Sie in des Emirs Lager finden werden. Sie alle, von meinem ältesten Madjid schon gar nicht zu reden, gehören zu den tapfersten und allergefürchtetsten Leuten in ganz Arabien, wie Sie das bald selbst sehen werden. Jedenfalls haben Sie schon hiermit mein Wort, dafs meine Söhne Ihre ergebenen Freunde zu sein und in jeder Beziehung, wie ich es ihnen aufgetragen, zu Ihrer Verfügung zu stehen haben". Das klang wirklich wie ein gewichtiges Versprechen und war viel von seiten dieses mir vor ganz kurzem noch fremden Beduinenfürsten. Aufserdem kam es mir so unerwartet, dafs ich wirklich nicht wufste, wie es überhaupt aufzufassen war. War es einfach eines von den, bei Orientalen im allgemeinen und bei Arabern im besondern ziemlich häufig vorkommenden Entrainements, oder sollte es wirklich eine Zusicherung von Schutz gegen irgend welche Gefahren sein, von Schutz event. gegen Ibn-Raschid selbst, gegen diesen Wüstenlöwen, über dessen Rücksichtslosigkeit und Unberechenbarkeit so viele abenteuerliche Geschichten umliefen? Das schien mir doch kaum glaublich, und am wenigsten von seiten Hmouds, Ibn-Raschids ergebensten Verwandten und langjährigen Parteigängers! Eine Aufklärung über den vollen Sinn von Hmouds letzter Zusicherung habe ich nie gehabt, vielleicht auch nur deshalb nicht, weil ich nie Gelegenheit hatte, den Schutz seiner Söhne anrufen zu müssen. Jedenfalls kamen mir dieselben vom ersten Augenblicke an mit gröfster Zuvorkommenheit entgegen und erklärten mir, sie hätten von ihrem Vater ganz besondere Befehle meinetwegen bekommen und es auch angenommen, mir in jeder Beziehung dienstbar und behilflich zu sein.

III.

Die politischen Zustände Innerarabiens.

Begrenzung des von Beduinen bewohnten und beherrschten Teiles von
Arabien. — Aufzählung der in Betracht gezogenen Stämme. —
Die kriegerischen Harbs. — Ihre Angriffe auf die Mekkakarawanen. — Verpflichtung des Sultans, dieselben zu schützen. —
Versuch der Türken, Ibn-Raschid für die Räubereien der Harbs
verantwortlich zu machen. — Erklärung Ibn-Raschids, dafs die
Harbs unabhängig seien. — Möglichkeiten, den Übelständen
abzuhelfen. — Schutzbündnis Ibn-Raschids mit den Harbs. —
Berechnung der Bevölkerung Innerarabiens. — Anzahl der
Krieger. — Die Wahabiten und ihre religiösen Anschauungen.
— Die wachsende Macht der Wahabiten. — Plünderung von
Kerbela und Medina durch dieselben. — Krieg der Ägypter gegen
die Wahabiten. — Schliefsliche Unterwerfung der Letzteren. —
Räumung Arabiens durch die Ägypter im Jahre 1842. — Darauf
folgende innere Kriege. — Regierungsantritt Emir Mohammeds
in Haïl. — Seine Gewaltthaten. — Vorkommnisse in Riad. —
Türkischer Feldzug gegen Hasa, 1874 u. 1875. — Einmischung
Ibn-Raschids in die Verhältnisse Riads. — Bündnis verschiedener
Stämme gegen ihn. — Gleiche Streitkräfte der Gegner. —
Abfall Bereydas von Ibn-Raschid. — Ungünstige Lage Ibn-Raschids. — Grofsartiger Sieg Ibn-Raschids über seine Gegner.
— Bestrafung Riads.

Ehe ich in meiner Reiseschilderung fortfahre, dürfte
es dem Leser vielleicht genehm sein, eine wenigstens oberflächliche geographisch-historische Übersicht über diejenigen
arabischen Verhältnisse zu erhalten, von denen hier die
Rede ist.

Unter dem von Beduinen bewohnten und von ihnen
beherrschten Arabien ist hier das ganze Land zu verstehen,

dessen nördliche Grenze von einer im Halbkreise laufenden, Damaskus-Aleppo-Urfa-Mossul durchschneidenden Linie gebildet — und dessen Südgrenze in der nicht weiter in Betracht kommenden Wüste Dahna liegen würde. Als östliche Grenze wäre dabei aufzustellen: von Mossul bis Bagdad der Tigris — dann weiter hinunter die persische Grenze und endlich der persische Golf bis zur Halbinsel Katar einschliefslich. Westlich würden Palästina und die mehr oder weniger verschwommenen Grenzen der türkischen Besitzungen im Hedjas und Asir das von mir in Betracht gezogene Land abschliefsen. Oman, sowie auch Hadramaut und die Südküste, lasse ich hier aufser Frage, da diese Gegenden, obwohl auch von Beduinen bewohnt, doch so sehr durch die grofse unbewohnte Südwüste von den übrigen Mittelpunkten des staatlichen arabischen Lebens abgeschnitten sind, dafs man annehmen darf, sie haben wenig oder nichts damit zu thun.

Die Araber, die das soeben erwähnte Gebiet bewohnen, zerfallen in eine Anzahl gröfserer oder kleinerer, teils von einander unabhängiger, teils durch Blutsverwandtschaft oder Bündnisse zusammenhängender Stämme.

Eine selbst oberflächliche Schilderung dieser Verhältnisse würde uns in ein wahres Wirrsal innerarabischer Politik verwickeln; es sollen daher hier nur die gröfseren, politisch wichtigen und für europäische Leser genügend mafsgebenden Hauptgruppen Erwähnung und relative Schätzung finden. Es sind das in Mesopotamien die Nord-Shámmars; südwestlich und südlich vom Euphrat, die ganze Gegend zwischen Syrien und Bagdad beherrschend, der grofse Stamm der Anazéh; im Irak die Muntefik und endlich in Nedjd die Südshámmars, die den ursprünglichen

Grundstock des Haïler Staates bilden, die in neuerer Zeit indessen so viel fremde Bestandteile in sich aufgenommen haben, dafs sie kaum mehr auch nur den Namen eines Shámmarvolkes verdienen. Die das übrige Innere bewohnenden Beduinen, die Oteibehs, Mteyrs u. a., nennen sich bisweilen auch nach ihren Städten, so z. B. die Oneyzeh, die Harik oder Hutah und dergl. Endlich müssen hier auch noch die so gefürchteten Harbs aufgezählt werden, welche die Gegend östlich von Mekka und Medina bewohnen, teils auf dem Namen nach türkischem Gebiete, teils aber auch etwa zwischen demselben und der Haïler Grenze.

Als besonders bezeichnend für arabische Anschauungen, Zustände und Politik mag gelegentlich der Harbs hier folgendes erwähnt werden: Dieser mächtige, kriegerische und wilde Stamm kann 15000 bis 18000 grofsenteils mit Lunten-Flinten bewaffnete Krieger ins Feld stellen — Leute, die den Hauptschrecken für die Mekkapilger bilden, denn fast alljährlich fallen sie die Mekkakarawane an, sie ganz oder teilweise beraubend oder sie gelegentlich auf Wochen und Monate anhaltend. Die nach Tausenden zählende, die Pilger begleitende bewaffnete Schutzmannschaft kann nicht immer viel gegen die ebenso verwegenen wie unaufhörlichen Unternehmungen dieser Beduinen ausrichten; es ist das in der That um so schwieriger, als bei der ins Ungeheuere ausgedehnten Linie der Pilgerkarawane, selbst eine grofse Anzahl türkischer Soldaten sie schwer in allen ihren Teilen zu decken vermag. So kommt es denn auch, dafs häufig, bei nächtlichen Angriffen, Paniken und dergleichen, verschiedene Abteilungen der Karawane auseinander gesprengt und beraubt werden. Eine erfolgreiche Verteidigung ist nur möglich, wenn man die Karawane anhält und in die Mitte der Truppen nimmt, was aber auf die Dauer natürlich nicht durchführbar ist. Wenn, wie zuletzt vor etwa drei Jahren, diese Karawane bis zur Ankunft neuer Truppen ungefähr zwei Monate lang ganz aufgehalten wurde, so entsteht durch Mangel an Wasser und Lebensmitteln die bitterste Not, die ihrerseits wieder die schrecklichsten Krankheiten im Gefolge hat.

Nie oder nur in den seltensten Fällen lassen die Türken Nachrichten über diese, für sie so unbequemen Zustände bis nach Europa dringen, schlimm genug sind sie aber schon. Unter den vielen Titeln des Sultans weist der eines Beschützers und Geleiters der Mekkapilger auf eine der wichtigsten und verantwortungsvollsten Aufgaben desselben hin, und unter seinem Banner und von seinen Soldaten begleitet, pilgern die vielen Zehntausende alljährlich zum grofsen Hauptwallfahrtsorte. Wenn man da aber nicht hinzukommen vermag, oder dabei regelmäfsig die Gesundheit und das Leben vieler Tausende zu Grunde geht, so fällt in den Augen der muselmännischen Welt die Schuld für diese Zustände natürlich auf die Türkei, beziehungsweise auf den Sultan selbst.

Wegen der Harbs und ihrer unaufhörlichen Angriffe auf die Mekkakarawane ist in Konstantinopel schon mehr als einmal die Frage angeregt worden, ob diese Beduinen nicht eventuell Unterthanen des Emirs von Haïl seien oder als solche zu betrachten wären, und ob man daher durch einen Druck auf Ibn-Raschid nicht noch vielleicht am ehesten einige Sicherheit für die Pilger schaffen könnte. Ibn-Raschids zahlreiche Gegner kommen dabei immer wieder auf folgende Beweisführung zurück: Der Emir behauptet wohl, des Sultans Freund zu sein, die Harbs indessen verursachten ihm die gröfsten Unannehmlichkeiten. Der Emir behaupte ebenfalls, den Harbs nichts zu sagen zu haben, wie seien dann aber so seltsame, Jedermann bekannte Verhältnisse erklärlich, wie die bestehenden. Von jeher hätten es die Harbs mit dem Haïler Staate gehalten und seit dem Regierungsantritt des jetzigen Emirs, also seit über zwanzig Jahren, erschienen sie auf seinen Ruf Jahr aus Jahr ein im Felde und unter seinem Banner fechtend. Das sei indessen aber noch lange nicht Alles, dessenthalben man sich über diese Dinge wundern könne. Die persische Pilgerkarawane, über Bagdad oder Bassorah kommend, und dann, nach schweren Zahlungen in Haïl, von da nach Mekka oder Medina gehend, durchziehe alljährlich das Land der Harbs; es sei aber dieser, mit Ibn-Raschids Briefen versehenen und meist nur von wenigen seiner Reiter begleiteten Karawane noch nie auch nur der geringste Angriff widerfahren. Da sei man denn doch berechtigt zu behaupten, dafs bei den Harbs, ob sie nun thatsächliche Unterthanen Ibn-Raschids oder nicht, des Emirs Wunsch und Wort jedenfalls allmächtig, und dafs er, wenn er nur ernstlich wollte, allen den, in der ganzen muselmännischen Welt so grofses Ärgernis erzeugenden Angriffen auf die heilige Karawane sehr leicht ein Ende machen könne.

Das alles klingt ganz einleuchtend, aber nur so lange man nicht den Emir hört, der diese Geschichten seinerseits wieder ganz anders erklärt. Ich, so erzählte er mir zur Zeit, als ich bei ihm im Lager war, habe den Harbs gar nichts zu befehlen. Sie sind ein unabhängiger und kriegerischer Stamm, dessen Interessen allerdings sich seit Jahren als mit den meinigen übereinstimmend herausgestellt haben, wenigstens insofern, als meine Feldzüge in Betracht

kamen und noch kommen. Sie sind immer sehr gut dabei
gefahren, wenn sie an meinen Ghazouhs [1]) teilnahmen, denn
ich war bisher immer siegreich im Felde und bin nicht
geizig bei Teilung von Beute. Was die Angriffe auf die
Pilgerkarawane anbetrifft — fuhr er fort —, so stimme
ich gewifs darin nicht mit den Harbs überein und ist es
begreiflich, dafs diese Frage die Türken sehr ärgert. Aber
was kann man dagegen machen, die Harbs bleiben nun
einmal dabei, dafs es ihr altes Beduinenraubrecht [2]) ist, den
gröfstmöglichen Vorteil aus ihrer Lage zu ziehen, infolge
derer sie die Strafse nach Mekka nun einmal beherrschen.
Unter solchen Umständen sind nur drei Möglichkeiten vorhanden: 1. Die Türken haben eben noch gröfsere Truppenmassen zur Deckung der Pilgerkarawane herzugeben — das
ist wegen Wassermangels und Verpflegungsschwierigkeiten
unmöglich; 2. sie haben die Harbs in ihren Schlupfwinkeln
aufzusuchen und ihre Kraft entscheidend zu brechen — das
ist ebenfalls scheinbar fast unmöglich einem Volke gegenüber, das weder Städte noch sonst wie feste Wohnsitze hat
und das sich daher vor jeder allzustarken Expedition in
beliebige Wüsten beliebig weit und auf beliebig lange Zeit
zurückziehen kann; oder aber endlich 3. die Türkei mufs
sich mit den Harbs friedlich begleichen. Das ist natürlich
nur durch grofse Zahlungen erreichbar und daher mit der
Würde und dem Ansehen eines Staates und einer grofsen
Kriegsmacht unvereinbar. Der Emir erzählte weiter sehr
fesselnd, wie er seit Jahren in einer Verbindung mit den
Harbs stehe, laut welcher er und die Harbs sich in allen
Fällen gegenseitig zu unterstützen hätten, mit alleiniger

---

[1]) Feld- und Raubzüge.
[2]) Eigentlich ihr einziges Existenzmittel.

Ausnahme des Falles, dafs die Harbs von den Türken wegen der Mekkapilgerangelegenheiten angegriffen werden sollten.

Ich bin, so schilderte der Emir es oftmals, ein sehr ergebener Verehrer und Diener des Sultans Hamid; aber es wäre offenbarer Wahnsinn von mir, wenn ich meine Kräfte gegen meine eigenen, in arabischen Fragen mir sehr wichtigen Verbündeten verbrauchen wollte, und noch dazu ganz unnütz, da im Grunde genommen auch ich den Harbs nicht beikommen könnte, da in jenen greulichen Bergen meine ganze Reiterei und Kamelmacht sich als ohnmächtig erweisen würde. Übrigens, so setzte er voller Humor hinzu, haben Sie ja mehrere der augenblicklich hier im Lager anwesenden wichtigsten Scheiks der Harbs bereits bei mir kennen gelernt. Lassen Sie sich das Alles doch von ihnen persönlich erzählen; belustigen wird es Sie jedenfalls, denn es sind unglaubliche Schexatien[1]), die sich auch vor mir gar nicht fürchten und mit mir nur ihres eigenen Vorteiles wegen gute Beziehungen aufrecht erhalten und weil ich hier in der Wüste allerdings auch ihnen gegenüber der Herr bin.

Volkszählungen sind in Arabien natürlich unbekannte Dinge. Krieger und Kamele werden schon eher gezählt und kann man daraus die allgemeine Bevölkerung dieses Landes oder, richtiger gesagt, dieser Wüsteneien ziemlich gut berechnen, indem man die Anzahl der Krieger mit 5 multipliziert, was bei den Beduinen die Menge der gesamten Bevölkerung mit ziemlicher Genauigkeit ergeben dürfte.

Die Gesamtzahl der Krieger auf dem von mir als Beduinenland in Betracht gezogenen Areal beträgt un-

---

[1]) Teufel.

gefähr 120000, was mithin eine Gesamtzahl von 600000 Köpfen ergeben würde. Natürlich ist das nicht viel für ein Gebiet, das sicher mehr als doppelt so grofs wie Deutschland (540000 Quadratkilometer) ist.

Die Hauptmasse der erwähnten 120000 Krieger verteilen sich auf folgende Stämme mit etwa folgenden Zahlen: die nördlichen Sháïnmars in Mesopotamien stellen etwa 15000 Krieger, sämtliche Anazéh 30000, Ibn-Raschid mit allen Streitkräften von Nedjd (aber ohne die Harbs, Oteibehs und Mteyr) 30000; die Harbs 15000 und die Muntefiks in Jrak-Arabi 10000. Alle übrigen hier nicht erwähnten Stämme stellen etwa 20000 Krieger.

Was die neuere und neueste Geschichte Innerarabiens anbetrifft, so hat sie sich, in grofsen Umrissen dargestellt, wie folgt entwickelt.

Um die Mitte des vorigen Jahrhunderts (etwa 1746) schuf Abdul Wahab die Sekte der Wahabiten. Dieselben standen und stehen noch jetzt dem strenggläubigen Islam etwa so gegenüber wie die Protestanten und Puritaner der alten Kirche gegenüber stehen, beziehungsweise in der Kampfzeit besonders schroff gegenüber standen.

Die Wahabiten erkennen nur den Koran an und verwerfen nicht allein jede Überlieferung (in erster Linie also auch die Sunna), sondern verabscheuen solche aufs äufserste als unbegründete und freche Anmafsung, die im Koran niedergelegte Offenbarung unter dem Vorwande von Erläuterungen weiter auszubilden bezw. sogar, auf Grund von allerlei Erzählungen über Worte und Thaten des Propheten zu vervollkommnen, oder, was noch schlimmer, zu verändern und somit, nach Auffassung der Wahabiten, zu fälschen.

Um bei dem Vergleiche des Verhältnisses der Puritaner zur alten Kirche zu bleiben, so berief letztere in ihrer Begründung einer gewissen Weiterausbildung und Entwickelung der Glaubenslehren und -formen sich doch immer auf verschiedene im Evangelium ausgesprochene, dem Apostelamte übertragene Vollmachten.

Der strenggläubige Islam ist indessen nicht in der Lage, sich den Protesten der Wahabiten gegenüber auch nur irgend wie auf das Ansehen des Koran zu berufen, denn derselbe enthält auch nicht eine Stelle, von der irgend Jemand die Berechtigung herleiten könnte, irgend etwas nicht im Koran Ausgesprochenes als Folge oder Neuerung herzuleiten und in das Leben einzuführen. Daher erklären denn auch die Wahabiten Alles nicht im Koran Ausgesprochene, dennoch aber von Sunniten oder auch Schiiten als religiöses Gesetz Anerkannte für offenbare, die wahre Religion schändende Greuel und die Urheber solcher Greuel für Schänder, Fälscher und Gegner der einzig wahren Religion, welche daher als weit schlimmere Leute anzusehen und zu bekämpfen sind, als selbst die schlimmsten Ungläubigen.

Zahllos sind die von den Wahabiten aufgestellten Beispiele und Anschuldigungen, wie sehr der sogenannte strenggläubige Islam den reinen Glauben gefälscht oder sich in geraden Widerspruch zu ihm gesetzt hat.

Heiligenverehrung, Klöster (Tekes) und dergl. sind im Koran geradezu verboten, dennoch ist das Alles bei den Strenggläubigen vorhanden. Von der bei denselben eine so grofse Rolle spielenden Beschneidung ist im Koran auch nicht mit einem Worte die Rede, von den Ansprüchen des Khalifates schon gar nicht zu sprechen u. s. w.

Solche und ähnliche, an und für sich ganz logische Beweisgründe mufsten bei den so hell und scharf denkenden, echten Arabern schnell grofsen Anklang finden und so geschah es denn auch, dafs die Lehren Mohammed Abdul Wahabs sich in Innerarabien rasch verbreiteten.

Der Fürst von Derraïyeh, Mohammed Ibn-Saud, machte sich, als erster Wahabi-Emir, zum politischen Haupte der neuen Lehre. Unterstützt und gehoben durch die Volkstümlichkeit der neuen Lehre, die gleichzeitig auch seinen Truppen frischen, lebendig starken Fanatismus nebst entsprechender todesmutiger Tapferkeit einhauchte, gelang es Mohammed und seinen Nachfolgern (Abdul Asiz und Saud) ziemlich schnell, ganz Innerarabien unter seine Botmäfsigkeit zu bringen. Allmählich fielen auch die heiligen Städte Mekka und Medina in ihre Hände, und die strenggläubigen muselmännischen Pilger mufsten es sich gefallen lassen, diese heiligen Orte nur unter mancherlei Demütigungen und überhaupt nur durch die zu erbettelnde Gnade der Wahabiten besuchen zu dürfen.

Im Laufe von etwa 60 Jahren hatte sich ein grofses Wahabitenreich gebildet, das so ziemlich ganz Arabien umfafste. Der Hauran und alles Land westlich vom Jordan, also ein bedeutender Teil von Syrien, war unterworfen und Damaskus mufste sich zeitweilig mit schwerem Gelde von Sturm und Plünderung loskaufen. Kerbela im Irak wurde erstürmt. Es ist, gleich Meshed-Ali (Nedjef) einer der beiden heiligsten Wallfahrtsorte für die Perser, wie auch überhaupt für alle schiitischen Muselmänner, und grofs war daher der Schmerz derselben, als die Wahabiten nach Erstürmung von Kerbela nicht allein alle männlichen Einwohner über die Klinge springen liefsen, sondern auch nach

Beraubung aller aufgehäuften Schätze das Grab des Hosseyn öffneten und die Gebeine dieses verehrten Märtyrers und Heiligen in alle Winde zerstreuten.

Die Pforte war lange Zeit zu sehr durch ihre europäische Politik in Anspruch genommen, um grofse Unternehmungen gegen die Wahabiten zu machen und war schon froh, dafs wenigstens Bagdad sich noch hielt. Übrigens hatten die Wahabiten diese wichtige Stadt als nächstes Hauptziel für ihre Unternehmungen ins Auge gefafst und rüsteten bereits ein bedeutendes Heer zu diesem Zwecke.

Die Wahabiten waren zwar wohl schon mehrmals über den Euphrat gegangen, Irak-Arabi brandschatzend und Bagdad belagernd, dennoch wurden ihre Erfolge in dieser Gegend bis auf weiteres und insofern in einigen Grenzen gehalten, als sie hier den einzigen, ihnen bisher überhaupt widerfahrenen Mifserfolg zu verzeichnen hatten. Sie belagerten nämlich 1807 Meshed-Ali vergeblich und alle ihre Stürme brachen sich an den ungeheuren Mauern dieser Stadt, so dafs sie unverrichteter Sache abziehen mufsten. Endlich geschah das Schrecklichste. Der als dritter Emir von Nedjd seit 1801 die Wahabiten regierende Saud liefs 1810 in Medina das Grab des Propheten öffnen. Die Gebeine wurden zwar wieder ruhig bestattet, unter dem Vorwande aber, das durch so viele Schätze entehrte Grab zu reinigen, wurden alle die seit so vielen Jahrhunderten aufgestapelten Kostbarkeiten weggenommen. Ein Schrei des Entsetzens und der Wuth ging nun durch die ganze muselmännische Welt, und wenn jetzt noch immer nicht die Macht der Wahabiten hätte gebrochen werden können, so wäre dies Ereignis wohl das Ende aller mit den türkischen Sultanen zusammenhängenden Khalifatsgedanken geworden.

Die Türkei war zwar noch immer in Europa sehr beschäftigt, aber Mehemed Ali, der energische Vizekönig von Ägypten, erhielt den Befehl, die Wahabiten niederzuwerfen. Darauf hin erschien 1811 die erste ägyptische Heeresabteilung in Arabien. Es waren zuvörderst etwa 10000 Mann, meist albanesische Truppen, die unter dem Befehle des ältesten Sohnes des Vizekönigs, Tusun Pascha, standen. Die Hauptkräfte der Wahabiten waren damals gerade im Nordosten ihres Reiches abwesend, wo Saud sich eben anschickte, Bagdad zu erobern, was nun wieder aufgegeben werden mufste. Es kam zu einem langen und blutigen Kriege. Trotz aller immerfort von Ägypten herbeigezogener Verstärkungen konnte Tusun sich kaum im Hedjas behaupten. Wohl hatte er einen Augenblick Mekka erobert, unterlag aber dann wieder in mehreren Feldschlachten, so dafs Mehemed Ali selbst zweimal mit neuen Truppen nach Arabien kommen mufste, um sein Waffenglück wieder einigermafsen herzustellen, was ihm auch mehr oder weniger gelang, auch insofern, als 1815 Medina besetzt wurde.

Ohne auf die verschiedenen Wechselfälle dieses Krieges einzugehen, mag hier nur in Kürze erwähnt werden, dafs es zu keinem durchschlagenden Erfolge der Ägypter kam, und dafs es so aussah, als solle der ursprüngliche Plan der Türken in Erfüllung gehen. Diese hatten nämlich darauf gerechnet, durch Mehemed Alis Kraft und Willensstärke wohl die heiligen Orte zurückzubekommen, wie auch die Macht der Wahabiten gebrochen zu sehen, glaubten aber, dafs dabei gleichzeitig auch ihr allzu übermächtig werdender Unterthan, der schreckliche Herr von Ägypten, seine Kräfte aufreiben würde. Es sollte indessen doch nicht so kommen; denn 1816 erschien mit neuen Truppen ein Feldherrntalent ersten Ranges auf dem Kriegsschauplatze. Es war der in Griechenland, Syrien und Kleinasien nachmals so berühmt gewordene Ibrahim Pascha.

Dieser vor nichts zurückschreckende Mann entschlofs sich kurz und bündig, die Wahabiten in ihren eigenen Wüsten anzugreifen. In der Schlacht von Wyah brachte er ihnen nicht allein eine schwere Niederlage bei, sondern liefs auch mehrere Tausend derselben, die bei dieser Gelegenheit in seine Hände fielen, ausnahmslos niedermetzeln. Darauf schritt er zur Belagerung von Ras, vor welchem Platze er aber den einzigen militärischen Mifserfolg seines Lebens zu verzeichnen haben sollte. Wohl liefs er durch seine französischen Ingenieure diese an und für sich gar nicht bedeutende Stadt nach allen Regeln der Kunst einschliefsen, indessen half ihm das ebensowenig wie seine Beschiefsungen und Sturmangriffe. Vier Monate lang versuchte er es vergeblich und kam, nachdem er über 3000 Mann verloren, selbst sogar in grofses Gedränge infolge der immer wütender werdenden Ausfälle der Wahabiten in Ras, wie auch durch ein unterdessen herbeigekommenes, ihn im Rücken angreifendes Heer. Neue Verstärkungen abwartend, mufste er einmal sogar auf einen Waffenstillstand eingehen; bald begann er indessen seine Unternehmungen von Neuem.

Ras diesmal bei Seite lassend, ging er nun ins Innere. Nach einer mehrtägigen Beschiefsung ergab sich ihm Oneyzeh und nach mehrmonatlichen Belagerungen auch Bereyda und Shakra, worauf Ibrahim nun auch endlich die Belagerung von Derraïyeh, der Hauptstadt der Wahabiten, begann.

Nachdem 1816 Saud gestorben war, hatte sein Sohn Abdallah den Wahabitenthron bestiegen und ihm fiel nun die Aufgabe zu, ihn gegen Ibrahim zu verteidigen. Derraïyeh hielt sich wohl über sechs Monate, und einst kam dabei Ibrahim sogar in die gröfste Not, da fast sein gesamter Pulvervorrat bei einer Explosion in die Luft flog, ein Ereignis das Ibrahim auf die Verteidigung innerhalb seiner eigenen Anlagen beschränkte. Seine persönliche Tapferkeit und Unbeugsamkeit siegten am Ende aber immer wieder über alle Schwierigkeiten. Nachdem neue Verstärkungen und Pulvervorräte eingetroffen waren, mufste Derraïyeh sich endlich doch unter schweren Bedingungen ergeben. Alle dem Prophetengrabe geraubten Schätze mufsten ausgeliefert, Derraïyeh dem Erdboden gleich gemacht werden, und der Wahabitenemir selbst mufste als Gefangener nach Kairo und Konstantinopel gehen, wo der Sultan über sein Schicksal zu entscheiden hatte. Trotz Mehemed Alis Fürsprache wurde dieser Abdallah 1818 doch in Konstantinopel hingerichtet.

Von nun ab war ganz Innerarabien bis an den persischen Meerbusen von Ägypten abhängig. Alle wichtigsten Punkte erhielten ägyptische Besatzungen, und arabische Prinzen und Häuptlinge wurden als ägyptische Vasallenfürsten oder Gouverneure je nach Umständen ein- oder abgesetzt. Dieser, nur in Empörungen und verschiedenen Unordnungen einige Abwechselung darbietende Zustand der Dinge dauerte bis 1842.

Ägyptens Aufmerksamkeit und Anstrengungen hatten unterdessen eine andere, gröfsere Richtung genommen. Ibrahim hatte schon einmal die Türken in der Schlacht von Konia entscheidend besiegt. Unumschränkt herrschte er in Syrien und Palästina, von wo er jenen zweiten Feldzug gegen Konstantinopel unternahm, vor dessen Folgen die Türken nur durch die vereinigten Anstrengungen der Grofsmächte gerettet werden sollten. Bei so grofsen anderweitigen Unternehmungen war Ägypten es überdrüssig geworden, immer neue Soldaten für das so unfruchtbare und undankbare Nedjd herzugeben, das denn auch allmählich geräumt wurde, wobei die letzten ägyptischen Truppen 1842 Riad verliefsen.

Von da ab begann für Innerarabien wieder eine lange fast genau fünfsigjährige Kriegsperiode.

Eine Zeitlang schien es, als ob das alte Wahabitenreich wieder auferstehen würde. Feysul, ein Sohn des enthaupteten Abdallah, kam nach Riad und wurde allmählich wieder als Herr von fast ganz Nedjd anerkannt, in manchen Gegenden allerdings nur dem Namen nach. Von 1842, dem Jahre des Rückzuges der letzten ägyptischen Truppen, bis zu den Jahren 1870 bis 1872 gab es in Nedjd folgende, fortwährend untereinander Krieg führende Hauptmächte: 1. Das alte Wahabitenhaus der Ibn-Sauds in Riad und Hasa; 2. das immer mächtiger werdende Emirat von Haïl; 3. die Stadt Oneyzeh nebst Stamm und Zugehörigkeit; 4. die Stadt Bereyda; 5. die ziemlich herabgekommene Stadt Shakra; 6. ganz im Süden den Staat und die Stadt Harik-Houtah; 7. die Harbs; 8. den Stamm der Oteybah und endlich 9. die Mteyrs.

Nachdem das den Ibn-Raschids gehörende Haïl durch zwei ziemlich willenskräftige und staatskluge Regenten, Tellal und Metaab (1843 bis 1870), bereits sehr emporgekommen war, bemächtigte sich 1872 der jetzige Emir Mohammed, als fünfter seines Hauses, der Regierung. Er hatte in einem Streite seinen Neffen, den Emir

Bender, eigenhändig erstochen und wurde darauf von seinem Vetter Hmoud — demselben, der zu meiner Zeit Herrscher in Haïl war — und gerade das Schlofs befehligte, als neuer Emir von Haïl anerkannt.

Durch Blut und Schrecken befestigte er sich sehr bald in der Gewalt. Schon am Tage seiner Thronbesteigung liefs er sechs ihm gefährlich erscheinende Glieder seiner Familie im Haïler Schlosse enthaupten, und einige Tage darauf, wie bereits früher erwähnt, wurden acht weitere Verwandte, Onkel, Vettern und Neffen, in Ibn-Raschids Privathause umgebracht; aber auch diese Opfer waren noch lange nicht die letzten, die Ibn-Raschid der Befestigung seiner Gewalt darbrachte.

Einen bedeutenden Schatz wie auch einen verhältnismäfsig nicht so übel geordneten Staat bereits vorfindend, begann der neue Emir sofort sich in alle innerarabischen Verhältnisse aufs kräftigste einzumischen. Zwanzig Jahre lang erschien er Jahr aus Jahr ein im Felde, bald Oneyzeh belagernd und einschliefsend, bald im Kampfe mit den Oteybahs und den Mteyrs, bald wieder in Riad eingreifend. Ibn-Raschids Lieblingsschwester und Jugendgespielin, die durch ihre Schönheit wie auch durch alle diese Vorgänge in Arabien berühmt gewordene Nura, war an Abdallah, den Emir von Riad, verheiratet. Dieser wurde 1872 zum erstenmale entthront, und zwar von seinen wie auch Nuras eigenen Söhnen, die ihn in einen Turm einmauern liefsen und auf solche Art dem Hungertode preisgeben wollten. Nura fand indessen die Möglichkeit, ihren Bruder, Ibn-Raschid, durch einen reitenden Boten von diesen schrecklichen Ereignissen in Kenntnis zu setzen. Ibn-Raschid befand sich um diese Zeit gerade in der Nähe von Shakra und erschien auf diese Nachrichten hin so schnell und so unerwartet vor dem bestürzten Riad, dafs er seinen Schwager nicht allein noch am Leben vorfand, sondern ihn auch, unter Stellung von Geiseln seitens der unbotmäfsigen Söhne, wieder in die Regierung einzusetzen vermochte. Das war aber nicht von langer Dauer, denn schon zwei Jahre darauf wurde in Riad Abdallah abermals gestürzt, entkam aber diesmal glücklich nach Haïl, von wo aus er sich mit den Türken in Verbindung setzte. Midhat Pascha, der nachmalige Grofsvezier, war damals Generalgouverneur von Bagdad; er machte seiner Regierung klar, die Gelegenheit sei eine vortreffliche, in Arabien einzuziehen, und zwar um so mehr, als man in diesem Falle im Einverständnis mit Ibn-Raschid handeln könnte.

So kam es, trotz der Einsprache Englands, das gern Ruhe im persischen Golfe haben wollte, zu den türkischen Feldzügen von 1874 und 1875 gegen Hasa, das sogenannte See-Nedjd. Von da wollten die Türken auch nach Riad marschieren, schreckten aber, trotz aller bereits gemachten Vorbereitungen, im letzten Augenblicke vor dem Durchmarsche durch den 300 km breiten Hassaer Nefud zurück.

Ibn-Raschid, der in diesem Falle denselben Zweck wie die Türken verfolgte, nämlich Abdallah wieder auf den Thron von Riad zu setzen, mufste das nun allein besorgen. Es glückte ihm wohl, aber am Ende hat die ganze dieserhalb ins Werk gesetzte Unternehmung den Arabern nur die bis heute dauernde, ihnen sehr unangenehme Herrschaft der Türken über die ganze Küste von Hasa eingebracht, eine Herrschaft, mit der die Absperrung Innerarabiens vom Meere türkischerseits als thatsächlich beendet zu betrachten ist. So gingen denn die Kriege, Empörungen, türkischen Einmischungen jahrelang ihren, in Arabien von alters hergebrachten Gang. Auch den Türken ist der Besitz von Hasa, wie alles in diesem seltsamen Lande, zu einer Dornenkrone geworden, denn sie erlitten dort noch im vorigen Jahre (1893) eine schwere Schlappe, die ihnen abermals bewies, dafs sie diese Wüsten weder unmittelbar beherrschen können, noch auch mittelbar durch richtige Behandlung der Araber zu beherrschen verstehen.

Dreimal mischte sich Ibn-Raschid in die Verhältnisse in Riad ein, und unzählig waren seine Feldzüge gegen die verschiedenen andern Mächte des Nedjd, gegen die er auch immer so glücklich war, dafs unter seinen Unternehmungen eigentlich nur verschiedene Belagerungen und Einschliefsungen von Oneyzeh als mifsglückt verzeichnet zu werden verdienen.

Endlich kam es im Frühling 1891 zu den Ereignissen, welche das Schicksal von Nedjd, wie es scheint wohl auf längere Zeit hinaus, entscheiden sollten. Ein grofses Bündnis hatte sich gegen den offenbar übermächtig gewordenen Emir von Haïl gebildet. Die hervorragendsten Mächte dieses Bundes waren: 1. Oneyzeh unter seinem alten und kriegerischen Grofsscheik Zamel; 2. das ganze Haus von Riad, das alle innern Zwistigkeiten dieses Rachezuges wegen ruhen liefs; 3. die Städte Bereyda, Ras und Shakra und endlich 4. die vereinigten Stämme der Oteybahs und der Mteyrs.

Viele alte Feindschaften und Nebenbuhlerschaften mufsten der Vergessenheit übergeben, und unter Hunderten von uralten Familien mufsten Blutfehden abgeschworen und unter Umarmungen der Gegner weggeküfst werden, ehe dieser merkwürdige Bund zu Stande gebracht werden konnte. Es gelang aber doch, da die gemeinsame Wut gegen Ibn-Raschid auf alle wie ein Zauber wirkte. Die Seele und das Haupt dieser ganzen Verschwörung war der erwähnte Zamel, ein Hüne von Gestalt, der trotz seiner 60 Jahre den Ruf des gröfsten Kriegshelden und des stärksten und tapfersten Mannes in Arabien genofs. Ihm wurde der Oberbefehl übertragen; in seinem Regierungskastelle zu Oneyzeh fanden die letzten Beratungen statt, und von da aus wurde die Kriegserklärung des Bundes nach Haïl geschickt.

Die Verbündeten hatten sich, an 30000 Mann stark, zwischen Oneyzeh und Bereyda versammelt, und bald darauf erschien auch Ibn-Raschid vor dieser Stellung.

Er war von ungefähr gleicher Stärke wie seine Gegner. Unter seinen Verbündeten waren da von Wichtigkeit nur die Harbs mit über 10000 Mann und etwa 1000 Reiter, die von den mesopotamischen Shámmars, ihrem sogenannten Vetter, dem Emir von Haïl, in aller Eile zu Hilfe geschickt worden waren.

So sollen denn bei dieser Gelegenheit an 60000 Krieger hier versammelt gewesen sein — eine für Arabien so aufserordentliche Zahl, dafs sie mir immer als zweifelhaft erschien, besonders wenn man die Einbildungskraft und häufig geradezu wahnsinnige Übertreibungssucht der Morgenländer kennt und in Anschlag bringt.

Nach allen auch aus den verschiedenartigsten Quellen geschöpften Erkundigungen scheint es aber doch ziemlich sicher, dafs in diesem Falle wirklich von beiden Seiten eine so grofse Masse von Kriegern aufgestellt war, wie es in Arabien seit Menschengedenken vielleicht nicht vorgekommen war, es wäre denn zur Zeit, als alle Streitkräfte Arabiens, unter dem Wahabitenbanner vereint, ihr Land und ihre Wüsten gegen Ibrahim verteidigten.

Nun traten indessen Umstände zu Tage, die Ibn-Raschid nicht vorausgesehen und die ihn in die gröfste Not bringen sollten. Er hatte geglaubt, das Haupt von Bereyda, Hassan Ibn-Mhennéh, für sich gewonnen zu haben, sowohl durch diplomatische Künste als auch durch mancherlei ihm gemachte Geschenke, worunter sich auch 600 Pfd. Sterl. in Baar befunden hatten, eine für einen Araberhäuptling wahrlich nicht geringe Summe.

Statt nun aber, wie Ibn-Raschid fest gerechnet hatte, Bereyda und seinen Scheik unter seinen Verbündeten oder wenigstens neutral zu finden, sah er sich von demselben, fast erst im letzten Augenblicke, verraten und Bereyda unter den Mitgliedern des ihn bekämpfenden Bundes. Dieser unerwartete Strich durch die Rechnung war indessen nicht allein wegen des dadurch in der Zahl der Streiter verursachten Unterschiedes sehr störend, sondern noch mehr wegen der wichtigen, das Schlachtfeld zu Gunsten der Verbündeten deckenden Lage der Stadt.

In einer etwa 30 km langen Linie standen die verbündeten Araber dem Emir gegenüber, ihre beiden Flügel auf Oneyzeh und Bereyda gestützt und mit dem 12000 Mann starken Oneyzehschen Fufsvolke in der Mitte. Gegen eine solche Stellung war mit Reiterkunststücken, mit einer auf eine Panik der Gegner abgesehenen Überflügelung u. dergl. nicht viel zu machen.

Menschenleben und -blut sind teuer in Arabien, und es mufs nach arabischen Begriffen schon hoch hergehen und ein Sieg in einer wahren Schlacht sein, dessenthalben man 50 bis 100 Menschen an Getöteten zu verlieren bereit wäre. Im gegebenen Falle sah sich Ibn-Raschid aber doch genötigt, die Stellungen des Oneyzehschen Fufsvolkes mit seinen Reitern anzugreifen. Dieses Fufsvolk war nach europäischen Begriffen ziemlich dürftig bewaffnet — mit Vorderladern und zum Teil sogar nur mit Feuerstein- und Luntenflinten; gegen Lanzenreiter erwies sich aber auch das als gut genug. Zamel hatte aufserdem auch noch eine Masse Strauchwerk herbeibringen lassen, um sich hinter dasselbe, wie auch hinter kleine, im Sande aufgeworfene Gräben, etwas zu verschanzen und so den ersten Anprall von Ibn-Raschids Reitern einigermafsen zu brechen. Der Sieg verblieb so den Verbündeten.

Die Feindseligkeiten, die bereits über einen Monat gedauert, zogen sich immer mehr in die Länge. Die Beduinen brauchen wohl nicht viel auf ihren Feldzügen an Nahrungs- und Verpflegungsmitteln, aber etwas ist denn doch schon nötig, namentlich bei so grofsen Menschenmassen, wie sie hier bei Bereyda zusammengezogen waren. Für die Verbündeten war es nun in dieser Beziehung ein Leichtes, das Nötige zu beschaffen, denn sie waren nicht allein zu Hause, sondern stützten sich auch auf zwei der wichtigsten, noch dazu seit langer Zeit für diese Möglichkeit vorbereiteten Städte, Oneyzeh und Bereyda. Für Ibn-Raschid lag die Sache aber ganz anders, denn er stand in der Wüste, 200 km von seiner nächsten Verpflegungs- und Wasserstation entfernt. Wohl arbeiteten viele Tausende seiner Kamele Tag und Nacht, um alles Nötige, zuletzt sogar das Wasser, für sein Lager von weither herbeizuschleppen.

Das konnte indessen nicht allzulange so fortgehen, am wenigsten bei der herannahenden heifsen Jahreszeit. Ein Anderer, als Ibn-Raschid, hätte sich unter solchen Umständen vielleicht ungeschlagen aus dieser Lage zurückziehen können. Ihm erschien das indessen unmöglich. Seit 20 Jahren hatte er in allen Fällen das offene Feld im Angriff siegreich behauptet, darauf beruhten grofsenteils sein Ansehen und der Schrecken vor seinem Glücke und seinem blutigen Namen. Wenn er ungeschlagen die Stellung vor Bereyda geräumt hätte, so wäre das für ihn der Anfang seines Endes geworden. Seine Verbündeten, die Harbs, die unter seiner Fahne auf grofse Beute gehofft, wären gewifs nach Hause gezogen. Dazu war Haïl eine so gut wie unbefestigte Stadt, vor welche die Verbündeten gewifs gleich gerückt wären.

Ibn-Raschid begriff das alles so gut, dafs er beschlofs, einen Rückzug in keinem Falle zu überleben, weshalb er denn auch in seinem Sattel und unter seinem Kopfkissen Revolver und Gift bereit hielt, um seinem Leben jeden Augenblick ein Ende machen zu können.

Ende März 1891 versuchte es der Emir nochmals, die Oneyzeh-Stellung ein paar Nächte hindurch in verzweifeltster Art zu bestürmen, aber auch das ergab für ihn nichts als Verluste. Alles sah nun schon recht verzweifelt aus, als im Haïler Lager ein neues, letztes Unternehmen beschlossen und ausgeführt wurde. An 20 000 Kamele wurden eines Tages von allen Seiten gegen das Oneyzeh-Fufsvolk herangetrieben. Zwischen und hinter ihnen versteckt kamen Ibn-Raschids Leute an dieses Fufsvolk heran, welches nun auf einmal den Kopf verlor, als es bemerkte, wie es sich, ohne seinen Gegnern irgend welchen nennenswerten Schaden zu verursachen, ganz umsonst verschofs und noch dazu aus Flinten, die nicht so rasch wieder geladen werden konnten. Wohl kamen Tausende von Kamelen dabei um — und noch jetzt ist an dieser Stelle die Wüste wie besäet von ihren Gerippen — der Zweck aber wurde erreicht.

Eine furchtbare Panik brach unter den Oneyzeh-Leuten aus; ihre Flinten und sogar Lanzen wegwerfend, thaten sie das Hoffnungsloseste, was unter diesen Umständen geschehen konnte, sie flohen auf offener Ebene waffenlos vor siegreichen und erbarmungslosen Reitern dahin, wobei sie zu Tausenden einfach niedergemetzelt wurden. Auch den übrigen Verbündeten erging es nicht viel besser. Sie hatten zu sehr auf die so lange erprobte Unüberwindlichkeit ihres von dem Oneyzeh-Fufsvolke gehaltenen Centrums gerechnet und waren zu spät von den weiter entfernten Teilen des Schlachtfeldes herbeigekommen, um im entscheidenden Augenblicke eingreifen zu können. Als es nun aber dazu zu spät war, dachten die Reiterscharen aus Riad, von den Oteybehs u. s. w. wiederum nur daran, schnell zu ihren Zelten und Vorräten zurückzukommen, sie einzupacken und damit irgend einen vernünftigen Rückzug, ein jeder in seine Wüste, anzutreten. Aber auch das gelang ihnen nicht mehr, da unterdessen auch ihre Zelte genommen waren, oder es von denselben hiefs, sie seien bereits genommen, was in diesem Falle auf dasselbe herauskam.

Auf diese Art geschah es, dafs von der ganzen Macht der Verbündeten nach einigen Stunden nichts mehr übrig blieb. In der furchtbaren Angst und Verwirrung gaben die Besiegten es sogar bald auf, an Flucht zu denken und suchten ihr Heil nur noch in der Hoffnung, bis vor den Emir zu gelangen und ihn um Gnade anzurufen. Scheik Zamel, der Oberbefehlshaber der Verbündeten, wurde getötet und mit ihm sein ältester Sohn, der auf die Nachricht, sein Vater kämpfe bei Bereyda gegen Haïl, erst am Tage vor dem Unglück aus Bassorah eingetroffen war. Zwei Prinzen des Riadschen Hauses kamen ebenfalls um, und alle Übrigen gerieten in die Gefangenschaft des Emirs. Oneyzeh und Bereyda ergaben sich an Ibn-Raschid noch in derselben Nacht, und bald trafen bei ihm auch die Gesandtschaften ein, die ihm die Übergabe von Ras, Shakra und Riad meldeten und ihn baten, seine Befehle resp. Vakyls[1]) dahin zu senden.

Hassan, der Scheik von Bereyda, geriet nach einer vielstündigen, von ihm auf gut Glück in der Wüste versuchten Flucht ebenfalls in des Emirs Hände und wurde zu lebenslänglicher Kettenhaft in Haïl verurteilt.

Abgesehen vom Lager der Verbündeten, von vielen Tausenden von Pferden u. dergl., fielen bei dieser Gelegenheit auch über 12000 Flinten Ibn-Raschid als Beute zu. Ihm, der in dieser Beziehung nichts Anderes schätzt als militärische Hinterlader bester Konstruktion, erschienen diese Gewehre natürlich zu schlecht, um sie zu behalten; und so überliefs er sie zusammen mit mancher anderen Beute seinen Verbündeten, den Harbs, so dafs dieser Umstand später eine der neuesten Klagen der Türken gegen ihn bildete, insofern sie behaupteten, der Emir habe die Harbs für ihre Angriffe auf die Pilgerzüge thatsächlich neu bewaffnet.

---

[1]) Bevollmächtigter, Statthalter, Stellvertreter.

Ganz Innerarabien lag infolge dieser Ereignisse nun zu den Füfsen Ibn-Raschids. Er wählte Bereyda zu seinem Hoflager und von da aus ordnete er alle neuen Verhältnisse nach seinem Belieben. Ein Zwischenfall kam mittlerweile indessen noch vor. Abdourrachman, einer der Gefangenen Ibn-Sauds, entkam aus Ibn-Raschids Lager glücklich nach Riad und wurde daselbst zum Fürsten ausgerufen, bei welcher Gelegenheit Ibn-Raschids Bevollmächtigte in den Kerker geworfen wurden. Dieser Streich endigte indessen ebenso rasch und kläglich, als er unbedacht begonnen war. In wenigen Eilmärschen erschien Ibn-Raschid von Bereyda aus wieder vor den Thoren des unglücklichen Riad, das sich diesem Feinde nun zum viertenmale auf Gnade und Ungnade ergeben mufste. Abdourrachman entkam wohl zu den Türken nach Hasa, Riad mufste aber für seine Wankelmütigkeit dieses Mal schwer büfsen. Die alte Burg von Riad wurde geschleift, und alle Einwohner der Stadt mufsten schwer arbeiten, um ihre eigenen Befestigungen niederzulegen. Das schlimmste von allem lag aber darin, dafs Ibn-Raschid die Hälfte aller in und um Riad befindlichen Dattel- und anderer Anpflanzungen niederhauen und verbrennen liefs, ein Schlag, von dem sich die unglückliche Oase wohl nicht so bald erholen wird.

Nach einer mehrmonatlichen, direkt in seinem Namen geführten Regierung setzte Ibn-Raschid ein Mitglied der Ibn-Saudschen Familie, einen gewissen Mohammed, wieder in Riad als sogenannten Emir ein, aber natürlich ist dieser in Wirklichkeit nichts anderes als eine Puppe in den Händen der seit der Schlacht von Bereyda thatsächlichen Herren von Nedjd. Auf meine Frage, warum er das eigentlich gethan, antwortete mir Ibn-Raschid sehr bezeichnend, indem er sagte: „Nun, sehen Sie, etwas mufs man in der Politik doch auch an Gott denken und ihn fürchten; fast anderthalbhundert Jahre sind die Ibn-Sauds wahre Sultane von Arabien gewesen, und noch mein eigener Vater Abdallah war ihr Vasall; ich wollte daher diese Familie nicht ganz zu flüchtigen und heimatlosen Bettlern machen, und Unglück haben sie auch so schon genug gehabt".

IV.

Im Lager bei Ibn-Raschid.

Abstecher nach Oneyzeh. — Grüfse von Ibn-Raschid. — Grund der Herabsetzung ihres Landes durch die Beduinen. — Einholung durch 300 Reiter. — Empfang durch Ibn-Raschid. — Seine Meinung, die Rebellion in Yemen betreffend. — Besichtigung des Lagers. — Leibgarde des Emir. — Seine Leibfarbe. — Der Bannerträger. — Im Verkehr mit Ibn-Raschid. — Kamelkuriere. — Besuch des Emir von Riad. — Versorgung des Lagers mit Lebensmitteln. — Geschenke und Gegengeschenke. — Die letzten Ratschläge des Emir. — Aufbruch in Begleitung des Emir. — Letzter Abschiedskaffee. — Freundschaftsversicherungen Ibn-Raschids.

Vier starke Märsche brachten mich in die Nachbarschaft von Oneyzeh, der volkreichsten Stadt in Arabien, der ich, trotz aller Eile, doch einen kurzen Besuch abstatten wollte. Nach arabischen Berechnungen wären Djof, Makakeh, Ras Haïl, Riad, Bereyda, Shakra und Hofhuf (Hasa) auf je 8000 bis 12000 Einwohner zu schätzen. Oneyzeh und Houtah sollen dagegen dreimal so grofs sein und hätten mithin je etwa 35 000 Einwohner.

Oneyzeh hat zwei Umwallungen: eine, die Stadt selbst umgebende innere, und eine äufsere. Zwischen beiden liegt ein etwa 2 bis 3 km breiter, von Gärten und Anpflanzungen gebildeter Gürtel. Beide mit Türmen versehene Umwallungen bestehen allerdings wohl nur aus doppelten Lehmmauern. Da indessen der 10 bis 12 m be-

tragende Zwischenraum zwischen diesen Mauern mit Erde
ausgefüllt ist, so sind es in Wirklichkeit wahre, 10 bis
12 m dicke, sogar jeder Artillerie gegenüber ganz respektable Wälle. Nach Besichtigung der beiden Hauptmoscheen
von Oneyzeh nahm ich den Staatskaffee im Regierungsgebäude ein. Der Scheik Feyssul, aus der Familie Bessam,
Chef der Stadt und Ibn-Raschids Vakyl, präsidierte dabei
und zeigte mir darauf noch einige der interessantesten
Punkte der Stadt: den ziemlich wohl versehenen Bazar.

Nach drei weiteren sehr starken Märschen und nachdem ich, Shakra links liegen lassend, den sogen. kleinen
Nefud Bereyda durchzogen, schlug ich am 23. Februar
mein Lager nur noch etwa fünf Stunden von dem mit
Ibn-Raschid vereinbarten Stelldicheinplatze auf.

Ich lag schon im Bett, als ein Bote des Emirs mit der
Botschaft eintraf, derselbe sei schon am Tage vorher an der
betreffenden Stelle angekommen und sende mir fünf grofse
Selaams (Grüfse), und ich möge am nächsten Tage nur ja
schon zum Frühstück bei ihm eintreffen, zu dem er mich
erwarten werde.

Als ich am andern Morgen aufbrach, um endlich in
Ibn-Raschids Lager einzureiten, war meine Spannung und
Neugier nicht gering, diesen seltsamen Mann, eine Art von
arabischem Richard III. — oder den Wüstenkönig, wie
man ihn in Bagdad und Konstantinopel nennt, endlich von
Angesicht zu Angesicht zu sehen und kennen zu lernen.

Meine Karawane hatte ich, mit dem Befehle nachzukommen, in diesem Falle natürlich zurückgelassen, und
eilte ich selbst voraus. Etwa noch eine Stunde vom Lager
traf ich auf eine mir vom Emir entgegengeschickte sehr
glänzende Reiterschar. Es waren 300 Reiter unter dem

Befehl von Ibn-Raschids scheinbarem Erben und Thronfolger[1]), seinem Neffen Abdul Aziz Ibn-Metaab, und mit ihm war da auch noch alles, was an irgend wichtigen Personen in Ibn-Raschids Lager anwesend war: Madjid, Hmouds ältester Sohn samt seinen sieben Brüdern — zwei der Riadschen, Ibn-Saudschen Prinzen, die Ibn-Raschid als Geiseln immer mit sich führt; der Scheik von Houtah; eine ganze Menge von Scheiks der Harbs, sowie auch der Wahabis von Shakra und Riad, Nassyr, des Emirs erster Geheimschreiber, und Fehaat, der erste Schatzkämmerer.

In ihrer unbändigen und wäre es auch nur barbarisch räuberischen Freiheitsliebe, fürchten sich die Araber vor einer Invasion wie vor einem Gespenste. Die ägyptische ist ihnen ja einmal auch wirklich widerfahren, sowie auch später mancherlei türkische Versuche, sich in ihre Angelegenheiten einzumischen und von ihrer traditionellen Uneinigkeit Vorteil zu ziehen.

Solche Befürchtungen bilden denn auch den Hauptgrund dafür, dafs die Beduinen eine Bereisung ihres Landes durch Fremde nur ungern sehen und aufserdem auch jede Gelegenheit wahrnehmen, ihre Heimat in jeder Beziehung noch ärmer und fürchterlicher darzustellen, als dieselbe es schon ohnehin ist. Alles und jedes mufs ihnen gegenüber vom Standpunkte dieser Gedankenrichtung beurteilt und behandelt werden; das geht so weit, dafs ich z. B. in Haïl sogar die Grofsartigkeit der Kücheneinrichtungen wie auch

---

[1]) Ibn-Raschid hat keine Kinder, ein Umstand, der, wie die Araber es sich zuflüstern, die Strafe des Himmels für das viele vom Emir vergossene Blut darstellen soll. Im ganzen Oriente gilt bekanntlich Kinderlosigkeit als ungefähr das schrecklichste aller der Übel (gewissermafsen auch als Schande), von denen ein Mensch heimgesucht werden kann.

die gewaltige Größe der prachtvollen Kessel und Bratpfannen im Schlosse als ganz besondere Beweise dessen anzustaunen hatte, wie zahlreich in diesem schrecklichen Lande die Armen seien, die der Emir zu füttern habe! Jeder auch ganz gute und wasserreiche Brunnen muß heruntergemacht werden.

Im Falle der mir entgegen gesandten Kavalkade hatte orientalische Prunksucht und orientalische Eitelkeit indessen doch so sehr die Oberhand gewonnen, daß von oben Gesagtem ausnahmsweise Abstand genommen worden und mir das Reichste und Eleganteste gezeigt werden sollte, was Arabien an Pferden und Sattelzeug, an reichgekleideten Leuten und Waffen aufzubieten vermöge. Abgesehen von den Pferden, die hier eine Sammlung der besten in Nedjd vorhandenen war, so strotzten bei dieser Gelegenheit auch die Leute und das Sattelzeug von Goldbrokat und Stickereien, von Sammet und Seide in reichster Farbenpracht.

Nachdem ich auf einen Augenblick abgestiegen, um die erste Bekanntschaft der mir Entgegengekommenen zu machen, setzte ich meinen Weg zum Lager wieder fort, wobei mir diese Reiter während der ganzen Zeit ihre besten „Phantasias" vortrugen.

Dieser Anblick war wirklich schön und ganz besonders im Zusammenhange mit der ganzen übrigen Staffage. Die großartige Wüste, in weiter Ferne von einigen malerischen Höhenzügen begrenzt, des Emirs Lager vor mir, und das Ganze von arabischer Sonne beleuchtet! Alles das erschien mir als ein so schönes und poetisches Bild, das allein genügend erschien, um mich dafür zu belohnen, so weit hergekommen zu sein.

Im Lager angelangt, empfing mich Ibn-Raschid in folgender Art. Ein indisches, sehr schönes, der Länge nach dreifaches Zelt war auf einer kleinen Erhöhung des Sandes aufgestellt. Die Vorderfront dieses Zeltes war aufgeschlagen, so dafs es wie eine, auf einem Podium stehende Veranda aussah. Dieselbe bildete eine Seite eines Vierecks, dessen drei andere Linien aus 2000, einen Ehrenhof darstellenden Soldaten bestanden. Das Ganze, im Vereine mit der allgemeinen Disposition des Lagers, der Gruppierung der übrigen Menschenmenge u. s. w. zeigte kein unbeträchtliches Talent für theatralischen Effekt von seiten des oder der Arrangeure.

Durch einen in diesem lebenden Vierecke offen gelassenen Raum ritt ich ein, geleitet von Abdoul Aziz und Madjid, den beiden ersten Prinzen des Haïler Hauses. Nachdem ich abgestiegen und mich seinem Zelte näherte, erhob sich Ibn-Raschid, um mir ein paar Schritte entgegen zu kommen und mich in sein Zelt einzuladen.

Ibn-Raschid, jetzt 53 Jahre alt, ist kaum von mittlerer Gröfse, dabei aber, ohne fett zu sein, von untersetztem und kräftigem Körperbaue. Seine Gesichtszüge sind fein und vornehm; seine Augen aber sind so scharf und stechend, dafs sie bisweilen wirklich so etwas von einem Tigerblicke haben. Des Emirs nicht grofser, an den Backen kurz verschnittener, unter dem Kinn spitz zulaufender schwarzer Bart würde in Europa ein spanischer genannt werden. Wie er mir das später selbst erzählte, ist dieser Bart bereits ziemlich grau meliert und erscheint nur infolge von angewandter Kunstfarbe kohlschwarz.

Unsere erste Unterhaltung drehte sich in ziemlich ceremonieller Art zuvörderst um unsere Gesundheit, über Reiseschwierigkeiten u. dergl., aber selbst diese erste Zusammenkunft sollte nicht vorübergehen, ohne dafs der Emir nicht doch schon einige heikle Fragen berührte.

Ziemlich geschickt brachte er die Rede auf die Rebellion in Yemen, indem er mich fragte, ob ich unterwegs nicht bereits viele der von dorther entfliehenden türkischen Deserteure gesehen. Es wäre ihm nicht angenehm, wenn Nedjd in den Ruf kommen sollte, ein Asyl für alle dem Sultan von da entlaufenden Soldaten zu sein, aber bisweilen wisse man nicht mehr, wie zu handeln, so z. B. könne man ja diese Leute, die nach unsäglichen Beschwerden halb tot anlangten, nicht ohne irgend welche Hilfe lassen. Ich werde Ihnen, so fuhr er fort, einige dieser Leute zuschicken, damit Sie sich von ihnen manches erzählen lassen können. Es sind darunter welche, die keine bekannte Sprache sprechen [1]) und sich nicht einmal mit ihren eigenen türkischen Kameraden zu verständigen im stande sind. Vielleicht würde mein Nasroullah, der ja so viele Sprachen kenne, auch diese Menschen verstehen und würde ich dann wenigstens nicht glauben können, dafs dieselben darüber belehrt, was für Geschichten sie mir vorzuerzählen hätten, wie es denn auch ein gutes Werk wäre, wenn ich einige dieser seltsamen Menschen bei Gelegenheit meiner weiteren Reise irgend wie in ihre Heimat zurückbringen könnte.

Yemen, so meinte der Emir weiter, ginge ihn natürlich gar nichts an, dennoch könne man sich unwillkürlich nicht der Entrüstung darüber erwehren, was da für Greuel vor sich gehen.

---

[1]) Aufser einigen Kurden waren darunter wirklich zwei aus der Gegend von hinter Ahmediéh herstammende, und nur chaldäisch sprechende Leute. Ich nahm sie, zusammen mit einigen Andern, später mit und brachte sie auch glücklich nach Hause in ihre Berge.

60 (?) reguläre Taburs (Bataillone) seien in jenem höllischen Lande nun schon seit zwei Jahren engagiert, und doch habe dieser Krieg noch immer kein Ende. Aber natürlich, das sei den Paschas ja nur um so angenehmer, denn je gröfser und langwieriger die Expeditionen und Unordnungen, um so mehr könne dabei gestohlen werden, worauf es der türkischen Verwaltung ja nur einzig und allein ankomme. Der Sultan selbst sei ja ein weiser und vortrefflicher Monarch, und könne davon ja natürlich keine andere Rede sein; die türkischen Paschas seien indessen ausnahmslos so üble Leute, dafs sie alles verdürben.

In dieser heftigen Tonart ging es immer weiter, denn es war eben die innere Wut des Arabers gegen alles Türkentum, eine Wut, der jede Gelegenheit gut genug ist, sich aufs zornigste Luft zu machen. Ich war froh, als das ganze Gespräch vorderhand dadurch ein Ende hatte, dafs Ibn-Raschid mich zu einer Besichtigung seines Lagers aufforderte.

Es waren da etwa 10000 Mann beisammen, von denen indessen schon in den nächsten Tagen mehr als die Hälfte entlassen wurden, da mit den in nur zwei natürlichen Teichen vorhandenen Regenwassermengen gerechnet werden mufste.

Wie schon früher erwähnt, kann der Emir wohl über 40000 Streiter verfügen. Seit der Schlacht von Bereyda dürfte indessen keine innerarabische Eventualität mehr ihn zu der Aufstellung auch nur annähernd so grofser Kräfte nötigen, und wie die Sachen stehen, glaube ich sogar, dafs auch die Ansammlung von 10000 Mann kaum nötig und nur einen unnützen oder höchstens auf Prestige berechneten Luxus bildet.

Der Emir ist jeder Zeit von einer Leibgarde umgeben, die aus 2000 Mann auserlesenen, gut bewaffneten und auf den besten und raschesten Kamelen berittenen Leuten besteht. Mit diesen ausgezeichnet dressierten, jeden Augenblick zum Aufbruche bereiten Prätorianern macht Ibn-Raschid es möglich, in wenigen Tagen an Hunderten von Kilometern entfernten Orten plötzlich zu erscheinen und den erschreckten Beduinen, die sich gegen ihn auflehnen oder die ihnen auferlegten Abgaben nicht bezahlen, die fürchterlichsten Schläge beizubringen.

Für die Bedürfnisse dieser, mit dem Emir lebenden Garde ist aufs beste gesorgt und leben dieselben an Nahrung, Kleidung etc. wohl besser, als irgend welche andere Beduinen davon auch nur zu träumen vermöchten. Ein jeder dieser Leute hat sein Haus und seine Familie in Haïl, und der Emir ist bei jedem von ihm unternommenen Kriegs- oder Beutezuge ihnen gegenüber mehr als freigebig.

Wenn man bedenkt, dafs hinter dieser Macht noch eine Art Staat steht, mit einem für die arabischen Verhältnisse unerhörten Schatze, mit Verbündeten, so kann man wohl begreifen, wie ein Beduine, der das alles regiert, auch einem Europäer wie ein seltsamer Wüstenkönig und Staatsmann, dem Orientalen aber wie die Personifizierung eines grofsartigen, glücklichen und daher beneidenswerten Räuberhauptmannes erscheinen mufs.

Des Emirs Leibfarbe ist insofern ein dunkles Orangengelb, als alle in seinen Diensten stehenden und zu seiner Umgebung gehörenden Personen lange Tuchmäntel von solcher Farbe tragen. Ibn-Raschid selbst soll in früheren Zeiten grofsen Luxus in seiner Kleidung entfaltet haben, ich habe ihn aber nie anders als wenigstens scheinbar sehr einfach und wenig auffallend angezogen gesehen, und nur wenn man genauer und aus gröfserer Nähe hinblickt, gewahrt man, dafs die Stoffe seiner Kleidung meist recht kostbare, z. B. einige seiner Mäntel sogar aus sehr teueren, aber wenig auffallenden Kaschmirshawls gemacht sind. Die Staatsstandarte Ibn-Raschids ist blutrot mit dem darauf in Gold gestickten bekannten Wahlspruche: Es giebt nur einen Gott denn Gott, und Mohammed ist sein Prophet.

Der Träger dieses Banners wird als einer der wichtigsten Leute in der Umgebung des Emirs betrachtet und dem entsprechend auch bezahlt und behandelt. Er bewohnt ein besonderes, dicht hinter demjenigen des Fürsten aufgestelltes Zelt und führt da, die Fahne bewachend, gewissermafsen eine eigene Wirtschaft. Zu meiner Zeit war der Inhaber dieser Würde ein ganz junger, wohl nicht mehr als 20 bis 21 Jahre alter, trotzdem aber sehr schneidig und elegant aussehender Araber. Der Emir stellte ihn mir ganz besonders vor und erklärte, dafs nur ganz ausnahmsweise Gründe es ermöglicht, einem so jungen Menschen ein so wichtiges Amt zu übertragen. Der Vater war nämlich der Bannerträger Ibn-Raschids bei Bereyda gewesen, da aber auch gefallen. Die Fahne selbst wäre bei dieser Gelegenheit fast verloren gegangen, wurde aber durch den betreffenden, damals 17- bis 18 jährigen Sohn des alten Bannerträgers gerettet und in Sicherheit gebracht. Vor solchem Verdienste und im Andenken seines, unter der Fahne gefallenen Vaters habe man natürlich nicht anders gekonnt, als diesem jungen Menschen besagtes Amt zu übertragen.

Ich verweilte im ganzen zehn Tage in Ibn-Raschids Lager und sah ihn natürlich viel während dieser Zeit. Jeden Morgen, noch ehe ich aufgestanden war, kam er,

Manek einen Besuch zu machen, und ihm Zucker und Datteln zu bringen. Bei so auffallenden Zeichen von Bewunderung für mein Pferd wurde ich ganz ängstlich beim Gedanken, ob es nicht noch darauf herauskommen solle, daſs ich meinen Liebling, unter der Form eines Geschenkes, herauszugeben haben würde.

Als ich den Emir auf solche Frage hin sondieren lieſs, erhielt ich indessen die ebenso beruhigende, wie wohl auch passende Antwort: er habe allerdings bereits verschiedene Geschenke von mir angenommen, was aber Pferde anbetreffe, so würde es sich nicht schicken, wenn er, der erste Herr im ersten Pferdelande der Welt, solche von einem Fremden annehmen würde; es könne daher gar keine Rede davon sein.

Jeden Morgen und gleich nachdem Ibn-Raschid erfahren, daſs ich aufgestanden, schickte er regelmäſsig zu mir herüber, um anzufragen, wo und wann wir zusammenkommen würden, ob ich zum Frühstück zu ihm herüberkommen oder seinen Besuch erwarten wolle. Natürlich beeilte ich mich immer darauf zu antworten, er möge sich nur ja keinen Zwang anthun, da ich mich sofort ankleiden und bei ihm erscheinen würde. Mehrmals wartete er das aber nicht ab, sondern kam selbst herüber und bei zwei Gelegenheiten sogar ganz allein, d. h. ohne die bei ihm sonst immer und überall übliche Begleitung von einigen mit Schwertern und Beilen Bewaffneten. Er verfehlte dabei übrigens auch nicht, diesen Umstand selbst hervorzuheben, indem er lachend meinte, es wäre ja selbstverständlich, daſs weder ich noch meine Leute ihn umbringen oder durch Kaffee vergiften würden, gegen den Überfall irgend eines Wahnsinnigen würde ich ihn aber wohl ebenso gut schützen als seine eigenen Leute. Auf solche Bemerkung hin muſsten denn auch während seiner Anwesenheit einige meiner Leute vor dem Zelte auf Posten stehen, womit der Emir höchst zufrieden war.

Die längsten Zusammenkünfte fanden indessen abends statt, wo nach erledigtem Gebet und Abendessen die Thee- und Kaffeesitzungen bei Ibn-Raschid sich bis tief in die Nacht, gelegentlich sogar bis in den Morgen hineinzogen.

Der Emir ist nicht allein ein sehr gescheiter und für einen Araber selten vorurteilsloser Mann, sondern auch ein ausgezeichneter Erzähler und Schilderer von Leuten und Verhältnissen, so dafs ich ihm bisweilen Stunden lang mit Staunen zuhörte. Die Person des Sultans aufser Frage lassend, war er oft unerschöpflich in seinen Schilderungen und boshaften Kritiken — der Faulheit und des Unverstandes der türkischen Verwaltung und Politik.

Mit vielem Humor und beifsendem Witze verspottete er auch die rechtgläubige sunnitische oder auch schiitische Priesterschaft, wie auch die, wie er erklärte, ganz lächerliche Verehrung von Heiligen und absurden Legenden.

Eines der Hauptsteckenpferde des Emirs war auch sein grimmiges Losziehen gegen die Bewohner von Mekka und Medina, wobei er sehr ausführlich auseinandersetzte, wie in diesen heiligen Städten die reine Religion systematisch verfälscht und zum Handelsartikel gemacht worden, wie sich daraus alle übrigen Greuel entwickelt: Heuchelei, Sittenverderbnis, Giftmischerei und Mord und Totschlag jeder Art. Es war so eigentlich genau dieselbe Argumentation, wie man dieselbe früher schon von Luther und allerlei Puritanern gegen Jerusalem und Rom gehört oder gelesen, mir aber klang es doch nicht wenig pikant, hier auf einmal derartige Redensarten, muselmännische Fragen und Auffassungen betreffend, aus dem Munde eines Beduinen zu vernehmen.

Der Emir verschreibt sich eine Menge arabischer und türkischer Zeitungen aus Ägypten, Syrien und Konstantinopel und unterhält überhaupt eine ganz umfangreiche Korrespondenz. Während meiner Anwesenheit traf wenigstens ein Kamelkurier täglich im Lager ein, bisweilen aber auch zwei und drei aus verschiedenen Gegenden.

Zu meiner Unterhaltung wurden ein paar Hetz- und Falkenjagden veranstaltet, wie auch einige Male abends Schwert- und Kriegstänze, die von mehr als tausend Bewaffneten ausgeführt wurden. In solcher Umgebung, die Wüste weithin von grofsen Feuern beleuchtet, bei dumpf und düster klingender Hörner- und Trommelmusik, machten diese Tänze und Kriegsgesänge einen wahrhaft wild romantischen Eindruck.

Am 2. März kam der Emir von Riad, Mohammed Ibn-Saud, auf einen Tag ins Lager. Er ist ein Mann von etwa 40 Jahren und steht im Rufe, in arabischer Schriftgelehrsamkeit wohl bewandert zu sein. Politisch ist er ganz und gar in Ibn-Raschids Händen. Ihn, so wie auch manche andere hervorragende Araber, die ich kennen lernte, zu schildern, würde ins Endlose führen, so dafs ich hier wohl Abstand davon nehmen kann. Für meine und meines Lagers leibliche Bedürfnisse sorgte der Emir aufs zuvorkommendste und leistete in dieser Beziehung, der ohnehin nicht geringen Verschwendungssucht Hadji Salehs, meines Kochs, den unerhörtesten Vorschub.

Shakra und Riad, je etwa 60 km vom Lager entfernt, hatten frisches Fleisch und Butter zu liefern, und da die

Hitze bei Tage schon anfing bedeutend zu werden, so hielt Ibn-Raschid sehr darauf, dafs diese Materialien auf Kurierkamelen über Nacht herbeigeschafft würden. Er hatte durch meine Leute erfahren, dafs ich Kuhmilch und Sahne derjenigen von Schafen und Ziegen vorzöge, und es wurden daher sehr bald auch Kühe ins Lager gebracht. Die professionellen Jäger hatten mit Hilfe ihrer sehr guten Windhunde und Falken Wild zu beschaffen: Antilopen, Gazellen, Hasen und einige efsbare Vögel.

Das alles war wohl sehr hübsch und liebenswürdig, desungeachtet war aber doch der Zeitpunkt für meinen Aufbruch herangekommen.

Natürlich hatte ich für Nedjd und besonders für Ibn-Raschid eine Menge Geschenke mitgebracht: einen kostbaren mit Sammet und Goldstickereien bedeckten Zobelmantel, verschiedene seltene Militärgewehre, eine Anzahl von Revolvern und andern Waffen, Feldstecher und dergleichen mehr, wie auch Hunderte von Metern seltener Stricke und Taue [1]). Aufserdem war es keine kleine Summe, die an „Bakschischs" in Bar an verschiedene Leute des Emirs verteilt werden mufste, von seinem „Kafedschi" und von seinem Bannerträger, als von den wichtigsten Leuten angefangen, bis herunter zu allerlei kleineren Personen.

Aber auch der Emir war nicht weniger freigebig. Alle meine Leute wurden ausnahmslos mit Kleidern, Goldstücken und Kamelen beschenkt.

---

[1]) Bei den tiefen arabischen Brunnen ein sehr geschätzter Artikel, insofern als sich die gewöhnlichen Taue sehr bald beim Heraufziehen des Wassers durch Kamele über die scharfen Steinkanten durchreiben.

Am Tage vor meiner Abreise kamen auch des Emirs Geschenke für mich selbst: ein Hengst und drei Stuten seltensten Blutes, darunter Ibn-Raschids eigenes Leibpferd, die Stute Farha, also offiziell das erste Pferd Arabiens. Mehr konnte er als arabischer Fürst mir natürlich nicht geben! Aufserdem schickte er mir noch mancherlei, wie Kamele, besonders vorzügliche grofse Wasserschläuche und dergleichen. Was endlich die für meine Reise von ihm bestimmten Vorräte anbetrifft, so war es wirklich ganz ungeheuerlich, was da alles zu mir und ins Lager geschleppt wurde an Reis, Gerste, Datteln, Butter. Die mit Marseiller Zuckerhüten vollgepackten Kisten waren so grofs, dafs auch die stärksten Kamele keine zwei davon zu tragen vermochten und dieselben schon am nächsten Tage umgepackt werden mufsten. Auf meine Bemerkung, es werde wirklich zu viel von all diesen Vorräten und geradezu unnütz, meinte Ibn-Raschid — das ginge nur ihn und meinen Koch an, und dafs, wenn meine Kamele das alles nicht sollten fortschleppen können — er einfach jede beliebige Anzahl von Extrakamelen noch mitgeben werde.

Am 4. März abends fand meine letzte Theesitzung beim Emir statt und ergriff er diese Gelegenheit, um mir seine letzten Ratschläge mit auf den Weg zu geben.

„Alles Mögliche", so sprach er, „ist geschehen, um Ihre Reise nach Bagdad sicher und bequem zu machen. Alle mir unterthänigen oder verbündeten Araber sind von Ihrem Marsche verständigt und haben den Befehl, denselben in jeder Art zu unterstützen. Hadji Hassan [1] hat jedenfalls schon Ihretwegen an Ibn-Haddal [2] geschrieben und ist

---

[1] Der Generalgouverneur von Bagdad.
[2] Ein Scheik der Anazeh.

daher auch von jener Seite alles in Ordnung. Ich gebe Ihnen 15 meiner auserlesensten Leute mit und unter denselben ist Abdourrahman[1]), mein zuverlässigter und erfahrenster Diener. Ich glaube gar nicht an die Wahrscheinlichkeit, dafs Sie unterwegs überhaupt angefallen werden könnten. Ein gröfserer Beduinenstamm wird das gar nicht thun, entweder aus Rücksicht für die Türken oder aber mir gegenüber, und was etwaige kleine Räuberbanden anbetrifft, so würden Sie, zusammen mit meinen Leuten, wohl in jedem Falle viel stärker sein. Von etwaiger Gefahr in solcher Beziehung könnte überhaupt nur während der drei letzten Märsche vor Nedjef (Meshed Ali) die Rede sein. Kleiden Sie sich daher während dieser Zeit auch des Nachts nicht aus und mögen Ihre vier besten Pferde dabei allezeit gesattelt sein. Sollte die Übermacht einer Sie doch angreifenden Bande eine offenbar zu grofse sein, so verbieten Sie Ihren Leuten zu schiefsen und damit der Blutrache anheimzufallen, das wäre ganz unnütz, denn ich versichere Sie, dafs ich auch jedes Ihnen weggenommene Gepäckstück schon zurückbekommen werde. Es wäre aber doch besser, wenn Sie selbst nicht gefangen würden und rate ich Ihnen daher, im Falle eines Tumultes durchzubrechen. Ob Sie dazu meine Stute, Manek oder Leila zu ihrem Reitpferde erwählen, mufs ich Ihnen selbst überlassen. Bei Ihrem, für Arabien etwas grofsen Gewichte, mag Manek für solche Gelegenheit wirklich für Sie am besten sein, denn er hat sich ja trotz seiner Stärke und, als er noch Mohammed Pascha in Bagdad gehörte, seit Jahren als das schnellste

---

[1]) Er führt gewöhnlich als Emir al Hadj die persische Pilgerkarawane von Bagdad nach Mekka.

Pferd im Irak und in Mesopotamien bewährt. Sehen Sie dann aber wenigstens zu, dafs meine Stute und die beiden andern in Frage kommenden Pferde nicht in die Hände Ihrer Verfolger geraten. Ein Galopp von 10 bis 12 Stunden müfste Sie bis nach Nedjef bringen, erschöpfen sie dabei Ihr Pferd aber nicht ganz, da unter solchen Umständen die letzten vier bis fünf Stunden vor Meshed Ali die allergefährlichste Gegend sein würde. Wenn es dazu käme, würden Sie da allein sein und gegen ein paar gelegentliche Räuber keine andere Waffe mehr haben, als Ihr Pferd. Bei Tage haben Sie ja ihren Kompafs, bei Nacht aber rennen Sie einfach auf den Nordstern los, dann werden Sie die Goldkuppel von Meshed schon zu sehen bekommen."

So und in dieser Art sprach der Emir lange und auf alle denkbaren Einzelheiten eingehend.

Ibn-Raschid war allmählich ganz gemütlich gegen mich geworden, trotzdem ist er nicht ein Mann, dessen Umgang jemals das Gefühl einer so zu sagen familiären Zahmheit aufkommen lassen könnte. Desungeachtet mufs ich aber doch wieder sagen, dafs er mir gegenüber bis zuletzt immer von unwandelbarer Liebenswürdigkeit war und geblieben ist, und mir seine Freundschaft auch noch später und nachdem ich ihn längst verlassen, bewahrt und bei verschiedenen Gelegenheiten [1]) bewiesen hat.

---

[1]) Unter andern kam auch folgender Fall vor: Zwei jüngere Söhne Zamels, des bei Bereyda gefallenen Scheiks von Oneyzeh, lebten als Flüchtlinge in Queyt am persischen Meerbusen. Von da kamen sie nach Bagdad, um mich zu bitten, ob ich mich nicht für sie bei Ibn-Raschid verwenden wollte, was ich denn auch brieflich that, worauf von seiten des Emirs alles Gewünschte so rasch geschah, dafs ich, noch ehe ich Bagdad verlassen, schon die Nachricht erhielt, den Betreffenden seien

Am 5. März verliefs ich Ibn-Raschids Lager, um den Marsch anzutreten, der mich nach 19, durch keinen einzigen Rasttag unterbrochenen Tagen bis vor Meshed Ali bringen sollte, eine Entfernung, die ich auf etwa 840 km berechne.

Der Emir gab mir selbst über eine Stunde lang das Geleit und war dabei sein Aufzug mit grofsem Gefolge, Windhunden und vorangetragenen Falken ganz stattlich anzusehen.

Als nun die Teppiche für den letzten Abschiedskaffee ausgebreitet wurden, wiederholte mir und verstärkte Ibn-Raschid nochmals alle seine mir schon früher gemachten Freundschaftsversicherungen. Wenn ich noch Pferde, Hunde, Falken oder irgend etwas haben wollte, so möchte ich mir das gleich unter allem Vorhandenen aussuchen. Auch sonst, wenn ich ihm schriebe, möge ich darauf rechnen, dafs alles in Arabien von ihm Abhängende nach meinem Wunsche geschehen solle, auch Pferde, wenn ich welche brauche, wolle er mir in Zukunft schicken. Meine Unterschrift nebst Proben meines Siegels nahm er mir in mehreren Exemplaren ab und beteuerte mir, dafs er jedermann, der damit in sein Land käme, als seinen Gastfreund behandeln werde — und sollte es mein Vetter[1]) sein, mit dem ich schon früher so viel gereist und von dem er gehört, dafs ich ihn als meinen ersten und nächsten Freund so sehr lieb habe,

---

verschiedene seit über zwei Jahren konfiscierte Häuser und Herden zurückgegeben und die jungen Leute überhaupt ihrem Wunsche gemäfs in Oneyzeh wieder eingesetzt.

[1]) Der Graf André Kreütz, der ursprünglich auch diese Reise mit mir machen wollte, daran aber durch einen ihm den rechten Arm lähmenden Schlaganfall verhindert wurde.

so würde derselbe genau gleich mir selbst behandelt werden.

Mit einem Worte, selbst bei diesem, für so hart geltenden Manne kam, wie so häufig bei allen Arabern, das ihrem Temperamente eigene Entrainement zum Durchbruche. Endlich kam es zur letzten Abschiedsumarmung und fort ging es, streng nach arabischer Etikette — ohne zurückzuschauen.

V.

Nach Meshed Ali.

Gehörnte Viper als glückliches Omen. — Schlangenreichtum in Mesopotamien und Innerarabien. — Reiz der Wüstenreisen. — Lager bei den Stachelbäumen. — Die Zobeideh-Strafse. — Eintritt von Wassermangel. — Leistung eines Rennkamels. — In Sicht der goldenen Kuppel von Meshed Ali. — Ein Sandsturm. — Rast in Aïn Saïd. — Unfreundlichkeit der Bewohner. — Der See von Nedjef. — Der Hindiyéhkanal. — Vor dem Thore von Meshed Ali. — Perserkolonie. — Verbot der Leichentransporte. — Leichenschmuggel. — Safran als Verpackungsmaterial für Leichen. — Persische Frechheit. — Entgegenkommen der türkischen Behörden. — Die Ali-Moschee. — Fanatismus des Pöbels. — Aufbruch von Meshed.

Am Morgen des nächsten Tages wurde eine der gleich der Cobra gefürchteten gehörnten Vipern auf dem Teppiche meines Zeltes entdeckt, wo sie wahrscheinlich die ganze Nacht gemütlich zugebracht. Natürlich triumphierten alle meine Leute über ein so glückliches Omen, von dem es in Arabien heifst, es bedeute: man habe alle Gefahr überwunden und hinter sich gelassen. Aus diesem Grunde soll eine, am Anfange einer Reise entdeckte Schlange eigentlich auch nicht erschlagen werden. Trotz aller gegenteiliger Vorstellungen liefs ich mich in diesem Falle indessen auf keine, solchen abergläubischen Vorurteilen zu machende Zugeständnisse ein und liefs die Schlange mit um so gröfserem Vergnügen umbringen, als ich mich auf den Koran berief, der jedweden Glauben an Zauber, Vorbedeutungen und dergleichen mehr aufs schärfste verdammt und als gottlosen Unsinn bezeichnet.

Mir persönlich hätte diese gefährliche, einen Menschen in einigen Minuten tötende Schlange in keinem Falle etwas anthun können, da mein Bett allnächtlich, und gerade in Voraussicht solcher Zufälle, vier bis fünf Fuſs über dem Erdboden aufgehängt und die betreffenden Pfosten mit besonderen Stachelgürteln doppelt umwickelt wurden, um auf solche Weise selbst jedes Heraufklettern von Reptilien an diesen Zeltpfosten zu verhindern. Bei meiner groſsen Angst und Abneigung gegen Schlangen habe ich auf meinen Reisen nicht allein immer die umfangreichsten Maſsregeln gegen diese gräſslichen Tiere getroffen, sondern auch über jede erlegte oder auch nur gesehene Schlange genau Buch geführt.

Danach ist Mesopotamien, mit einem Durchschnitte von 45 monatlich notierten Schlangen, das schlimmste aller mir bekannten Länder. Innerarabien[1]) kommt dann mit einer Schlange pro Tag, und dann mit weit weniger die Vereinigten Staaten, Mexiko, Kurdistan. In dem so verschrieenen Indien und Birma habe ich dagegen im Laufe von neun Monaten, von denen ich etwa die Hälfte in den Dschungeln kampiert, nicht mehr als vier Brillenschlangen in der Wildheit gesehen.

---

[1]) Meine letzte Reise in diesem Lande fand bis Haïl allerdings nur bei sehr kaltem Wetter statt, und auch bei meiner Rückkehr war noch nicht die sehr heiſse Zeit eingetreten; überhaupt sah ich da Schlangen erst von Haïl ab — nach eingezogenen Erkundigungen sollen sie aber im Sommer in der Wüste häufig sein. Während meiner Anwesenheit in Ibn-Raschids Lager wurden da etliche getötet und mir gezeigt, darunter sowohl Hornvipern als auch Cobras.

Es war ein langer und nur durch geringe kleinere Zwischenfälle unterbrochener Wüstenmarsch bis nach Meshed, und es dürfte wohl nicht jedermann in solchem Reisen und solcher Lebensart den Reiz finden, den ich denselben abgewonnen, denn schön ist es doch, in solch grofsartiger Einöde, mit ihrer unvergleichlich reinen Luft allein umherzuziehen, und doch wieder sich umgeben zu fühlen von einer ganzen, da allein mafsgebenden und einem selbst gehörigen Welt, in deren Mitte man sich nicht allein als Selbstherrscher fühlt, sondern es auch wirklich ist. Wenn da nun noch der Wunsch, das Experimentieren oder die Notwendigkeit hinzukommt, allerlei in ihrer Zusammensetzung und ihrem Gedankengange höchst heterogene Elemente und Leute zu regieren und regieren zu müssen so giebt es da schon auch geistige Anregung genug.

Auf den Karten stehen da wohl einige Namen verzeichnet, doch giebt es auf dieser ganzen, über 120 deutsche Meilen langen Strecke auch nicht einen einzigen bewohnten Ort, und nur einmal sah ich acht zusammenstehende grofse Bäume.

Schon aus grofser Ferne konnte man sie sehen. Natürlich stellte ich mir sofort die beiden mir hier geradezu sensationell erscheinenden Fragen: wie kommen denn die hier auf einmal her, und was noch viel merkwürdiger, wie kommt es, dafs sie nicht schon längst von den Beduinen als Brennholz gegen eine kalte Wüstennacht verwandt wurden.

Rasch galoppierte ich an die seltsame Erscheinung heran, in deren Nähe mir die Erklärung des Geheimnisses auch sofort klar wurde. Ein jeder dieser, an Gröfse und Umfang einer guten hundertjährigen Tanne gleichkommenden Bäume stellte sich als ein wahres Gitterwerk unerhörtester Stacheln dar. Dieselben waren so dicht und auf dünnen elastischen Zweigen so ineinander verflochten, dafs man nirgends auch nur eine Hand hätte durchbringen, geschweige denn an die vom äufseren Kranze wohl 15 bis 20 Fufs entfernten Stämme hätte kommen können. So war es denn erklärlich, wie diese Bäume vielleicht hundert oder mehr Jahre unbelästigt geblieben, denn es hätte wirklich ganz besonderer Vorrichtungen und gröfster Mühe bedurft, ihren Stämmen beizukommen.

Da wir so wie so für diese Nacht auf unser eigenes mitgeführtes Wasser angewiesen waren, kürzte ich diesmal den Marsch um eine Stunde, nur um das Lager im Schatten dieser seltenen Bäume aufzuschlagen, von denen nicht anders als wie „vom Walde" gesprochen wurde. Nach sieben Märschen von Ibn-Raschids Lager kam ich auf die sogen. Zobeideh-Strafse heraus. Da hatte Harun al Raschids Lieblingsfrau Zobeideh vor tausend Jahren eine ganze Anzahl von Cisternen (birekets) auf der Linie zwischen Mekka und Bagdad anlegen lassen. Sie selbst, die mächtige Kaiserin, war einst auf diesem Wege vor Durst fast umgekommen, weshalb sie denn auch beschlofs, andern frommen Mekkapilgern solche Gefahren nach Möglichkeit zu ersparen. Die von ihr erbauten Cisternen und Brunnen [1]) müssen, wie man noch sehen kann, grofsartig gewesen sein, sind aber leider, von den Wahabiten zum Schutze ihres Landes systematisch zerstört, jetzt meist nur noch Ruinen. Auf meinem Wege fand ich Wasser nur in zweien dieser Cisternen, sonst aber nur in ein paar Brunnen oder Regen-

---

[1]) Letztere nur gering an Zahl, dafür aber meist vollkommen erhalten.

wasserlöchern. Im allgemeinen hatten wir auf dieser Strecke jeden dritten Tag Wasser.

Allmählich war ich selbst auch nachlässig und müde geworden, mich allzuviel und genau um die jederzeit mitzuführenden Wasservorräte zu bekümmern, so dafs das meinen Leuten überlassen blieb, die sich ihrerseits wieder auf Abdourrahman verliefsen. Einst kamen wir dabei aber doch fast in die gröfste Not, was hier auch insofern Erwähnung finden möge, als ich mich bei dieser Gelegenheit überzeugen konnte, was eine Delul (Rennkamel) aus Nedjd denn doch wirklich zu leisten vermag.

Eines Abends war es besprochen, wir würden die drei nächsten Märsche ohne Wasser sein, worauf ich anordnete, solches für vier Nächte mitzunehmen. Für die damaligen Verhältnisse erschien das etwas viel; manche der Wasserschläuche waren eingetrocknet, zerrissen oder überhaupt vernachlässigt, so dafs die Mitnahme von einigen hundert Eimern nicht ganz leicht war. Ich dachte mir gerade selbst nicht viel dabei, wurde aber durch die Einwendungen Scheik Mohammeds, Nasroullahs u. A. so gereizt, dafs ich verlangte, es solle nun durchaus geschehen, was nach vielem Nähen, Flicken und Probieren der Schläuche endlich auch ermöglicht wurde. Es war sehr nötig, denn richtig waren wir auch noch während des vierten Marsches ohne Wasser. Die wahre Lage sollte aber erst jetzt herauskommen. Bei mehrmaligem Vorbeireiten an Abdourrahman sah mir derselbe auf einmal so besorgt und traurig aus, dafs ich ihn deshalb fragte. Ja, meinte er darauf, mein Kopf ist allerdings voll von „bedenklichen Gedanken". Was denn für bedenkliche Gedanken? forschte ich weiter. Natürlich wegen des Wassers, hiefs es zurück, denn wer weifs, ob wir solches morgen Abend auch noch wirklich finden werden.

Nun ging mir plötzlich ein Licht auf. „Aber wie so denn", sagte ich ihm, „Sie haben Wasser für drei Nächte verlangt und ich habe solches eigentlich nur durch Zufall für vier Nächte beschafft, und nun heifst es auf einmal, dafs es fraglich sei, ob wir Wasser auch nach dem fünften Marsche haben werden. Das ist doch wirklich stark! und wenn ich Sie recht verstehe, heifst das so viel, dafs, wenn morgen Abend kein Wasser gefunden wird, wir alle so ungefähr wie verloren sind!"

„Nein", erwiderte mir darauf Abdourrahman, „so arg ist es noch nicht, denn hören Sie einmal aufmerksam zu, wie die Sache liegt." „Ich hatte geglaubt", so sprach er, „in diesen Tagen irgend welchem bekannten und zuverlässigen Beduinen zu begegnen und von demselben neuere Nachrichten über vorhandenes Wasser einzuziehen. Das ist nun nicht eingetroffen, denn wir haben keine lebendige Seele in dieser Wüste getroffen, mit Ausnahme des einsamen Reiters, den wir gestern eingefangen und vorläufig mit uns führen. Er weifs nichts, und könnte man sich auf seine Angaben und Erzählungen ja auch nicht verlassen. Ich glaube, so fuhr er fort, dafs von dem Orte, wo wir heute Abend unser Lager aufschlagen sollen, sich Wasser in einer Entfernung von $9^1/_2$ Stunden befinden mufs, d. h. zu morgen Abend. Sollte das aber auch nicht der Fall sein, so ist deshalb noch nichts verloren. Für heute Abend, mashallah! haben Sie ja noch Wasser, und Ihre zwölf Pferde können ja in einer starken Galoppade von acht bis zehn Stunden (100 km) bis ans übernächste, sichere Wasser gelangen. Die Kamele Ihrer Karawane brauchen kein Wasser, und was die Leute anbetrifft, die nicht zusammen mit Ihnen zu Pferde abgehen würden, so müssen dieselben eben schon in solchem Falle einen 24 ständigen Durst aushalten. Aber auch solche etwas peinliche Kombination ist gar nicht nötig, da ich Ihnen folgende viel bessere vorschlage. Wie schon erwähnt, so sind wir für unser heutiges Nachtquartier vollkommen mit Wasser versorgt. Geben Sie nun eines der Ihnen von Ibn-Raschid geschenkten Kurier-Deluls her, und mag Ghata[1]) sich darauf über Nacht an den Ort begeben, wo ich das Wasser für morgen Abend vermute. Ist welches vorhanden und bringt er uns solche Nachricht, so marschieren wir eben ganz ruhig darauf los und sind dann morgen Abend am Wasser. Sollte indessen keines vorhanden sein, so werden wir uns anders einrichten. Zehn Stunden von unserem heute bevorstehenden Nachtquartiere befindet sich ein Brunnen, in dem jederzeit ausgezeichnetes Wasser zu finden ist. Auf diesen Brunnen zu marschieren verursacht uns zwar einen kleinen Umweg, und ist jener Brunnen aufserdem auch leider 270 m tief[2]), so dafs es wenigstens 24 Stunden harter Arbeit erfordern würde, das uns nötige Wasserquantum aus solcher Tiefe herauszuziehen. Darauf käme es in diesem Falle aber natürlich nicht weiter an."

Diesen Vorschlägen Abdourrahmans gemäfs wurde natürlich gehandelt, und schon sehr früh am nächsten Morgen wurde ich mit der Nachricht geweckt, Ghata sei zurück und Wasser sei an dem ursprünglich vorausgesehenen Orte glücklich vorhanden. Die Leistung des

---

[1]) Unser erster Führer.
[2]) Ich habe selbst einen Brunnen von 220 m gesehen und recht sorgfältig gemessen.

Kameles, das in dieser Nacht etwa von 10 bis 5 Uhr morgens 100 km zurückgelegt hatte, bestand mithin in folgendem: Es hatte viele Tage lang, und nur alle fünf bis sechs Tage Wasser bekommend, täglich 45 bis 50 km zurückgelegt; darauf am Tage vor der beschriebenen Nachttour 45 km, auf welche in sieben Stunden die erwähnten 100 km folgten, und darauf wieder die 50 km, um mit der Karawane an denselben bei Nacht besuchten Ort zum zweitenmale zurückzukommen. Also 195 bis 200 km in 32 Stunden [1])!

Am 22. März waren wir bereits in Sicht der goldenen Kuppel von Meshed Ali. Dennoch sollte ein meteorologisches Ereignis uns noch im letzten Augenblicke eine Prüfung auferlegen.

Es brach nämlich ein ganz aufserordentlicher Sandsturm, oder vielleicht richtiger gesagt, eine Sandtrombe über meine Karawane herein. Ich lasse es dahingestellt, ob dieses Meteor zu der Sorte der Khamsins oder eines der sonstigen so übel berüchtigten Wüstenstürme gehörte, von denen erzählt wird, sie zögen wie ein Feuer heran. Im gegebenen Falle sah es aber aus wie eine sich übrigens nur langsam nähernde schwarze Mauer. Wir gewahrten sie schon eine geraume Zeit (vielleicht 1½ Stunde), ehe sie uns erreichte, und versuchten es daher, ihr zu entkommen oder aus dem Wege zu gehen. Endlich wurden wir aber doch von der schwarzen Masse erreicht. Es war so etwas wie eine kompakte Masse von Sturm, Sand und vielleicht

---

[1]) Wir waren an dem Tage, als Ghatas Ritt beschlossen wurde, um 8 Uhr morgens ausgerückt und trafen an dem vom Führer entdeckten Wasser am andern Tage um 4 Uhr nachmittags ein.

auch Elektricität. Natürlich mufsten wir still halten und den Anprall so gut wie möglich aushalten. Die Kamele knieten von selbst nieder und waren, ihre Nasen so tief als möglich auf die Erde legend, offenbar zu Tode erschreckt, denn sie brüllten und klagten die ganze Zeit in fürchterlichster Weise; die Köpfe der Pferde wurden in Mäntel eingehüllt und wir selbst hockten und lagen hinter den Kamelen versteckt. Die Dunkelheit war so grofs, dafs man selbst auf wenige Schritte Entfernung nichts unterscheiden konnte, und das Getöse des Windes war so stark, dafs man sich nicht zu verständigen vermochte. Die Magnetnadel tanzte dabei, wie das sonst nur bei Erdbeben stattfindet, nach allen Richtungen, so dafs jeder Begriff einer Richtung verloren ging.

Bei längerer Dauer hätte ich wohl vielleicht einige meiner Tiere oder Menschen infolge von Erstickung oder Erschöpfung verlieren können. Glücklicherweise war indessen alles in etwa zwei Stunden vorüber, nach welchen wir glücklich Aïn Saïd erreichten, eine Art verfallenen Perserschlosses, das jetzt von Arabern und einigen Persern bewohnt wird, die im Rufe stehen, sich hier mit etwas Ackerbau und viel Räuberei zu beschäftigen.

Als sie es mir anfangs abschlugen, mir auch gegen ganz gute Bezahlung einige Gerste zu liefern, deren ich aufserordentlich für die erschöpften Kamele bedurfte, drohte ich das ganze verfaulte Ding samt aller darin aufgespeicherten Gerste mit Gewalt wegzunehmen und nötigenfalls über Nacht auch noch türkische Soldaten zu weiterer Hilfe kommen zu lassen. Anfänglich wollten diese Halunken gar nicht recht daran glauben, da sie selbst nur daran gewöhnt sind, arme und wehrlose Beduinen zu berauben, die sich mit ihrem Vieh nach Meshed begeben.

Als indessen nach hereingebrochener Dunkelheit ein da herumliegender Balken herangeschleppt wurde, um das Thor damit einzurammen, oder es auch vielleicht anzuzünden, liefs man sich in der Ruine dazu herbei, mir die gewünschte Gerste zu verkaufen, für die ich nun allerdings einen, wenn auch noch ganz anständigen, so doch gegen den zuerst gebotenen, etwas geringeren Preis bezahlte.

Später kam der sogenannte Scheik dieses Räubernestes in mein Zelt, um Kaffee zu trinken. Es war ein greulicher, pockennarbiger und schon durch seinen gelb gefärbten Bart ekelhaft aussehender Perser, dem ich es ausführlich vorhielt und vorrechnete, wieviel er durch seine Dummheit ganz unnütz verloren. Na, meinte er indessen, man kann ja alle Verhältnisse nicht gleich so gut übersehen, Meichaleff[1]).

Der noch auf allen Karten zu sehende See von Nedjef existiert längst gar nicht mehr. Er war seiner Zeit ein Produkt des sich ein neues Bett bereitenden Euphrats. Hilleh und das alte Babylon waren während der letzten Jahrzehnte zeitweilig schon ohne Wasser geblieben, und hätte es mit einer weiteren Überschwemmung der Wüste in der Richtung südlich von Meshed Ali geendigt, wenn nicht noch rechtzeitig der Hindiyéhkanal, resp. dessen Damm, zur Regulierung dieser Wasserverhältnisse erbaut worden wäre.

---

[1]) Ein Wort, dafs, wie das russische Nitschewo, je nach Umständen und Betonung unzählige Bedeutungen haben kann. Im allgemeinen entspricht es dem Ausdrucke: es macht nichts. Wie es hier gebraucht war aber ungefähr: Hol's der Teufel.

Dieses bedeutende, 1891 von französischen Ingenieuren beendete Werk kostete der türkischen Regierung, wenn ich mich recht entsinne, über 4 Mill. Mark, rettete aber einen grofsen Teil Iraks vor Verödung, resp. vor einer unübersehbaren Verschiebung aller Verhältnisse. Der allem Anscheine nach erreichte Zweck des Hindiyéhdammes ist, den Euphrat in seinem alten Bette bei Hilleh (Babylon) festzuhalten und nur einem gewissen Überflusse ein Abströmen in den Hindiyéhkanal zu gestatten.

Wenn man sich da alle diese Wasserverhältnisse ansieht, kann man nicht umhin, dabei auch an den Fall von Babylon zu denken, an die Erzählungen Herodots und Anderer, wie diese, hinter ihren unerhörten Wällen sonst ganz unbezwingbare Weltstadt nur durch die Ableitung des Flusses eingenommen werden konnte. So unaufgeklärt jene Details auch sein und bleiben mögen, so fragt man sich doch unwillkürlich, ob der Hindiyéhkanal nicht ganz einfach das falsche Flufsbett des klassischen Stromes ist, welches Cyrus zur Eroberung Babels angelegt, oder es vielleicht schon halb vorfindend, erweiterte und benutzte?

Am 23. März wurden meine Zelte vor dem Thore von Meshed Ali aufgestellt, wo ich mich wieder im Bereiche der türkischen Behörden befand.

Meshed Ali zählt 22 000 ansässige Einwohner, deren Anzahl durch die persischen Pilger aber gelegentlich auf 100 000 steigt. Die gewaltigen, diesen Ort in Form eines genauen Vierecks umgebenden Mauern sind so hoch, dafs man aufser der das Grab Alis überwölbenden mächtigen Goldkuppel weder aus der Nähe, noch aus der Ferne irgend etwas sieht, und sich daher der ganze Block wie ein in der Wüste dastehender und dieselbe, besonders nach Süden, weithin beherrschender, riesiger, viereckiger Steinkasten ausnimmt.

Jeder in Meshed Ali oder in Kerbela sterbende, oder da auch nur begrabene schiitische Muselmann ist damit, der Überlieferung gemäfs, von selbst des Himmelreiches sicher. Aus diesem Grunde ist denn auch die in Meshed lebende Kolonie reicher, da die Zahl der ihren Tod erwartenden oder die Gräber ihrer Angehörigen pflegenden Perser eine höchst bedeutende, und ihr Einflufs dank dem vielen durch sie dahin strömenden Gelde ziemlich allmächtig ist. Früher zählten die hierher gebrachten Leichen alljährlich nach vielen Tausenden. Infolge der dem jetzigen Sultan so imponierenden Choleragefahr ist dieses Umherschleppen von Leichen indessen neuerdings verboten und findet nur noch in der Form von fabelhaft teuere Kosten verursachender Schmuggelware statt, so dafs ich selbst unterwegs nicht mehr als vielleicht 10 bis 12 Perserleichen begegnet bin.

Dieselben werden in Safran verpackt, und ist es aus diesem Grunde nicht ratsam, in Bagdad oder überhaupt in diesen Gegenden dieses Gewürz zu geniefsen, da zehn gegen eins zu wetten ist, dafs man es erst erhält, nachdem es Monate lang zur Präservierung eines dahingeschiedenen Persers gedient hat.

Meshed und Kerbela stehen wohl unter türkischer Oberhoheit, Verwaltung und Soldateska, sind aber aus bereits erwähnten Gründen eigentlich persische, im höchsten Grade religiös fanatische Städte.

Noch vor meinem Eintreffen in Meshed kam es schon zu einem Zusammenstofs mit der da in jeder Beziehung herrschenden persischen Frechheit.

Einige arme Beduinenweiber waren eben im Begriffe, eine Schafherde zum Verkaufe in die Stadt einzutreiben, wurden aber schon vorher durch ein Halbdutzend persischer Fleischer abgefafst. Ohne von andern, bei dieser Scene mit unterlaufenden Gröblichkeiten zu reden, so sollten die Araberinnen zu dem sofortigen Verkaufe ihrer Schafe, natürlich zu den von den Schlachtern selbst festgesetzten Preisen, geradezu mit Gewalt gezwungen werden.

Als ich da nun des Weges vorbeikam, rissen sich einige dieser Beduinenweiber aus den Händen ihrer Vergewaltiger los und stürzten sich, um Hilfe schreiend, vor die Füfse meines Pferdes. Natürlich war ich willens, diese armen Leute samt ihren Schafen in Sicherheit bis nach Meshed zu geleiten, was die Schlachter aber als eine ebenso unberufene, wie auch unerhörte Einmischung in ihre Angelegenheiten erklärten. Es kam dieserhalb zu einem gröfseren Wortwechsel, der damit endigte, dafs diese feisten und frechen Gesellen einer Prügelstrafe unterzogen werden sollten. Schnell und noch ehe sie von ein paar Messern irgend welchen Gebrauch machen konnten, wurden sie überwältigt und geknebelt. Zu gröfserem Hohne und besserer Wirksamkeit wurden sie sogar ausgekleidet[1]), und je gröber ihre Redensarten und Drohungen wurden, um so unbarmherziger liefs ich losschlagen, bis sie sich denn doch etwas beruhigten. Nach diesem Ereignisse kam ich in Meshed natürlich nicht mehr als persona grata an.

Wohl hiefs es da anfänglich und in der ersten Aufregung, es solle sofort ein Bote nach Kerbela abgehen mit einer Klage beim Generalgouverneur[2]), wie auch mit De-

---
[1]) Im Orient als ganz besonders schimpflich geltend.
[2]) Der sich da gerade auf einer Inspektionsreise befand.

pesohen, die in Konstantinopel und Teheran meinen Gewaltakt melden sollten. Diese Pläne fielen indessen sehr schnell ins Wasser, als ich dem persischen Konsul in einer Unterredung darüber auseinandersetzte, wie gefährlich eine allzu grofse Untersuchung dieser Geschichte für die Perser in Meshed werden würde, und wenn auch ich nach Konstantinopel melden wolle, was für Verhältnisse in Meshed herrschten, und wie die da eigentlich als Gäste lebenden Perser sich da ganz als Herren benähmen, dicht vor den Thoren der Stadt Weiber nach ihrem Belieben vergewaltigten und vieles dergleichen mehr. Bei so gespannten Beziehungen betrat ich die fanatische Stadt nur zweimal.

Da der Eintritt in die heilige Ali-Moschee Ungläubigen entschieden verboten ist, so bemühte ich mich natürlich darum auch gar nicht, und zwar um so weniger, als das den Persern nur den Triumph, es mir abschlagen zu können, eingebracht hätte.

Die türkischen Behörden wollten indessen aus eigener Initiative, und um ihren guten Willen zu zeigen, mich so viel wie möglich von der Moschee sehen lassen. So war denn unter dem Thoreingange derselben eine Art Estrade hergerichtet, auf der mir ein Kaffee gereicht wurde. Da safs ich nun in Gesellschaft und unter dem Schutze aller zu diesem Zwecke eingeladenen Autoritäten und Vornehmen der Stadt, so wie auch der dicht dabei liegenden türkischen Hauptwache.

So viel ich von meinem Platze aus sehen konnte, und wie das auch mit den Beschreibungen darüber stimmt, besteht der Hauptreichtum der Ali-Moschee — aufser der Goldkuppel — noch aus dicken, bisweilen Mosaiken darstellenden Goldblechen oder Platten, mit denen der innere Moscheenhof, der Eingang u. s. w. ausgetäfelt oder behängt ist. Der gröfste Teil dieser, wie es scheint wirklich sehr bedeutenden Schätze stammt bekanntlich aus Indien, und zwar aus dem 1738 von Nadir Schah geplünderten Delhi.

Als ich eine der in meiner Nähe hängenden Goldplatten anfafste, um ihre Dicke zu prüfen, begannen die in einiger Entfernung stehenden Pöbelhaufen grofsen Lärm zu machen und von allen Seiten zu schreien, ich sei ja noch schlechter als ein gewöhnlicher Giaur, ja eigentlich ebenso schlecht wie ein Wahabi. Wohl erblafste der dabei sitzende Abdourrahman vor dieser ihn und ganz Nedjd noch mehr als mich treffenden Beleidigung. Dabei war nun schon um so weniger was zu machen, als er hier und den Türken gegenüber offiziell gar kein Wahabi, vielmehr nur ein streng orthodoxer sunnitischer Moslem war.

Endlich brachte mich der Kommandant mit einer starken Begleitung wieder aus der Stadt hinaus und in mein Lager zurück. Abdourrahman war indessen so entzückt darüber, dafs ich die Perser durch Anfassen ihres Goldbleches schwer geärgert, dafs er es sich als besondere Gunst ausbat, mich dafür nach arabischer Art auf die Augen küssen zu dürfen.

Ich mache es mir sonst immer zu meiner ersten Pflicht, auch nicht sympathische religiöse Vorurteile zu schonen und mit der gröfsten Rücksicht zu behandeln. Dem persisch-schiitischen Fanatismus gegenüber geht einem aber doch die Galle über, da derselbe eine ganz aufserordentliche Verachtung gegen alles, seiner Ansicht nach Unorthodoxe in herausfordernder Weise kundgiebt und sich dazu keine

Gelegenheit entgehen läfst [1]). Am 25. März verliefs ich Meshed wieder.

[1]) In von Shias gehaltenen Kaffeehäusern wird in Bagdad oder Mossul z. B. Europäern wohl Kaffee serviert, dann aber auch die Tasse, aus der dieselben getrunken, gleich zerbrochen; ist der Betreffende ein in keiner Beziehung zu fürchtender oder wehrloser Mann, so wird die Tasse ihm als ein schrecklich verunreinigter Gegenstand vor den Füfsen zerschellt. In Bagdad ist unter mehreren andern von Shias gehaltenen Kaffeehäusern auch ein durch den Fanatismus seines Besitzers besonders berüchtigtes Kaffeehaus; es liegt auf der andern Seite des Tigris, und wenn ich gelegentlich meine in der Nähe stehenden Kamele zu besichtigen, kam, so liefs ich es mir nicht entgehen, in diesem Kaffeehause eine grofse Sitzung abzuhalten. Umgeben von einem ganzen Trofs von Leuten, Soldaten und Tscherkessen aller Art, die ohne weiteres alle Tassen mit Kaffee zertrümmert hätten, erkundigte ich mich beim Besitzer immer angelegentlichst, ob denn wirklich die reine Shiasreligion nur vor ganz wehrlosen Leuten durch Zerschellen von Kaffeetassen geehrt würde. Natürlich wurde unter solchen Umständen nie eine Tasse in meiner Gegenwart zerschlagen, doch war der Besitzer des Kaffeehauses, wie ich hörte, nicht wenig froh, als meine Kamele endlich aus seiner Nähe fortgebracht wurden und damit auch meine Besuche bei ihm aufhörten.

VI.

Nach Bagdad. Rückblick.

Lager dem Turm zu Babel gegenüber. — Ankunft in Kerbela. — Üppige Gärten. — Musseyib, der Geburtsort Maneks. — Berühmtheit dieses Pferdes. — Fata morgana. — Lager bei Hyr. — Hochwasser im Tigris. — Schwierigkeiten beim Hinüberschaffen des Lagers. — Ende der arabischen Reise. — Gute Beurteilung der Orientalen als Diener. — Zweckmäfsige Behandlung derselben. — Hauptfehler der Orientalen.

Auf halbem Wege nach Kerbela, lagerte ich noch am selben Abend Birs Nemrud, dem Turme zu Babel, gegenüber. Ein seltsamer Zufall wollte es, dafs fast genau an diesem Tage gerade ein Jahr vergangen war, seit ich da oben um Mitternacht mit meinem intimsten Freunde Champagner getrunken. Ob jener, unterdessen schwer erkrankte Freund überhaupt noch am Leben, sollte ich erst in Bagdad erfahren. Vielerlei war im Laufe dieses Jahres passiert; mehr als 10 000 km hatte ich seit der Zeit wohl zurückgelegt, um mich nun wieder an diesem abgelegenen Orte zu befinden.

Diesmal konnte ich nicht auf den Turm hinauf, da mich die ausgetretenen Wasser des Hindiyèh von ihm trennten, so dafs ich mich darauf beschränken mufste, ihn aus einiger Entfernung nochmals anzustaunen; auf das aus seiner Umgebung herüberhallende Geheul der wilden Tiere hinzuhorchen, ein Geheul, das wohl dazu angethan war, allerlei Gedanken und Erinnerungen wachzurufen, so auch an die Bibelprophezeiungen, die da vorhersagten, dafs an diesem einst weltbeherrschenden Orte nur Wüste sein und wilde Tiere hausen würden. Was mich betrifft, so mufs ich sagen, dafs unter den vielen von mir aufgesuchten, durch Altertümlichkeit, Naturgrofsartigkeit, Wildheit oder dergleichen sich auszeichnenden Orten keiner einen so seltsamen Eindruck hervorgebracht, als dieser jetzt mitten in der Wildnis dastehende — die Wüste immer noch ganz gewaltig beherrschende Turm.

Am 26. März kam ich in Kerbela an, wo ich, gleichwie in Meshed, einen Rasttag machte.

Ich traf da zu meiner Freude auch einen alten und werten Bekannten, Hadji Hassan, den Generalgouverneur von Bagdad, einen der besten und liebenswürdigsten Türken, die ich kennen gelernt.

Kerbela ist den Schiiten ebenso heilig, wie Meshed Ali, nur sind die angeblich hier befindlichen Gebeine ihres Märtyrers Hosseyn gar nicht mehr vorhanden, da dieselben bei der Plünderung Kerbelas durch die Wahabiten vernichtet, wie denn auch die damals geraubten (ebenfalls von Nadir Schah herstammenden) Schätze durch allerlei falsches oder nachträglich hinzugekommenes Zeug später ersetzt worden sind. Die Perser möchten diese ihnen sehr unangenehme Thatsache am liebsten gar nicht wahrhaben, thatsächlich unterliegt es aber keinem Zweifel und ist in mehr als einem arabischen Buche ausführlich beschrieben.

Auch in dem Todesurteile des 1818 in Konstantinopel hingerichteten Wahabiten-Emirs Abdallah kommen unter den die Hinrichtung begründenden Thatsachen die Greuel von Kerbela als die mafsgebendsten vor.

Kerbela ist ungefähr von derselben Gröfse wie Meshed, zeichnet sich aber durch ganz ungewöhnlich üppige Gärten aûs, die auf den aus der Wüste Kommenden einen geradezu paradiesischen Eindruck machen.

Auf der Strecke von Meshed bis Bagdad marschierte ich nur langsam und so zu sagen gemütlich, denn da gab es nicht allein keine Not mehr, sondern ich wollte auf diesem Wege auch einige der in dieser Gegend liegenden, und von den alten babylonischen Kanälen noch Vorteil ziehenden Privatgüter des Sultans besichtigen.

Am 28. März kam ich durch das am Euphrat gelegene Musseyib, einen ganz blühenden und mir insofern interessanten Ort, als mein Rofs Manek da geboren war. Ich habe seiner so oft erwähnt, dafs mancher Leser das wohl auf Rechnung eines gewissen Besitzes von Eitelkeit, oder auch meiner Affenliebe für dieses Tier setzen könnte. Solche Affenliebe hatte sich bei mir für dieses Pferd wohl schon herausgebildet, sie hatte aber auch mehr als einen guten Grund.

Manek war Jahre lang in Bagdad, im ganzen Irak, in Mesopotamien und Kurdistan anerkannt und unbestritten das allererste Pferd und dürfte sein Ruf in dieser Beziehung ein so grofser gewesen sein, dafs derselbe in jenen Gegenden mehr als auf ein Jahrzehnt, nachdem das Tier selbst von da verschwunden, dennoch vorhalten dürfte. Als ich Manek nach Syrien brachte, sanken im Vergleiche mit ihm und seinem damals noch lebenden, mir auch gehörigen Bruder Marzuk, alle berühmtesten Pferde von Aleppo bis nach Jerusalem einfach in die zweite Klasse herab. Später hielt

— 115 —

dieses Pferd dem ganzen Innerarabien gegenüber die Pferdeehre von Irak und Mesopotamien aufrecht, so dafs die Beduinen dieser Länder nicht wenig darauf pochten, seine Landsleute zu sein. Auch in manchen kurdischen Gesängen und Balladen kommt der Name dieses Pferdes vor, so auch namentlich in einer, in jenen Gegenden berühmten Geschichte von Jouamirs [1]) Tode.

---

[1]) Des damaligen (1886 bis 1889) Hauptchefs der Hamawands, eines kurdischen Räuberstammes, welcher Jahre lang die Verbindung zwischen Bagdad und Mossul sperrte. In den gegen sie unternommenen Kriegen kommandierten zweimal türkische Marschälle. Jouamir hatte sich nach Persien geflüchtet und war da in die Dienste des Schahs getreten. Auf grofses Drängen seitens der Türkei sollte er endlich aber doch hinweggeräumt werden, so dafs er denn endlich unter Teilnahme des persischen Thronerben und in dessen Zelte 1889 ermordet wurde. Der damalige Besitzer Maneks, der Tscherkesse Mohammed Pascha Dagestani, eine Neffe des berühmten Schamyl, kommandierte die an der türkisch-persischen Grenze zusammengezogenen türkischen Truppen und soll auch persönlich in Selle Sultans (Schatten des Schahs) Zelte gewesen sein, als Jouamir da beim Kaffee erstochen wurde. Die Balladen darüber erzählen diese Geschichte so, als ob niemand auch da den gefürchteten Jouamir offen anzugreifen gewagt und daher folgendes Manöver ins Werk gesetzt wurde. Der persische Thronfolger spielte, wie üblich, während der Unterhaltung mit einem der bekannten mohammedanischen, in diesem Falle aus Diamanten bestehenden Betkränze (die gleich den katholischen Rosenkränzen zur Zählung von erledigten Gebeten dienen), der auf einmal, wie durch Zufall, zerrifs. Jouamir bückte sich — um, gleich den übrigen Anwesenden, die auf den Boden gefallenen Diamanten aufzulesen — und da erst wurde ihm von hinten der erste Bajonettstofs versetzt. Jouamirs ganz junge Frau hatte ihren Mann vor dieser Zusammenkunft gewarnt, und übernahm gleich nach dem Geschehenen den Oberbefehl über die unweit in den Bergen versammelten Hamawands. Mohammed Pascha, den sie bis vor die Thore Bagdads verfolgte, entkam ihrer Rache nur durch Maneks Schnelligkeit und Ausdauer, die in den betreffenden Gesängen allerdings als dämonische und nur unreinen Quellen

Wohl nirgends, auch nicht in Südpersien, wo dieselbe ganz hervorragend, kann man die **Fata morgana** in so grofser Vollkommenheit beobachten, wie auf der Strecke zwischen Meshed Ali resp. Babylon und Bagdad. Da geniefst man diesen Anblick eigentlich immerfort, und die ganze Zeit hindurch sieht man Wasser, Schlösser und Türme, Inseln, Wälder, grüne Felder und dergleichen mehr. Jedenfalls sind es immer doch nur mehr oder weniger treue Wiedergaben irgend wo, und zwar in nicht allzuweiter Ferne [1]) wirklich vorhandener Gegenstände.

Unter allen mir darüber zur Hand gekommenen Beschreibungen und Erklärungen möchte ich den, im Meyerschen Konversationslexikon vorkommenden Artikel[2]), insofern als meine persönlichen Beobachtungen reichen, mit einer einzigen Abweichung als mafsgebend unterschreiben.

Wie da auseinandergesetzt, erscheint in der That fast in allen Fällen alles wie mit seiner Basis in Wasser stehend, so auch z. B. die bisweilen nur in geringer Entfernung vom Beobachter marschierenden Kamele. In einigen Fällen habe ich aber doch prachtvoll grüne Felder gesehen, welche sich durchaus nicht vom Boden, als über demselben

entspringende gepriesen werden. Bei einem zweimaligen Passieren jener Gegenden machte es auf mich aber doch einen seltsamen Eindruck, diese Gesänge anzuhören, während ich selbst auf Manek safs und neben mir der kleine Sohn Jouamirs einherritt, der nominell die mir von den Hamawands zur Verfügung gestellte Ehreneskorte der Hamawands befehligte. Einmal sah ich damals indessen doch, wie einige sich unbeobachtet wähnende Hamawands Maneks Füfse bespuckten.

[1]) In den grofsen, von all solcher Wirklichkeit Hunderte von Kilometern entfernten Wüsten, habe ich nie, auch nur die allergeringste Luftspiegelung gesehen.

[2]) 1890, Bd. X, S. 990.

schwebend, abschieden. Mehrmals sah ich das aus Entfernungen, die nicht mehr als einen guten Büchsenschufs betrugen und schien dabei alles so deutlich, dafs nur die sichere Kenntnis der Thatsache, dafs das alles eitle Täuschung, mich daran verhinderten, wie an wirklich Vorhandenes zu glauben.

Am 30. März schlug ich mein Lager bei Hyr auf, wenn auch auf der andern Seite des Flusses, so doch im Angesichte von Bagdad.

Der Tigris war so angeschwollen, dafs die Schiffbrücke abgebrochen und an einen Übergang über den Strom nicht zu denken war. Ich selbst fuhr wohl noch am gleichen Abend nach Bagdad hinüber, und nahm da vorläufig die liebenswürdige Gastfreundschaft des Herrn Richarz an, eines reichen, schon seit einigen Jahren dort als Privatmann lebenden Deutschen [1]).

In dem Hause dieses, als klassischer Musiker wie auch durch seine Kenntnis fast aller europäischen und orientalischen Sprachen gleich ausgezeichneten Herrn war ich für den Augenblick natürlich sehr wohl und in civilisiertester Art aufgehoben. Auf die Dauer konnte das trotz allen liebenswürdigen Drängens des Herrn Richarz aber doch nicht so gehen, da mein Herz zu sehr an meinem Lager und an der da gewohnten Wirtschaft hing.

Es war indessen nicht leicht, das alles herüber zu bringen. Trotz des besten Willens, die Schiffbrücke über den Tigris einzustellen, mifslangen zwei Versuche dieser Art und immer schlechter lauteten die aus Mossul kommenden Nachrichten über weiteres Hochwasser. Endlich wurden

---

[1]) Seit dem Sommer 1894 Kaiserlich Deutscher Konsul in Bagdad.

aber auch diese Schwierigkeiten überwunden. Infolge besonderer Liebenswürdigkeit der Londoner Direktion erhielt der grofse englische Dampfer „Medjidiéh" den Befehl, meine Pferde herüberzuschaffen. Leicht war auch das nicht, da es sich darum handelte, trotz des wütenden Stromes so nahe anzulegen, dafs, mit Vermeidung von Trittbrettern, die Pferde direkt ins Schiff hinein und dann wieder am andern Ufer hinaustreten konnten. Schon in der Nacht begann dieses Manöver, von dem es in ganz orientalisch übertreibender Art schon am Tage vorher in allen Kaffees geheifsen, der Medjidiéh werde dabei zerschellt werden. Der alte Kapitän Cowley brachte es nach Stunden langem und meilenweitem Hin- und Hermanöverieren aber doch fertig, und konnte ich mich darauf mit Sack und Pack zu meinem Aufenthalte in Bagdad einrichten.

Rézuk Abut, einer der Vornehmen der Stadt, hatte mir dazu sein Haus zur Verfügung gestellt. Es war nach Bagdader Begriffen ein Kasr (Schlofs) — mit Empfangsräumen, einer Galerie auf den Tigris hinaus und einem grofsen, schönen Garten voller Dattelpalmen und gerade in herrlichster Blüte prangender Orangen- und Citronenbäumen. Mehr konnte ich mir da in keiner Beziehung wünschen und fühlte mich daher für den Augenblick ganz und voll zufrieden.

Wohl stand mir noch ein weiter Weg bis ans Schwarze Meer bevor, durch eine ganz andere Art von Land, als ich es bisher durchwandert; meine arabische Reise als solche war aber doch hier beendet und abgeschlossen. — Sie war in jeder Beziehung ein Erfolg gewesen. Ich hatte auch nicht die geringste Widerwärtigkeit zu verzeichnen; mit Ausnahme des vor 30 Jahren in Arabien gewesenen Herrn Palgrave war nie ein Europäer so tief in diese Wüsten eingedrungen und auch er nicht, wie ich, unverkleidet und mit dem Helme auf dem Kopfe. Und bei alledem hatte ich keinen Menschen und kein Tier verloren. Wohl möchte meine Eitelkeit einen Teil von alledem auf Rechnung meiner Anordnungen und meiner Voraussicht schreiben, und mag ein gewisser Teil davon auch wirklich solcher Rechnung zu gute kommen.

Auch andere Umstände waren mir zu Hilfe gekommen. Ich kam nach Arabien mit dem schon fertigen, durch orientalische Phantasie und Parteilichkeit noch sehr ausgesponnenen Rufe, eines, wie man da sagt, vortrefflichen und gerecht denkenden Herrn, dem man kleine Schwächen, wie Champagnertrinken, Heftigkeit, Helmtragen, mit Ausnahme des Schnurrbartes rasiert sein, schon nachsehen könne.

Auch der Sultan hatte durch seine Briefe seine persönliche Autorität zu meinen Gunsten in die Wagschale geworfen, wie solches auch Ibn-Raschid, Sotamm, Riad und andere Beduinenscheiks und Häuptlinge thaten, Umstände, die gewifs nicht wenig in Betracht kamen.

Trotz alledem aber soll es hier erwähnt werden, und wäre es auch nur als Rat und im Interesse für künftige Reisende, dafs neun Zehntel aller meiner Erfolge der Vortrefflichkeit, der unwandelbaren Treue und Ergebenheit der Leute zugeschrieben werden müssen, die ich in meinen Diensten gehabt. Mit vielen Hunderten solcher Leute bin ich im Laufe der Zeit im Oriente in Berührung gekommen und trotzdem kann ich bezeugen, dafs ich unter ihnen auch keinen einzigen schlechten Diener gehabt habe.

Man liest und hört wohl allerlei von orientalischem Fanatismus, orientalischer Treulosigkeit und Verlogenheit, ich aber habe mich nie darüber zu beklagen gehabt. Die Völker dieser Gegenden sind trotz der da seit Jahrhunderten herrschenden Regierungsform durchaus nicht knechtisch, so dafs man diese Menschen durchaus nicht so leicht nur auf Grund eines einfachen Einschüchterungssystemes behandeln kann, es gelingt vielmehr meist nur allmählich, ihrer Herr zu werden. Im allgemeinen ist ihnen gegenüber ein ziemlich selbstherrliches, ja sogar tyrannisches Auftreten am Platze, gleichzeitig damit ist aber auch für ihre Bedürfnisse mit einiger Umsicht zu sorgen, auf ihre kleinen Sorgen einzugehen und vielleicht hat man sogar ihre Verwandten irgendwo zu beschützen, derenthalben zu sprechen oder zu schreiben.

Bei Einkäufen, Küchenrechnungen oder dergleichen, bei denen es mir selbst nicht so genau darauf ankam, mag ich wohl, wie das ja auch in Europa mit den besten Köchinnen vorkommt, gelegentlich übervorteilt und betrogen worden sein, durch Diebstahl ist mir im Oriente aber nie auch nur der kleinste Gegenstand weggekommen, trotzdem das unter den Umständen und wo alles meist offen umherlag, sehr leicht hätte vorkommen können. Einst kam es wegen eines aus dem Efsbestecke fehlenden silbernen Löffels zu einem so gewaltigen Aufruhre im Lager, dafs ich kaum mehr die Ordnung herzustellen vermochte. Wohl hätte ich selbst gern auf diesen Löffel ganz verzichtet, doch gingen die Wogen der Leidenschaften so hoch und war die Wut der darüber Hadernden eine so grofse, dafs ich einen schweren Stand hatte, Mord und Totschlag zu verhüten, da alle darin einig waren, eine genaue Aufklärung der Sache zu verlangen, damit, wie mir vorgestellt wurde, diese Löffelgeschichte in Zukunft nur ja nicht einen Schatten auf daran Unschuldige werfen möchte. Ein ganzer Tag ging durch diese dumme Geschichte verloren, denn ich mufste meine Zustimmung zu einer Räumung des Lagers mit darauf folgender Durchsuchung des Sandes geben und ich war wirklich froh, als der unselige Löffel auch aufgefunden wurde.

Hauptfehler der Orientalen sind ihre grofse Neigung zu Intriguen, ihre Händelsucht und ihr im Augenblicke gar nicht zu bändigender Jähzorn.

Infolge einer starken Erkältung hatte ich einst eine zu grofse Dosis Opium genommen, so dafs ich davon so etwas wie einen Herzanfall mit darauf folgender recht schwerer Ohnmacht hatte. Als ich erst nach längerer Zeit wieder zu mir kam, fand ich mein Lager bereits in drei Teile geteilt und gewahrte nicht allein Türken und Beduinen, sondern auch meine eigenen, besten und wichtigsten Leute zu lustigstem, sofort zu beginnendem Hader, schwer gegeneinander bewaffnet an meinem Bette sitzend. Jeder Mann hatte gleich und vor allen Dingen daran gedacht, sich nur ja nicht von etwaigen Konkurrenten und Feinden überraschen zu lassen.

Die türkischen Soldaten hatten das Lager bereits insofern geräumt, als sie ihre Zelte ein paar hundert Schritte weiter aufgeschlagen.

Die sonst stark untereinander hadernden Nasroullah und Guedou hatten sich besprochen, in diesem Falle und namentlich gegen Scheik Mohammed zusammenzuhalten, und um die Unterstützung und den Anhang der übrigen Leute, wie auch der anwesenden Araber, war bereits eifrigst geworben worden. Später wurde es für mich ein sehr belustigendes Gesprächsthema, danach zu forschen und kritisch zu erörtern, wie und auf welcher Grundlage denn eigentlich im Falle meines Todes alles geordnet werden sollte. Meinen Leuten erschien dieser Gesprächsstoff indessen nicht so anziehend, und zwar um so weniger, als manche der dabei zu Tage kommenden Projekte ziemlich wahnsinnig und unpraktisch waren und nur auf Grund von Kopflosigkeit entschuldigt und erklärt werden konnten.

Trotzdem kann ich nur noch einmal wiederholen: das Menschenmaterial im Oriente ist ein so vorzügliches, dafs man bei etwas zweckmäfsiger Behandlung desselben damit leicht alles Denkbare aus- und durchführen kann. Unter solcher Voraussetzung dürfte der Leser es wohl auch erklärlich finden, dafs man solche Reisen und eine solche Lebensart, wie die beschriebene, geniefsen und sogar so lieb gewinnen kann, dafs man, wie ich zuletzt, keinen andern Gedanken hat, als möglichst bald wieder ein solches Lager zu haben, und von solchen Leuten umgeben zu sein, wie ich sie gehabt.

VII.

Bemerkungen über das Kamel.

Falsche Ansichten über dasselbe. — Leistungsfähigkeit. — Die Möglichkeit längere Zeit Durst zu ertragen. — Das zweihöckerige Trampeltier. — Tragkraft der Kamele. — Vollblut-Rennkamele. — Wüstenpost. — Brauchbarkeit der Kamele für Berggegenden. — Unbeholfenheit der Kamele im Wasser. — Neigung der Kamele zu Schwindelanfällen. — Die wirtschaftliche Bedeutung der Kamele. — Unverständige Ausbeutung ihrer Kräfte. — Gute Behandlung der Kamele in Innerarabien. — Gröfserer Verbrauch als Nachwuchs an Kamelen. — Räude der Kamele.

Nachdem ich meine von Damaskus aus nach Innerarabien unternommene Reise insofern beendet, als ich auf der andern Seite, in Bagdad, herausgekommen, hatte ich daselbst sowohl mir als auch allen meinen Leuten und Tieren eine sehr genügende Erholung gewährt; denn mehr als fünf Wochen hatten wir alle dort unter den günstigsten Bedingungen verbracht. Bagdad war mir schon von früher her wohl bekannt, ist aber schon so oft beschrieben, dafs ich mich mit einer ausführlichen Schilderung dieser Stadt oder ihres Lebens und Treibens wohl nicht besonders aufzuhalten brauche.

Meine Karawane hatte, insofern als dabei die Packtiere in Betracht kamen, bis Bagdad aus Kamelen bestanden und das sollte, meinen ursprünglichen Plänen gemäfs, auch noch bis Mossul so bleiben. Verschiedene Umstände nötigten mich indessen, diese Pläne abzuändern. Bevor ich solches näher erkläre, oder auch die Schilderung dieses zweiten Teiles meiner Reise beginne, möchte hier vielleicht der beste Platz sein, zuvörderst noch einiges auf Kamele Bezügliches zu besprechen und hervorzuheben, und zwar umsomehr, als das noch immer nicht genug geschehen kann, da trotz der grofsen Wichtigkeit dieser Tiere, sowie auch der ja wahrlich nicht neuen Kenntnis derselben, unser Wissen von ihm sehr weit davon entfernt ist, auch nur annähernd im Verhältnisse zu der Wichtigkeit des Gegenstandes zu stehen. So wundere ich mich denn auch nicht, selbst in gediegenen Büchern, Reisebeschreibungen und Naturgeschichten hinsichtlich der Kamele auf allerlei Irrtümer, falsche Darstellungen oder Ungenauigkeiten zu stofsen.

Ohne anmafsend zu sein oder mich allein für ausschlaggebend erklären zu wollen, glaube ich mich doch zu einem ganz berücksichtigenswerten Urteile über Kamele berechtigt, da ich nicht allein infolge meiner arabischen Reise, sondern auch sonst noch und zu wiederholten Malen eine Menge Kamele selbst besessen, mit solchen zu thun gehabt und auch infolge meiner Liebhaberei und meines allgemeinen Interesses für Tiere sie gern und vielfach beobachtet und über sie allerlei Erkundigungen eingezogen habe.

Einige Beispiele erprobter Leistungsfähigkeit arabischer Rennkamele habe ich bereits bei einer anderen Gelegenheit angeführt, und zwar als z. B. mitten unter anhaltenden Märschen gelegentlich bis zu 200 km in 30 Stunden erreichend, ebenso auch ihre wirkliche Fähigkeit zu dursten schon hervorgehoben (bei schwerer

Arbeit im Winter 25 und im Sommer 5 Tage lang). Ich komme darauf hier indessen nochmals zurück, da ich in manchen sehr mafsgebend sein sollenden, darunter auch deutschen, sehr angesehenen Werken (Brehm u. dergl.) z. B. als ganz sicher festgestellt erwähnt finde, dafs „bei saftiger Grasnahrung Kamele wohl sehr lange ohne Wasser auszukommen vermöchten, dafs dieselben aber bei Dürre fleifsig getränkt werden müfsten". Das ist durchaus unrichtig. In der heifsen Jahreszeit, bei Dürre, wird ein Kamel, wenn man es ihm ermöglicht, gern, oft und viel trinken, ja auch zweimal täglich, wenn es sich so trifft, sich geradezu aufs Wasser stürzen, um sich vollzutrinken; das hindert indessen nicht, dafs es, wie schon gesagt, fünfmal 24 Stunden auch bei gröfster Dürre vollständig ohne Wasser auszukommen und dabei schwere Arbeiten zu verrichten vermag, wie ich das selbst mehrfach erprobt habe. Wäre dem so, so würden die in Afrika und Arabien recht häufig vorkommenden 300 bis 400 und mehr Kilometer betragenden ganz wasserlosen Strecken, wenigstens in der heifsen Jahreszeit (also in diesen Gegenden etwa acht bis neun Monate jährlich), völlig unpassierbar sein, was indessen nicht der Fall ist, und zwar dank eben dem Umstande, dafs die Kamele so lange dursten können.

Das zweihöckerige Trampeltier kann weniger lange ohne Wasser auskommen, und zwar bei heifser Witterung mit Sicherheit nur etwas über 48 Stunden, gerät aber gegen Ende des dritten Tages schon in Lebensgefahr. Das Trampeltier wird auch gewissermafsen aus diesem Grunde von den Arabern djemmel moya, das Wasserkamel, genannt.

Die als üblich berechnete Tragkraft der Kamele finde ich auch vielfach recht falsch angegeben. Die besten

Kamele, namentlich was Stärke anbetrifft, sind die syrischen; gute Tiere unter ihnen tragen auch auf langen Reisen 180 bis 200 Konstantinopeler Okka, also etwa bis zu 330 kg. Dabei können zwanzig und mehr Tage lang sechs bis acht deutsche Meilen täglich zurückgelegt werden, auch bei gelegentlichem, anhaltendem Dursten und ähnlichen Zumutungen.

Gleich nach den syrischen Kamelen und ihnen an Leistungsfähigkeit kaum erwähnenswert nachstehend, kommen die mesopotamischen und darauf die ägyptischen, weiterhin aber diejenigen von Bagdad und aus dem Irak, die den Übergang zu der innerarabischen Art bilden, bisweilen auch schon da herstammen. Die letztgenannten werden gewöhnlich mit nicht mehr als 120 bis 140 Okka (200 bis 230 kg) belastet. Wohl die leichtesten Kamele dürften diejenigen der Somaliländer sein; bei ihnen rechnet man, noch dazu nur bei sehr kurzen Märschen (vier bis fünf Stunden, also etwa 15 bis 20 km täglich), nicht mehr als 150 kg aufs Kamelgewicht.

Die wirklichen Vollblut-Rennkamele kommen nur in Innerarabien vor, d. h. die Rasse, der man gelegentlich 200 km in 30 Stunden oder auch 150 km in 10 Stunden oder aber wieder 600 km in sechs Tagen, also demselben Tiere 100 km alle 24 Stunden ohne Weiteres zumuten kann.

Aus ganz unbegreiflichen Gründen entarten diese Tiere äufserst schnell, sobald sie aus Innerarabien herausgebracht werden und nördlicher als vom dreifsigsten Grade benutzt werden sollen.

Aus diesem Grunde kann denn auch z. B. die Wüstenpost zwischen Bagdad und Damaskus, welche jetzt für die etwa 780 km betragende Strecke nicht weniger als zehn, meistens aber elf Tage braucht, darüber hinaus nicht beschleunigt werden. Ibn-Raschid sendet dagegen seine Eilboten auf denselben Tieren ganz gewöhnlich in sechs Tagen von Haïl nach Bassorah (580 bis 600 km), oder in $3\frac{1}{2}$ Tagen von Haïl nach Medina (400 km). Die gröfste Leistung, die ich in diesem Lande (auch bei den umgehend mit Briefen zurückgekehrten Boten) beobachtet habe, war wohl die folgende. Als ich vor einigen Monaten an Ibn-Raschid aufser verschiedenen anderen Sachen auch zehn Kisten mit Sprudelwasser abschickte, kamen diese, allerdings vermittelst lange vorher aufgestellter Relais, in drei Tagen von Bassorah nach Riad, wo der Emir sich gerade befand, legten also in dieser Zeit eine Entfernung von wenigstens 650 km zurück.

Die Tragkraft der zweihöckerigen Kamele ist im allgemeinen gröfser als diejenige der Dromedare, und zwar um etwa 40 bis 50 Prozent. Meine Erfahrungen und Beobachtungen hinsichtlich dieser Tiere sind geringer als die, welche die andern Kamele betreffen; ich darf daher in dieser Beziehung nicht so bestimmt sprechen. Wohl habe ich auch ein gut Teil von Trampeltieren in Kleinasien, Persien und Tibet gesehen, auch etliche davon mir absichtlich angeschafft, um sie gleichzeitig mit den Dromedaren zu beobachten, wobei aber doch berücksichtigt werden mufs, dafs meine Tiere recht ausgesuchte waren und daher ihre Leistungen vielleicht über dem Durchschnitt standen. Dennoch will ich hier erwähnen, dafs nach meinen eigenen Beobachtungen, wie auch nach den verschiedenen von mir eingezogenen Erkundigungen gute anatolische, Khorassaner und südtibetanische Trampeltiere, auch auf längeren Karawanenreisen bis zu 450 oder 500 kg tragen und dabei sechs bis sieben deutsche Meilen täglich zurücklegen. Die Geschwindigkeit, natürlich nur im Schritte, da beim Trampeltiere von Laufen keine Rede sein kann, schwankt unter sonst gleichen Umständen nicht erheblich.

Entgegen den in Europa häufig ausgesprochenen Ansichten sind alle Arten von Kamelen auch in steilen und schwierigen Berggegenden sehr brauchbar und leiden trotz ihrer weichen Füfse ganz auffallend wenig von anhaltendem Treten auf Geröll und sogar sehr scharfen Steinen. Unbrauchbar, dann aber auch allerdings vollständig, sind alle Kamele nur auf feuchtem und glitscherigem Erdboden, und zwar derart, dafs sogar ein paar Hundert Meter aufgeweichten Erdreiches ein unüberwindliches Hindernis werden kann. Im Wasser benehmen sich Kamele recht ungeschickt, und man mufs dabei sehr achtgeben, damit sie nicht umkippen, bei grofser Anzahl sich nicht gegenseitig behindern oder unter die ihnen Hilfe leistenden Böte geraten. Mit grofser Vorsicht ist es mir dennoch mehrfach gelungen und namentlich mit sehr eingedrillten Leuten, die sich nicht selbst oder untereinander, wie im Oriente üblich, durch Hitzigkeit und Geschrei bis zur Kopflosigkeit aufregen, ganze Kamelkarawanen ohne jeden Verlust über den reifsenden Tigris sowie auch über den ebenso reifsenden und an vielen Stellen mehr als Kilometer breiten Euphrat zu setzen.

Kamele leiden aufserordentlich an Schwindel; daher ist die Anzahl der in Abgründe hinabstürzenden, über hohe nur mit niedrigen Geländern versehene Brücken hinunterfallenden Kamele eine sehr bedeutende.

Die allseitige volkswirtschaftliche Bedeutung der Kamele kann kaum überschätzt werden, und zwar auch für die Zukunft nicht. In manchen Gegenden, auch Wüstenländern, werden mit der Zeit wohl verschiedene, heute von

Kamelen durchzogene Striche von Eisenbahnen durchzogen sein. Aber auch das dürfte noch lange nicht bedeuten, daſs dadurch die Rolle der Kamele in diesen weiten Länderstrichen eine minder wichtige werden oder daſs man ohne groſsen Schaden für die betreffenden Länder mit einer geringeren Anzahl von Kamelen auskommen könnte. Ebenso wenig als die Entwickelung von Eisenbahnen, Fluſsschiffahrt, Wagentransporten auf guten Chausseen und ähnlichen Verkehrsmitteln die Anzahl der in Europa Verwendung findenden Pferde vermindert, vielmehr eher noch vermehrt hat, ebensowenig dürfte es zweifelhaft erscheinen, daſs das Kamel auch weiterhin in dem ungeheuren, von den chinesischen Meeren bis zum Atlantischen Ozeane reichenden Länderstriche eine maſsgebende Rolle spielen wird.

Leider wird, wie noch in so mancher andern Beziehung, auch in der Ausbeutung der Kamele fast überall eine ganz furchtbare Raubwirtschaft getrieben, die bestenfalls wohl nur sehr allmählich besserer Einsicht und Kultur weichen könnte. Wirklich g u t umgegangen wird mit Kamelen nur in Innerarabien; daher ist es da auch ein ganz andres Tier: ohne Schwielen, durchweg wohlbehaart, durchaus nicht störrisch, vielmehr freundlich und auf den Ruf herankommend, für Liebkosungen empfänglich und dankbar. So behandelt, gelten denn auch in Arabien alle Kamele, darunter auch die Renntiere, an deren Leistungen man so groſse Ansprüche erhebt, bis in ihr 25. und 30. Lebensjahr als vollkommen dienstfähig, woran in andern Ländern nicht zu denken ist, da dort alles nur darauf berechnet wird, den gesamten in einem fünf bis sechs Jahre alten, daher vollentwickelten Kamele enthaltenen Kraftvorrat möglichst rasch und vorteilhaft zu verbrauchen und herauszuziehen, was denn auch gewöhnlich in zwei bis drei oder gar in einer einzigen grofsen und beschwerlichen Reise geschieht. Der bisherigen, leider allein mafsgebenden Gewohnheit gemäfs wird das Kamel, bis es stürzt, nur als zu verbrauchendes bezw. durch gelungenen, einträglichen Transport anders anzulegendes oder in eine andre Form zu verwandelndes Kapital behandelt und gewissermafsen vernichtet. Hat sich aber einmal das Tier in solcher Art mehr oder weniger gut bezahlt gemacht, so ist alles vortrefflich, und kommt für den Orientalen die Frage als müfsige nicht weiter in Betracht, ob auf andre Art und ohne durchaus vernichtet zu werden, es sich nicht vielleicht noch viel besser bezahlt gemacht hätte.

Von gelegentlichem Ausgleiten auf ungünstigem Boden oder dergleichen abgesehen, steht ein einmal gefallenes Kamel nie wieder auf. Gleich den Elefanten haben Kamele die Eigentümlichkeit, dafs sie bei grofser Stärke und Ausdauer wohl allerlei leisten und aushalten, dann aber, und wenn sie über einen gewissen Grad hinaus erschöpft sind, nur mit einem aufser allem Verhältnis stehenden Verluste an Zeit und unter Umständen auch Geld emporgebracht werden können. Drastisch könnte man das etwa so ausdrücken: es ist billiger drei neue Kamele zu kaufen, als ein ermüdetes wieder heraufzubringen. Darnach handelt denn auch der Orientale oder Afrikaner, indem er die Kräfte seines Kamels erst erschöpft und es dann auch rücksichtslos liegen läfst.

Wohl bilden die unermefslichen Kamelherden der Mongolei, Arabiens und Afrikas einen grofsen Grundstock für den gegenwärtigen und zukünftigen Verbrauch dieser so wichtigen Tiere, dennoch aber scheint es mir fraglich, ob bei der furchtbaren Raubwirtschaft, wie ich sie überall gesehen, der in der ganzen Welt vorhandene Nachwuchs an Kamelen dem Verbrauche auch nur einigermafsen entsprechen sollte. Bei einer ausführlichen Unterhaltung über diese und ähnliche Fragen rechnete mir General Skobeleff einst vor, dafs sein Feldzug gegen die Turkomanen 60000, die 1873 erfolgte Einnahme von Khiwa 45000 Kamelen das Leben gekostet, und dafs es bei einem eventuellen ihm aufgetragenen russischen Feldzuge gegen Indien in erster Linie nur darauf ankommen würde, ihn zu einem Verbrauche von einer Million Kamelen zu ermächtigen, da unter solcher Bedingung es ganz leicht angängig sein würde, eine reguläre russische Armee von 150000 Mann wohlversorgt bis an die indische Grenze zu bringen.

Ich hatte während meiner ganzen arabischen Reise und trotz aller dabei ausgeführten grofsen und bisweilen anhaltend raschen Märsche dennoch kein einziges Kamel verloren und war daher auf solchen Erfolg nicht wenig stolz. Auch bei meinen Geldberechnungen war ich glänzend gefahren, da ich bereits bis Bagdad, d. h. im Vergleiche zu gemieteten Kamelen, um rund 8000 Mark, fast um den Gesamtwert der Tiere, im Gewinnste war, von dem Vorteile schon gar nicht zu reden, dafs ich als Besitzer meiner Kamele unumschränkt über Marsch und dergleichen hatte verfügen können. Unter solchen Umständen wäre es mir gar nicht darauf angekommen, meine Tiere, wenn ich sie selbst nicht mehr länger brauchen wollte, etwas teurer oder billiger zu verkaufen. Dennoch wäre in letzterem Falle mein ganzer Stolz über den Haufen geworfen worden, sowie auch meine Behauptung, dafs trotz aller schweren Leistungen und überstandenen Strapazen meine Kamele dank zweckmäfsiger Pflege und Behandlung immer noch ebenso viel wert seien, als am Tage meines Ausmarsches aus Damaskus, eine Behauptung, die sich denn auch insofern bewahrheitete, als ich sie später in Mossul vortrefflich verkaufte. Selbst konnte ich bis dahin meine Tiere indessen nicht mehr benutzen, es wäre denn, ich hätte noch ein paar Wochen länger in Bagdad bleiben oder nur bei Nacht marschieren wollen, was mir beides nicht pafste. Meine Kamele hatten nämlich eine im Oriente sehr allgemeine Art von Räude bekommen und deshalb vollständig rasiert werden müssen. Es ist dies als einziges unbedingt sicheres Mittel, zu welchem man gegen die erwähnte Art von Räude greifen kann, bekannt. Während der fünf Wochen, die ich mich in Bagdad aufhielt, waren die Haare meiner Kamele indessen noch nicht genügend wieder gewachsen, um sie auf Märschen durch die Wüste gegen die Sonnenstrahlen zu schützen. So kam es denn, dafs ich von Bagdad nach Mossul mit zwei Karawanen ziehen mufste: mit einer, die durch die Wüste und auf der westlichen Seite des Tigris nur bei Nacht marschierte und aus meinen, der Leitung von Scheikh Mohammed anvertrauten Kamelen bestand, und einer zweiten, die aus Maultieren und allen meinen übrigen Leuten und Pferden zusammengestellt war, und mit der ich selbst auf der östlichen Seite des Flusses, d. h. durch Kurdistan, reiste.

VIII.

Beitrag zur Kenntnis des arabischen Pferdes.

Zuständigkeit des Urteils verschiedener Reisenden über arabische Pferde.
— Übertriebenes Urteil über die Güte des arabischen Pferdes.
— Geringe Anzahl der noch in Innerarabien vorhandenen wirklich
guten Stuten. — Hengste als Reitpferde in Arabien unbequem.
— Kostspieligkeit des Unterhalts eines guten Pferdes in Arabien.
— Entgegenkommen, welches der Reisende als Staatsgast in
Nedjd für den Unterhalt seiner Pferde fand. — Ibn-Raschids
Gestüt, das gröfste Innerarabiens, in denkbar schlechtestem
Zustande. — Gröfse der arabischen Stuten. — Farha, Ibn-
Raschids Leibstute. — Ihre guten und schlechten Eigenschaften. —
Merkmal starker Lungen. — Überlegenheit des englischen Renn-
pferdes über das arabische Pferd nur bei kurzen Entfernungen.
— Die arabischen Pferde „schlechte Springer". — Grund dafür.
— Der Begriff „Khamsa" und seine mifsbräuchliche Anwendung.
— Die fünf arabischen Hauptstränge edler Pferde und ihre
Reihenfolge. — Legende über die Entstehung der Unterabteilungen
edler Pferde.

Von den wenigen bis nach Innerarabien vorgedrungenen
Europäern kommen die meisten bei Fragen, welche Pferde
betreffen, leider gar nicht in Betracht. Der sonst gröfste
und gründlichste Arabienkenner Doughty hat weder für
Pferde, noch auch überhaupt für Tiere irgend ein Interesse.
Palgrave, den ich selbst oft auf Grund eigener Anschauung
gegen den ungerechten Vorwurf verteidigt, als sei er in
Wirklichkeit niemals in Innerarabien gewesen (ein noch
jetzt hier in England gegen ihn, wenn auch unberechtigt,
so doch häufig vorgebrachter Einwand), ist aus vielen

Gründen nicht gerade ein Pferdemensch, wenn ich mich so ausdrücken darf, noch auch überhaupt ein Tierbeobachter, sondern eher ein mit orientalischer Phantasie und Gewandtheit arbeitender Schriftsteller.

Von dem bisweilen für Arabien zitierten Vincenti weifs ich leider gar nichts.

Die Papiere resp. Beobachtungen des zweimal in Nedjd gewesenen, 1885 ermordeten Franzosen Hubert sind verloren gegangen.

So bleibt denn, wenigstens insofern als die Pferdefrage in Betracht kommt, nur Blunt übrig, ein ganz guter und im allgemeinen zuständiger Gewährsmann, mit dem ich im allgemeinen auch meist übereinstimme. Seine über arabische Pferde gebrachten Nachrichten sind für die allgemeine Frage ja auch ziemlich genügend, und schreibe ich daher auch nicht, um Blunt zu widerlegen oder gegen ihn zu polemisieren, sondern um, soweit es von allgemeinem Interesse, parallel mit den Bluntschen Darstellungen, auch meine Ansichten über arabische Pferde mitzuteilen.

Der Schwerpunkt der Frage liegt offenbar darin: Giebt es wirklich im Innern von Arabien Exemplare von Pferden, die als solche das Pferd katexochen, in seiner allerhöchsten Ausbildung und Vollkommenheit darstellen, durch gröfstmögliche Vereinigung aller guten Eigenschaften, und zwar in einem höheren Grade, als sie bei allen bisher bekannten Pferdearten vorzukommen pflegen? — Ich zaudere nicht, darauf zu antworten: Nein, das ist durchaus nicht der Fall! Alle darauf bezüglichen Geschichten hängen in einer oder der andern Art mit der Passion vieler Leute zusammen, etwas gesehen oder sogar nur davon gehört zu haben, das alles im

Augenblicke Vorliegende oder Besprochene in den Schatten stellen würde.

Es giebt gewifs in Nedjd noch eine ganze Anzahl von Pferden höchsten Blutes und wäre es wohl möglich, im ganzen Lande vielleicht ein paar Dutzend Stuten zusammenzusuchen, die bei bester Abstammung auch thatsächlich ausgezeichnete Eigenschaften vereinigen. So lautet ja auch das vor etwa 18 Jahren abgegebene Urteil des Herrn Blunt. So wie die Sachen dort liegen, wird es darin aber jedenfalls mit jedem Jahrzehnte immer beschränkter werden.

Bei ihren ewigen Kriegen und Überfällen sind den Arabern Hengste natürlich nicht bequem, da dieselben durch ihr Wiehern wie auch durch ihre Unverträglichkeit grofse Weitläufigkeiten verursachen, ja alle Augenblicke ihre Herren verraten würden. Wallachen hat man nicht, weil die dazu beim Hengste nötige Operation als Sünde gilt. So werden Hengste denn nur noch zum Beschälen gehalten, ein Luxus, den sich nur sehr wenige der dortigen Fürsten oder Scheiks erlauben können und selbst dann, wie werden sie gehalten und wie werden sie gefüttert?!!

Man denke sich ein Land und eine Vereinigung von orientalischer Nachlässigkeit, Unkenntnis irgend welcher Vererbungstheorie und dazu Gerstenpreise, dass der Unterhalt eines guten Pferdes auf circa 8 Mark täglich zu stehen kommt, da Gerste gleichsam nur durch Gartenbau zu erzielen und dreiviertel der in Nedjd verbrauchten Mengen demnach auf Kamelen von Bagdad und Bassorah, auch indische Gerste, weither über Queyt bezogen werden mufs. Ich wurde in Nedjd überall als Staatsgast behandelt und hatten daher die Fürsten und Städte alle mich und meine Karawane betreffenden Lieferungen nicht allein gratis übernommen, sondern auch überall bei Todesstrafe verboten, mir irgend etwas zu verkaufen, da ich ja nur einfach aufzuschreiben habe, was ich nötig hätte und das für mich besorgt werden würde.

Trotz alledem war es mir doch in der ersten Zeit peinlich, dafs es in einem solchen Lande heifsen sollte, dafs meine Pferde zehn Goldstücke täglich an Gerste auffräfsen. Da ich meinen Tieren aber unter keiner Bedingung eine ungewohnte Verminderung ihrer Rationen zumuten wollte, beschlofs ich, mir die eine Hälfte des Nötigen liefern zu lassen und die andre durch Schmuggelhandel zu erwerben. Einmal, in Haïl, kam es aber heraus und wurde der betreffende Kaufmann, der mir die Gerste verkaufte, an Stelle der angekündigten Todesstrafe, zum Ohrenabschneiden verurteilt. Natürlich war es meine Schuldigkeit, die Ausführung dieser Strafe zu verhindern, und es gelang mir auch am Ende glücklich, aber unter Schwierigkeiten, die hier zu beschreiben zu weit führen würde. Jedenfalls kann man aus Gesagtem ersehen, wie, insofern als die Nahrung in Betracht kommt, auf die Erhaltung guter Pferde in Nedjd nicht viel, oder richtiger gesagt, recht wenig zu rechnen ist.

Infolge des Reichtums von Ibn-Raschid, dem Emir von Djebbel Shámmar, wie auch seines seit 1891 in ganz Nedjd herrschenden Ansehens und Einflusses, ist sein Stall resp. Gestüt das bei weitem mafsgebendste. Letzteres besteht unter andern aus einigen 30, in einem Hofe des Haïler Regierungskastells stehenden Hengsten. Dieselben sind natürlich allerhöchsten Blutes, sind aber sonst in so schlechtem Zustande, so schlecht gepflegt, so steif, mit so überwucherten Hufen (zum Beschälen meist zu alt oder zu jung), dafs ich mich sogar bedanken würde, die zwei bis drei besten als Geschenk anzunehmen. Das wäre also der in ganz Innerarabien erste und kostbarste Beschälungsapparat, und man kann sich darnach das Übrige wohl selbst denken und es begründet finden, wenn ich sage, dafs, wenn in Nedjd noch einige gute Stuten zu finden sind,· das geradezu ein Wunder zu nennen ist, welches aber in einigen Jahrzehnten nicht mehr vorkommen wird und naturgemäfs auch nicht mehr vorkommen kann.

Die Stuten in Nedjd sind im allgemeinen klein und würde ich geneigt sein, das Durchschnittsmafs derselben auf 1,40 bis 1,45 m anzugeben. Unter den mir in Nedjd geschenkten Pferden befand sich eine Stute von 1,61 m und des Emir Ibn-Raschids Leibstute Farha mafs 1,58 m. Beide Mafse sind ganz aufsergewöhnlich hohe, und ich will das letztgenannte Tier hier noch besonders hervorheben, insofern als es als erstes Leibrofs des mächtigsten und reichsten Fürsten in Nedjd gewissermafsen offiziell als die Quintessenz alles dessen gelten kann, was Nedjd überhaupt in dieser Beziehung hervorbringen dürfte.

Farha war eine Fuchsstute aus dem Geschlechte der Abbayéh-Omdjréss, also hervorgegangen aus einer Vermischung von Kheilan el Adjus und Seglawih-Djedran. An Schönheit war sie tadellos, und zwar von den wichtigsten bis hinab zu den kleinsten bekannten klassischen Details. Sehnig und mager blieb sie auch bei längerer Ruhe und bester Kost. Ich bot sie später zusammen mit meinem Leibhengste Manek Sr. Majestät dem türkischen Sultan an und sah sie vor kurzem in dessen Ställen wieder. Trotz anhaltenden Stehens und ruhiger Fütterung war sie nach 1½ Jahren aber noch ebenso sehnig, knochig und mager, wie sie es auch bei den anstrengendsten Strapazen gewesen war. Die Entwickelung ihrer Muskeln war jedenfalls hervorragend und wäre sogar Nichtkennern sofort in die Augen gefallen.

Sie hatte keine so gemeinen Eigenschaften wie Bocken u. dergl., war aber insofern nicht leicht zu reiten, als sie bei grofser Kraft und bei viel, wie die Engländer sagen „high spirit", durch ihre gewaltigen Lanzaden ungeübte oder schwächere Reiter infolge von Ermüdung zu Boden warf. Einst hatte ich den anhaltenden Bitten eines in meinen Diensten stehenden jungen Arabers nachgegeben, der dieses Tier durchaus einmal geritten haben wollte. Das endete aber so schlecht, dafs der junge Mensch die Geschichte fast mit seinem Leben hätte bezahlen müssen. Er konnte im gegebenen Augenblicke des Tieres nicht mehr Herr werden und dennoch konnte er es auch nicht auf gut Glück loslassen (wie das in der Wüste allenfalls möglich gewesen wäre), da der Vorfall sich in nächster Umgebung von Bagdad abspielte, wo ein Kirchhof und verschiedene Mauern hinderlich waren.

Hauptsächlich infolge der furchtbaren Sätze wurde er denn auch endlich abgeworfen, und nun benutzte das böse Tier die schöne Gelegenheit, den Menschen auch noch gründlich zu treten, so dafs es mir und meinen Begleitern kaum noch gelang, den Niedergeworfenen aus solcher Not zu erretten. Wie häufig bei solchen Gelegenheiten, gehen ja die Dinge anders und schneller, als man es gerade erwartet oder dazu vorbereitet ist. Ich selbst und mehrere meiner Leute safsen auf Hengsten, die auch hitzig geworden waren und von denen man nicht so ohne weiteres absitzen konnte, da dieselben durch ihr Hinzukommen noch mehr Lärm verursacht hätten.

Diese Farha ist übrigens das einzige böse arabische Vollblutpferd, das ich je gesehen, dafür war sie aber auch in jeder Beziehung von einer solchen Bosheit, die verteilt wohl für zehn böse Pferde hätte hinreichen können.

Geradezu auf einen Menschen loszutreiben, um denselben zu überreiten, war bei ihr noch gar nichts, denn es gehörte selbst die gröfste Aufmerksamkeit und Energie dazu, sie davon abzuhalten, solche Unternehmungen unter dem Reiter zu machen. In den engen Strafsen oder Bazaren solcher Städte wie Bagdad, Mossul und Erzerum, wo ich mich überall längere Zeit aufzuhalten pflegte, wurde dieses Tier sehr bald ein Schrecken aller Leute, da es nur immerfort darauf lauerte, irgend einen nicht rasch genug ausweichenden Menschen an die Wand zu drücken, auf irgend eine Weise zu schlagen oder ihm den Turban vom Kopfe zu reifsen.

Dafür war aber auch der Mut dieser Stute ein allen Umständen gewachsener, denn sie erschrak nie, noch bedachte sie sich je, auch vor den für sie neuesten, seltsamsten oder, wie man hätte annehmen müssen, schrecklichsten Gegenständen. Sie hatte natürlich nie gröfsere Wasserflächen gesehen, ging aber trotzdem auch in die gröfsten und reifsendsten Ströme hinein und liefs sich ohne umzuschauen darüber hinschwemmen. Auch Wölfe, grofse Abgründe, Schnee oder dergl. imponierten ihr so wenig, dafs sie beim Anblick solcher ihr neuen Gegenstände nicht einmal zauderte, sondern ohne weiteres auf sie losging.

Mit grofser Ausdauer konnte sie mehrere Kilometer weit laufen, und wenn man sie dann plötzlich anhielt, so prustete sie nicht, sondern schnaufte ganz rasch höchstens einige Male. Darauf wird in Arabien allgemein als entscheidendes

Merkmal starker Lungen sehr gehalten, und es ist ja wohl auch ein guter Beweis dafür.

In Nedjd wurde von Farhas Geschwindigkeit fast wie von etwas Sagenhaftem gesprochen, dennoch konnte sie gegen zwei meiner andern Pferde (meinen Leibhengst Manek und eine schwere Seglawih-Stute Leila) auch nicht annähernd aufkommen.

Von einem Vergleiche der Geschwindigkeit, auch der allerbesten arabischen Renner, mit guten englischen Rennpferden, kann bei kurzen Entfernungen keine Rede sein, da letztere dann entschieden überlegen sind. Bei gröfseren Entfernungen scheint mir aber das Gegenteil aufser Zweifel. Mit Herrn Blunt stimme ich in den meisten Punkten überein und bin, wie er, von arabischen Pferden im höchsten Grade eingenommen, ja in dieselben geradezu verliebt. In einem Punkte indessen mufs ich trotz besten Willens Herrn Blunt vollständig widersprechen, wie ich ihm das auch bei persönlichen Zusammenkünften nicht verhehlt habe. Er erklärt nämlich die arabischen Pferde auch für ausgezeichnete Springer, wohingegen es, meiner Ansicht nach, auf der ganzen Welt keine schlechteren Springpferde giebt, als es die arabischen sind. Ich mufs das ganz besonders betonen. Bei dem vorzüglichen Bau der arabischen Pferde sehe ich zwar nicht ein, warum sich daraus nicht auch gute Springer herausbilden liefsen, vorläufig ist. aber das Gegenteil in ganz auffallendem Mafse der Fall. Herr Blunt, der, wie so viele seiner Landsleute, das von ihm einmal Aufgenommene etwas einseitig vertritt, leistet durch sein Zuweitgehen in gewissen Punkten der von ihm auch in England zu Gunsten der Araber unternommenen Propaganda gar keinen guten Dienst, insofern er durch gelegentlich falsch angebrachtes und eigensinnig aufrecht erhaltenes Lob auch das Gewicht des berechtigten ganz unnütz abschwächt, und zwar um so mehr, als z. B. hier in England selbst, bei vielfachen Versuchen auf Jagden, seine Behauptungen wegen des Springens seiner Pferde sich als hinfällig erwiesen.

Arabische Pferde haben ja in ihrer Heimat fast nie Gelegenheit zu springen, und es wäre daher vielleicht nicht unmöglich, dafs bei einer viele Generationen hindurch abhanden gekommenen Übung solche Fähigkeit physisch und in gewisser Art vielleicht sogar seelisch (wenn ich mich so ausdrücken darf) verkümmert ist und gegebenenfalls erst wieder neuherauszubilden wäre.

Mit dem Worte Khamsa und anderm damit Zusammenhängendem wird immer noch viel Unfug getrieben. Das Wort Khamsa oder wie es event. ausgesprochen wird Chamse (das Ch wie im Deutschen und nicht wie im Französischen Sch) heifst im Arabischen „fünf", und wenn also von einem Pferde gesagt werden sollte, es ist ein Khamsa, könnte das allenfalls so viel heifsen, dafs es eins von den „Fünfern" ist oder zu den „Fünfern" gehört, d. h. von einem der fünf berühmten Hauptblutstränge abstammt.

In Wirklichkeit wird indessen nie und nimmermehr dieser Gedanke in Arabien in solcher Art ausgesprochen und weder einem Araber noch irgend einem mit diesen Sachen vertrauten Europäer wird es je einfallen, von einem Pferde zu sagen, es sei ein Khamsa, wie denn auch kein Mensch es dort verstehen würde, was man mit diesem Ausdrucke meint. Trotzdem sehe ich diesen Ausdruck fast in allen Büchern immer wieder erwähnt und ganz besonders hervorgehoben, und so geht das Jahrzehnte lang immer weiter ohne irgend welchen Sinn, es sei denn der eben von mir erklärte, den man sich rein theoretisch zusammenreimen muſs. Als ich mich bei Arabern nach dieser Khamsa-Frage erkundigte und fragte, ob es Khamsapferde gäbe, wuſsten sie erst lange nicht, was ich eigentlich von ihnen haben wollte, bis wir allmählich zusammen darauf kamen, gewisse Leute hätten eventuell die Absicht gehabt, mit solchem Ausdrucke das oben Gesagte anzudeuten.

Vielleicht hat diese Khamsa-Geschichte einmal so angefangen, daſs irgend ein arabische Gegenden bereisender, aber wenig Arabisch verstehender Europäer von einem Araber sich die Herkunft von dessen Pferden hat wollen erklären lassen, und dieser Araber ihm vielleicht auseinandergesetzt hat, sein Pferd sei von solcher und solcher Rasse. Da die betreffenden Rassenamen indessen ziemlich umständlich und häufig auch labyrinthisch vermischt sind, dennoch aber mit den fünf Hauptsträngen zusammenhängen, so wäre es schon möglich, daſs der betreffende Araber zum besseren Verständnis des Europäers und, auf dessen Fragen eingehend, dann doch z. B. hervorgehoben habe: ja, ja, trotz aller andern Namen sei sein Pferd dennoch jedenfalls und immerhin ein Khamsa.

Nach und infolge solcher Unterhaltung könnte ein Europäer wohl zu ungefähr folgender Schluſsfolgerung gelangen: So, also die verschiedenen Blutstränge scheinen bei den Arabern doch wohl gewaltig verwickelt zu sein, häufig wohl sogar etwas unklar, jedenfalls aber ist es klar, daſs nach den Begriffen der Araber alles, was an edlen (assyl) Pferden irgendwie vorhanden ist, immer wieder unter den Begriff der Khamsa eingereiht werden muſs:

ergo heifst Khamsa so viel wie edel; oder aber alles Edle mufs unter das Wort Khamsa gebracht werden, also sind die Khamsa eine grofse Hauptart von Pferden. Aus dem Gesagten ist aber ersichtlich, dafs das in diesem Sinne doch nicht aufzufassen ist, vielmehr höchstens so zusammenhängt, wie ich es vorhin zu erklären versucht habe. Jedenfalls wäre es an der Zeit, dieses Wort in der bisher gebrauchten Auffassung fallen zu lassen, d. h. auf gut deutsch, zu erklären, dafs jedes edle Pferd Arabiens, um edel zu sein, zu einem der fünf Hauptstränge gehören mufs.

Über die Reihenfolge dieser Stränge wird viel und häufig gestritten, je nachdem die Pferde des betreffenden Beduinen zu diesem oder jenem der Stränge gehören. Im allgemeinen werden sie indessen an Güte ziemlich gleich erachtet, und es ist keinesfalls so, wie ich bisweilen lese, dafs die Kheilans unbedingt als die edelsten betrachtet und daher immer zuerst genannt werden.

Die Hamdanis und Hadbans werden allerdings immer an vierter und fünfter Stelle genannt, die drei andern Familien aber in den drei ersten Stellen. In welcher Reihenfolge das zu geschehen hat, darüber wird viel gestritten, und man hört diese Namen ziemlich gleichmäfsig in jeder beliebigen Reihenfolge, also etwa oft an erster Stelle die Seglawih, wie auch die Kheilans oder Manegi.

Für die Naturgeschichte hat die Aussprache dieser, wie auch andrer Namen natürlich gar keine mafsgebende Wichtigkeit, und ich will daher nur in Kürze erwähnen, dafs von Kochlani (statt Kheilan), wie man ersteren Namen gelegentlich angeführt sieht, schon deshalb keine Rede sein kann, als im echten, also im alten Arabischen, was hier das Entscheidende wäre, gar keine Vokale geschrieben werden, also in diesem Falle für Kheilan nur die Buchstaben Khln; ausgesprochen wird es jedenfalls überall Kheilan, mit sehr stark aspiriertem h.

Im ganzen giebt es, so viel ich weifs, 22 edle Stränge (Blunt giebt nur 21 an), darunter die fünf oben erwähnten Hauptstränge. Die übrigen 17 sind aber alle weiter nichts als Unterabteilungen der ersten fünf und aus Mischungen oder Teilungen derselben entstanden. So z. B. giebt es drei Arten Kheilans, ferner zwei Arten von Seglawih, einfach und mit dem Zusatze Djedran u. s. w.

Über die Entstehung dieser Unterabteilungen erzählt man sich folgendes: Einer arabischen Legende gemäfs flüchtete einst eine Araberhorde vor übermächtigen Feinden, wurde aber endlich doch eingeholt und teils niedergemacht, teils gefangen genommen, und zwar trotzdem die flüchtenden Araber auf sehr guten und edlen Pferden beritten waren. Die Verfolger waren aber auch nicht minder gut beritten. Von den Verfolgten entkam nur eine einzige alte Araberin, und zwar auf einer Kheilan-Stute. Von der Zeit an wurden nun alle Kheilans in zwei Arten unterschieden, in die gewöhnlichen, schon früher bekannt gewesenen, und in diejenigen, welche von der Stute dieser alten Frau abstammen sollen. Eine alte Frau heifst arabisch adjus, und es heifst also in diesem Falle Kheilit el Adjus: ein Kheilan-Nachkomme jener Alten.

IX.

Fortsetzung der Reise. — Kriege der Türken gegen die Hamawands.

Aufbruch von Bagdad. — Jagd auf Wildschweine. — Der Djebbel Hamrin. — Unsicherheit für Reisende durch die räuberischen Hamawands. Türkische Kriegszüge gegen dieselben. — Ihre Herkunft. — Husseyn Agha und Juamir, Führer der Hamawands. — Niederlage und Unterwerfung der Hamawands. — Juamir's Flucht. — Schonung der Hamawands von Seiten des Sultans. — Ihre Verbannung nach Tripolis und allmähliche Rückkehr der meisten in die Heimath. — Juamir's meuchlerische Ermordung. — Rache von Juamir's Frau. — Neue Räubereien der Hamawands. Neuer Kriegszug der Türken gegen dieselben. — Gefecht am Nordabhange des Hamrin. — Niederlage und zweite Unterwerfung der Hamawands. — Trauriges Loos der in Tripolis zurückgebliebenen Hamawands. — Vergebliche Bemühungen des Reisenden zu ihren Gunsten. — Bessere Erfolge für Andere.

Am 5. Mai verliefs ich Bagdad; aber natürlich war es die alte Geschichte, dafs nach einem längeren Aufenthalt, bei Räumung und beim Packen von so vielerlei, bei den vielen unumgänglichen und letzten Abschiedsbesuchen und -Empfängen, am Auszugstage auf einen wirklichen Marsch gar nicht zu rechnen war. So beschränkte ich mich denn auch darauf, am ersten Tage blofs vor den Thoren der Stadt zu übernachten und die wirkliche Reise erst am nächsten Tage anzutreten.

Es war bis Mossul ein mir bereits bekannter Weg, den ich schon früher gemacht. Während der ersten zwei Tagemärsche, die ich, den Nachtquartieren entsprechend,

Benni Saat und Mussabah benennen will, gehört die Gegend noch gewissermafsen zu Irak, verwandelt sich aber von da ab sehr bald in das steinige, aber dennoch, mit Ausnahme des Djebbel Hamrin, in diesen Teilen ziemlich flache Süd-Kurdistan.

Alle 30 bis 50 km giebt es da wohl ein Dorf oder auch eine etwas gröfsere Ortschaft und dazwischen gelegentlich auch einige Felder; für europäische Begriffe ist es aber doch eine grofse Wüstenei. Nach Augenmafs und Erinnerung schätzend, würde ich sagen, dafs da auf einer Strecke von beinahe 400 km bis Altoun-Kjöpri wohl nicht mehr als vielleicht zwei bis drei Prozent des Bodens angebaut sind.

Am 8. Mai nächtigte ich in Delli-Abbas und hatte noch Zeit, dort am selben Abend eine insofern ziemlich erfolgreiche Jagd auf Wildschweine zu machen, als ich aufser einigen kleinen Tieren fünf sehr grofse Eber schofs, die natürlich, da Niemand in diesen mohammedanischen Gegenden sie ifst, zum Frafs für Geier und Hyänen liegen bleiben mufsten, ein Opfer meiner allgemein menschlichen Jagd- und Mordlust. Die Jagd fand in einem, kaum 1½ km von der Ortschaft entfernten sumpfigen Rohrdickicht statt, wo die Schweine, wie häufig in diesen Gegenden, in grofser Anzahl hausten. Nachgestellt wird ihnen so gut wie nie. Wohl verursachen sie gelegentlich ziemlich viel Schaden auf den Feldern, auf die sie meist bei Nacht herauskommen; für die Bauern, die keine oder nur mangelhafte Gewehre besitzen, ist es aber schwierig, gefährlich und weitläufig, sich ihrer zu erwehren, so dafs aus allen diesen Gründen die Wildschweine der Euphrat- und Tigrisniederungen oft sehr grofs, alt und auch bös werden.

So wurde denn auch leider auf meiner Jagd ein tscherkessischer Soldat von einem Eber angerannt und so schwer verletzt, daſs ich nicht weiſs, ob er später noch von seinen Wunden genesen ist.

Zwischen Delli-Abbas und dem Dorfe Karatepe liegt der Djebbel-Hamrin, hier in einer Breite von etwa 20 km. Es ist ein vollständig baumloser, nicht hoher, ausschlieſslich aus zerklüfteten Felsen bestehender Bergrücken. An seinem südlichen Abhange, wie auch auf halbem Wege in der Mitte, befinden sich kleine türkische Forts bezw. befestigte Kasernen zur Beherbergung der daselbst gegen die Räuber untergebrachten Soldaten. Auch jetzt noch gilt der Hamrin für ziemlich unsicher, und freut sich eine Kaufmannskarawane jedesmal, wenn sie ihn ohne überstandene Unannehmlichkeiten im Rücken hat. Seine Hauptrolle spielte dieser Bergrücken indessen während der letzten beiden groſsen kriegerischen Unternehmungen (1886 bis 1887 und 1890 bis 1891) der türkischen Regierungstruppen gegen die Hamawands, einen kurdischen Räuberstamm, der, mehrmals alle Verbindungen zwischen Bagdad und Mossul sperrend, namentlich auch diese Felsen zu einem Hauptstützpunkt seiner Unternehmungen gemacht hatte.

Dem Leser ist eine kurze Darstellung dieser Vorgänge als besonders hervorragendes und bezeichnendes Beispiel orientalisch-kurdischer Räuberverhältnisse, wie auch als Beleg dafür vielleicht genehm, in wie auſserordentlichem Maſse die Thatkraft und unbeugsame Tapferkeit verhältnismäſsig weniger, aber entschlossener Leute sich auch sehr groſsen Kräften gegenüber geltend zu machen und sich lange zu halten vermag.

Der vor nunmehr etwa 75 Jahren aus Persien herübergekommene kurdische Stamm der Hamawands hatte sich in der der Türkei gehörigen Gegend von Suleimanije angesiedelt und unter andern auch namentlich die Ortschaften Bazian und Tschemtschemal gegründet. Die Hamawands galten selbst für Kurdistan als mustergiltige Räuber und. so hausten sie denn als solche auch weit und breit jahrzehntelang, was bei den bekannten, neuerdings auch wieder infolge der armenischen Frage öfter in Europa besprochenen, türkisch-kurdischen Verhältnissen, lange ziemlich ruhig seinen Gang ging; denn auf einige erschossene Menschen mehr oder weniger, ausgeplünderte Karawanen oder auch gebrandschatzte Dörfer kommt es hier nicht so genau an.

Mitte der achtziger Jahre scheinen diese Zustände indessen doch selbst in den Augen der sonst in solchen Dingen langmütigen türkischen Regierung unerträglich geworden zu sein. Sogar die Regierungspost konnte zuletzt nicht einmal mehr mit grofsen Militäreskorten. von 1000 und mehr Mann von Bagdad nach Mossul durchgebracht werden, so dafs der Sultan sich diese Zustände endlich sogar persönlich zu Herzen nahm.

Als Husseyn Agha, ein hervorragender Führer der Hamawands, mich später einmal auf dem Wege nach Mossul begleitete, und wir dabei an den sogenannten Felsenkessel von Tâuk vorbeikamen, erklärte er mir mit Stolz und Ausführlichkeit, wie er da noch im Jahre 1890, nach hartem Gefecht gegen 1000 Soldaten die Post samt 120000 türkischen Pfund in Gold (mehr als zwei Millionen Mark) erobert habe. Nach mehreren solchen Überfällen [1]) wurde

---

[1]) Als Erläuterung dieser Zustände lese man auch die Beschreibung des Grafen Cholais, wie er den Tigris auf einem

nun endlich der Muschir (voller General oder Marschall) Ismaïl Pascha Kurdi beauftragt, die Hamawands um jeden Preis zu überwältigen, und rund 20000 Mann Truppen wurden ihm zu diesem Zwecke zur Verfügung gestellt. Zu jener Zeit verfügten die Hamawands etwa über 2200 bis 2400 waffenfähige und unter dem Befehle von allerlei durch Adel und Familienruhm sich auszeichnenden Führern stehende Leute. Die wirkliche Seele von allem war unter ihnen aber in erster Linie doch ein, wenn auch nicht von Geburt, so doch durch aufserordentliche Leistungen und Tapferkeit emporgekommener Häuptling Juamir.

Über ein Jahr tobte nun ein heftiger Kampf, und alles Land von der persischen Grenze im Osten bis zum Tigris im Westen, sowie vom Hamrin im Süden bis fast vor den Thoren Mossuls im Norden befand sich in hellem Kriegszustande. Nach blutigem Widerstande unterlagen die Hamawands endlich dem allgemeinen, mit ungeheurer Übermacht gegen sie von allen Seiten unternommenen Kesseltreiben und ergaben sich, sich an die persönliche Gnade des Sultans Hamid wendend, an Ismaïl Pascha.

Juamir allein samt einem halben Dutzend seiner Getreuesten flüchtete sich über die persische Grenze und von da nach Teheran, wo er sich unter den Schutz des Schahs stellte. Solcher Schutz wurde ihm nicht allein gewährt, sondern er erhielt sogar in anbetracht seines, unterdessen bis ins Grofsartigste gestiegenen Heldenrufes, eine reichlich bezahlte und nach dortigen Begriffen höchst

---

Flosse hinunterfahrend von den Hamawands angegriffen, nur durch den glücklichen Eintritt nächtlicher Dunkelheit sich vor ihnen zu retten vermochte.

angesehene Stellung in der persönlichen Leibgarde des Schahs.

Kaufleute und andere friedliebende Bewohner der von den Hamawands jahrelang heimgesuchten Gegenden gaben sich nach der nun endlich stattgefundenen Niederlage ihrer Bedrücker den rosigsten Hoffnungen hin, diese würden nunmehr exemplarisch bestraft bezw. durch Erschiefsen auf alle Zeiten unschädlich gemacht werden. So günstig für sie und so schlimm für die Hamawands sollte es indessen doch nicht kommen. Des Sultans bekannte Liebhaberei für hervorragende, noch dazu an ihn persönlich appellierende Banditen überwog alle übrigen Rücksichten. Keiner der Hamawands wurde erschossen, auch nicht, trotzdem einige darunter, unabhängig von dem während des Krieges Vorgefallenen, vom Kriegsgerichte für ihre 25 bis 30 als verübt eingestandenen Mordthaten zum Tode verurteilt worden waren. Alle diese Leute wurden begnadigt und nach Konstantinopel gebracht, wo der Sultan aus ihnen am liebsten eine Art persönliche Leibgarde für sich gebildet hätte. Die Ausführung dieses Planes unterblieb indessen, allerdings auch nur infolge einer sehr starken Einsprache seitens der europäischen Gesandten, welche wohl nicht mit Unrecht befürchteten, dafs eine solche Ansiedelung von ein paar tausend weltberüchtigter Räuber die ja ohnehin nicht geringe Unsicherheit in Konstantinopel denn doch auf einen gar zu unliebsamen Grad steigern würde. Nun beschlofs man, diese Leute nach Tripolis in Afrika zu senden. Dort wurden sie indessen, besonders in der ersten Zeit, so mangelhaft bewacht, dafs es dem gröfsten Teile unter ihnen gelang, Tripolis wieder zu verlassen und nach und nach in ihre Heimat zurückzukehren, so dafs nach etwa zwei Jahren sie sich da alle wieder zusammengefunden und angesiedelt hatten. Ein Teil der von ihnen früher besessenen Ländereien war, als vom Staat eingezogen, während ihrer Abwesenheit an andre Leute vergeben oder aber, wie z. B. die erwähnten Ortschaften Bazian und Tschemtschemal, von der Senija [1]) in unmittelbare staatliche Bewirtschaftung genommen worden. Das störte aber so unternehmende Leute, wie die Hamawands, nur wenig; denn kaum sahen sie sich wieder in genügender Anzahl beisammen, als sie auch die Beamten der kaiserlichen Verwaltung ohne weiteres mit Waffengewalt hinauswarfen. Wohl kam es darüber zu einigen Schreibereien, die sich indessen doch nur im Sande verliefen, da man für den Augenblick in Konstantinopel entweder mit andern Fragen beschäftigt oder aber müde und nicht aufgelegt war, einen neuen Krieg mit diesen nicht zu bändigenden Menschen von vorn anzufangen.

Nur Juamir konnte der Sultan es gar nicht vergeben, dafs er sich ihm nicht hatte unterwerfen wollen, und es erfolgten deshalb seitens der türkischen Regierung allerlei Bemühungen in Teheran, um die Auslieferung dieses Mannes zu erlangen. Während einiger Jahre blieben alle diese Anstrengungen allerdings ganz fruchtlos, und die persische Regierung beharrte hartnäckig dabei, den berühmten Räuberhauptmann nicht auszuliefern. Der Sultan fühlte sich aber dadurch in seiner Eitelkeit nur noch immer mehr verletzt, und so kam es denn, dafs die Anstrengungen und der Druck der Pforte auf Persien wegen dieser Angelegenheit immer stärker wurden. Endlich wurde dem Schah

---

[1]) Die Verwaltung der dem Sultan persönlich gehörenden Güter.

die Sache so unangenehm oder langweilig, dafs er nachzugeben beschlofs.

Zu einer förmlichen Herausgabe Juamirs verstand sich Persien allerdings nicht, da ein solcher Vorgang unter den gegebenen Umständen dem Ansehen des Schahs hätte schaden können. So einigte man sich denn lieber dahin, Juamir, wenn auch auf verräterische Weise, so doch einfach umzubringen. Unter dem Vorwande, es drohe von Seiten der unweit Suleimanije vorhandenen Hamawands Gefahr, wurden einige türkische Truppen unter Mohammed Pascha an der persischen Grenze zusammengezogen. Gleichzeitig damit erschien dort aber auch von persischer Seite der Generalgouverneur von Ispahan, Selle Sultan [1]). Endlich wurde von Teheran aus auch Juamir dahin gesandt, um, wie es hiefs und ihm auch vorgestellt wurde, zwischen seinen bis dahin übrigens ganz ruhigen Landsleuten zu vermitteln. Wohl wurde Juamir gewarnt, konnte sich aber kaum dem betreffenden Auftrage entziehen. Ob übrigens der Schah selbst mit dem weiteren Verlauf dieser Angelegenheit einverstanden oder dabei geradezu beteiligt gewesen, mag dahingestellt bleiben, da es nicht gut einzusehen ist, warum er, in dessen Händen Juamir sich ja vollständig befand, so weitläufige Mafsregeln nötig gehabt hätte, um ihn umzubringen, falls er dazu entschlossen gewesen sein sollte. Aus solchen Gründen heifst es denn auch, dafs der Schah an Juamirs Ermordung unschuldig (es wäre denn, dafs er durch die erwähnten Anordnungen sein Einverständnis hätte verschleiern wollen), und die ganze Geschichte in ihrem weiteren Verlauf blofs zwischen Kon-

---

[1]) Selle Sultan = Schatten des Sultans, der Titel von Nasreddins ältestem Sohne und event. Thronerben.

stantinopel, Mohammed Pascha und Selle Sultan verabredet gewesen sei.

Wie Juamirs Freunde und seine in der Nähe versammelten Landsleute es vorausgesehen hatten, so kam es auch. Juamir wurde verräterischer Weise im Zelte des persischen Thronfolgers und in dessen sowie auch in Mohammed Paschas Gegenwart meuchlings ermordet.

Kaum war indessen die blutige That geschehen, als sie auch sofort ruchbar wurde. Juamirs Frau, die in nächster Nähe den Ausgang der Zusammenkunft ihres Mannes mit Selle Sultan und Mohammed Pascha abgewartet, ergriff den Oberbefehl über die entrüsteten Hamawands. Die Wut der ergrimmten Frau fiel in erster Linie auf Mohammed Pascha, den sie als den Haupturheber des Unterganges ihres Gatten betrachtete; und so überfiel sie denn auch diesen Pascha, als er nach Bagdad zurückkehren wollte und schlug und zersprengte die ihn begleitende bedeutende Reiterschar. Er selbst entrann nur durch die Schnelligkeit und Ausdauer seines Pferdes, des später in meinen Besitz übergegangenen Manek. Drei tagelang und über 300 km weit hetzte die Witwe an der Spitze ihrer Getreuen den Pascha buchstäblich bis vor die Thore von Bagdad und erst als er da eintritt, konnte er sich in Sicherheit betrachten.

Von da ab begann für die ganze Gegend ein neuer Hamawandschrecken. 1890 bis 1891 waren alle Strafsen und Verbindungen gesperrt und wieder mufste die Bagdader Post zweimal wöchentlich unter dem Schutz von 1200 Soldaten durchgebracht werden. Aber auch das genügte nicht immer, denn dreimal gelang es den Hamawands, die Post dennoch zu erobern. Man kann sich darnach den Zustand des ganzen Landes leicht vorstellen.

Endlich mufsten wieder grofse Truppenmassen aufgeboten werden und noch einmal befehligte ein Marschall die Truppen gegen die Hamawands. Es war der leider kürzlich verstorbene Hidayet Pascha, nachmaliger Generalgouverneur von Bassorah und Hasa.

Wieder kam es zu zahlreichen und blutigen Gefechten und zu einer grofsen Hetze gegen den unbezwingbaren Räuberstamm, der, den Zorn des Sultans geradezu herausfordernd, die Wege durch den Hamrin durchaus sperren wollte. Im Falle zu grofsen Gedränges flüchteten die Hamawands gelegentlich bald über die persische Grenze, bald aber auch über den Tigris in die mesopotamische Wüste, wo sie, in freundschaftlichem Verhältnis zu den Shammàr-Beduinen stehend, sich erholten und zu neuem Kampfe rüsteten.

Endlich gingen ihnen aber doch die Kräfte aus und namentlich, nachdem sie es versucht hatten, in einer am nördlichen Abhange des Hamrin gelegenen Schlucht Hidayet Pascha ein grofses Gefecht anzubieten. Der Pascha erzählte mir selbst, dafs ihm dieses Gefecht fast 2000 Mann gekostet hätte, aber auch die Hamawands verloren in dieser, für solche Verhältnisse wahren Feldschlacht, 400 Mann, eine für sie, die sie überhaupt nie sehr zahlreich waren, ganz ungeheure Schwächung.

Trotzdem die Übriggebliebenen sich auch nach diesem für sie verhängnisvollen Ereignis noch einmal retteten, so begannen sie doch Unterhandlungen, die damit endigten, dafs sie sich an Hidayet ergaben. Derselbe, ein in solchen Dingen höchst abenteuerlich denkender Türke, gewährte seinen bisherigen Gegnern auf eigene Verantwortung nicht allein vollständige Vergebung, sondern entwaffnete sie nicht einmal, so dafs praktisch eigentlich nur der status quo ante bellum wieder hergestellt wurde. Diese Anordnungen wurden in Konstantinopel, trotz allen Widerspruches der Generalgouverneure von Bagdad und Mossul, auch wirklich bestätigt. Späterhin wurde einigen Führern der Hamawands sogar der Befehl über die Gendarmerie übertragen, andere aber, die solchen Dienst nicht übernehmen wollten, anderseits aber geltend machten, dafs sie ja „in Friedenszeiten" nichts zu leben hätten, erhielten von der Regierung lebenslängliche Pensionen, auf Verlangen und um sie in jeder Beziehung zufriedenzustellen, auch Ordensauszeichnungen.

Nur einer Gruppe von Hamawands ging und geht es auch jetzt noch schlecht, und zwar sind das die wenigen, die nicht gewollt oder auch wegen der allmählich wach gewordenen Aufmerksamkeit der Regierung es nicht mehr vermocht hatten, aus Tripolis zu entkommen. In Wirklichkeit hatten diese Leute sich also gegen die Regierung gar nicht weiter aufgelehnt, noch auch an dem zweiten soeben beschriebenen furchtbaren Kriege Teil genommen. Das wurde ihnen indessen durchaus nicht zu gute gerechnet, sondern sie wurden ganz anders als ihre glücklicheren Gefährten behandelt, denn — statt wie jene einen sehr vorteilhaften Frieden zu erlangen, wurden diese nur noch tiefer in Afrika angesiedelt — wo in wenigen Jahren auch die letzten unter ihnen wohl dem Klima und den auch sonst für sie traurigen Verhältnissen erlegen sein werden. Die Ungerechtigkeit und Ungleichmäfsigkeit dieses, den verschiedenen Gruppen der Hamawands gegenüber so verschiedenartigen Verfahrens erschienen so ungeheuerlich, dafs ich bei mehreren sich dafür darbietenden Gelegenheiten mit dem gröfsten Nachdruck hervorhob, wie ungerecht und gleichzeitig für den Ruf und das Ansehen jeder Regierung höchst nachteilig ein solches Verfahren sei und daher durchaus geändert werden müfste, und zwar so, dafs entweder die aus Tripolis entflohenen und im zweiten Kriege unterlegenen Hamawands zum mindesten wieder nach Afrika zurückgebracht oder aber die dort Verbliebenen in ihre Heimat entlassen werden sollten. Alle meine in dieser Richtung unternommenen Bemühungen blieben indessen ganz fruchtlos, und ich empfand das umsomehr, als ich mich zu derselben Zeit hatte überreden lassen, zu gunsten einiger anderer Hamawands allerlei, eigentlich viel weniger begründete und gerechte Anordnungen vorzuschlagen, die aber dessenungeachtet in Konstantinopel ohne weiteres als annehmbar anerkannt wurden und als solche durchgingen. Um das Gesagte besser zu veranschaulichen, will ich hier nur ein Beispiel anführen, das wohl allein schon als Schlaglicht auf die eigentümlichen Verhältnisse genügen dürfte. Derselbe Husseyn Agha, den ich bereits als Eroberer der Bagdader Post samt zwei Millionen Mark in Gold erwähnt habe, hatte gerade seinen Frieden mit der Regierung gemacht; auf wie lange mag dahingestellt bleiben, gehört aber nicht hierher. Genug, im Augenblicke war er Gendarmeriechef in Kerkuk, wo er sich aber schlecht mit den Gouverneuren stand und auch sonst infolge der Anwesenheit eines solchen überhaupt sich wohl nicht frei und unbeschränkt genug fühlte. So wollte er denn durchaus nach Erbil versetzt werden und nebenbei, wenn schon von ihm die Rede sein sollte, auch noch eine neue Auszeichnung erlangen. Eine von früher her bestehende Bekanntschaft mit mir ausnutzend, überredete er mich, diese Sachen als ganz ratsam aufzufassen und auch in Konstantinopel so darzustellen, und siehe da, alles das geschah ohne weiteres, und zwar trotz des heftigsten Widerspruchs von Seiten des Gouverneurs von Kerkuk (mit dem ich mich deshalb fast überwarf), wie auch Nasyf Paschas, des Direktors der im Mossuler Generalgouvernement belegenen kaiserlichen Güter. Wie aber kam das? — weil es eine so klare, gerechte und nötige Sache, oder weil meine Fürsprache oder mein Einfluſs so mächtig? Durchaus nicht! Vielmehr nur deshalb, weil ich in diesem Falle für einen berühmten Räuber geschrieben und gesprochen und daher natürlich in allen Punkten unbedingt Recht haben muſste. Ich habe übrigens allen Grund, mir diese Geschichte noch jetzt zum Vorwurfe zu machen, denn wie ich höre, herrscht dieser Räuberhauptmann wie ein unumschränkter Tyrann in dem sich durch seinen Wohlstand sehr auszeichnenden Erbil. Es bleibt mir dabei natürlich nur der Trost, daſs, wenn ich dafür auch verantwortlich sein sollte, einen solchen Menschen einem Landstriche auf den Hals gehetzt zu haben, ich ja eine andre Gegend dafür von ihm befreit und somit die Summe der bestehenden Übelstände keinenfalls vermehrt habe. So geht es nun aber einmal im türkischen Reiche zu!

X.

Von Karatepe nach Kerkuk.

Ankunft in Karatepe. — Von allen Kurden als Gastfreund empfangen. — Begegnung mit dem Sohne Juamir's. — Wut und Bissigkeit eines Pferdes. — Krieg zwischen zwei Kurdenstämmen. — Eigentümlicher Waffenstillstand. — Buntscheckige Karawane. — Merkwürdiger Beschützer — Unvermuteter Reichtum mancher Diener. — Geheimhaltung des Besitzes von Geld bei den Orientalen. — Lager bei Kafri und Tuz-Khurmati. — Plünderung einer Karawane. — Zusammentreffen mit Ismaël Beg. — Aufregende Zwischenfälle. — Ismaël Beg als Räuber erkannt. — Abstecher nach Tschemtschemal und Bazian. — Der Karadagh. — Die kurdischen Weiber von Suleimanije. — Aufenthalt in Kerkuk. — Angebliches Grab des Propheten Daniel. — Lebhafter Handel in Kerkuk. — Sitz der türkischen Behörden. — Grenze der Dattelpalme.

Am Abend des 9. Mai traf ich in Karatepe ein und ward da, als auf unbestreitbar kurdischem Boden, als alter Bekannter überall aufs freundlichste begrüfst. Allen Kurden, so wurde mir mitgeteilt, sei von ihren Führern und Vorständen aufs strengste anbefohlen worden, von mir als von einem Gastfreunde aller Stämme kein Geschenk oder Bakschisch irgendwelcher Art anzunehmen und dementsprechend wurde ich denn auch gebeten, von irgend welchen Versuchen, Geschenke zu geben oder etwas zu bezahlen, abzustehen, da das die betreffenden Leute nur in Unannehmlichkeiten bringen und daher keinen Sinn haben würde. Schon zwei Stunden vor Karatepe, und zwar an der Brücke über den Naryn-Ssu, waren zehn Reiter der Hamawands, unter ihnen Juamirs kleiner Sohn, erschienen. Khudyr Agha, ein allerliebster kleiner, noch nicht voll 13jähriger Knabe, saſs dennoch natürlich auf stolzem Streithengste und war von einer schweren Militärflinte ziemlich erdrückt. Leider konnte dieses Kind so wenig mit seinem übermächtigen und wilden Pferde fertig werden, daſs dadurch einige Tage später ein gräſsliches Unglück entstand. Ohne sich von dem auf ihm sitzenden Knaben zurückhalten zu lassen, überfiel nämlich dieser Hengst plötzlich einen nebenher reitenden Kurden, und zwar wohl aus Haſs gegen den von demselben gerittenen Hengst. Demselben von hinten aufspringend, verbiſs sich das angreifende Pferd aufs fürchterlichste in das Hinterteil des auf dem angegriffenen Tiere sitzenden unglücklichen Menschen. Die ganze Szene dauerte mehrere Minuten lang und war um so peinlicher, als, wie so häufig im Oriente, alle übrigen Anwesenden, Hengste oder Stuten reitend, von denselben nicht absteigen konnten, sondern selbst alle Hände voll zu thun hatten, ihre eigenen, durch den Lärm und Anblick aufgeregten Tiere zu bändigen und von ähnlichen Angriffen auf die ihnen nächststehenden Pferde zurückzuhalten. Endlich gelang es doch einigen auf Stuten Berittenen von denselben abzusteigen, sie andern, ebenfalls auf weiblichen Tieren Sitzenden zum Halten zu übergeben und sich so zur Hilfeleistung freizumachen. Aber nur allzuviel Zeit war inzwischen verstrichen und wirklich fürchterlich waren die Wunden, die der unglückliche, endlich befreite Kurde davongetragen. Ein wütend gewordenes Pferd beiſst ja nicht allein mit seinen groben und starken Zähnen ganz fürchterlich, sondern reiſst, wenn es dazu kommt, auſserdem auch grofse Fleischstücke ganz heraus. Das geschah denn auch in diesem Falle in argem Mafse. Von den beiden Gesäfsen des Mannes war das eine durch mehrere Bisse vollständig und das andre zum Teil herausgerissen, ebenso fehlten grofse Fleischstücke aus Lenden und Rücken. Auch das Rückgrat war mehrfach von den Zähnen ergriffen gewesen, aber nicht durchbissen, da ja der Mensch sonst entweder gleich tot oder nicht mehr Herr seiner Bewegungen hätte sein können. Aber auch so lebte er nicht länger als etwa drei Stunden, da es mir mit den mir zu Gebote stehenden Mitteln natürlich nicht gelang, den ungeheuren tötlichen Blutverlust aufzuhalten, was übrigens bei der Natur der Verwundungen, die jedes Unterbinden unmöglich machten, wohl auch selbst einem guten Chirurgen schwerlich hätte gelingen können.

Nördlich von Karatepe entstand eine kleine Schwierigkeit besonderer Natur. Die in der Umgegend wohnenden Stämme der Senguinés und der Djof waren untereinander im Kriege begriffen. Die Anstrengungen des türkischen Gouverneurs von Kerkuk, sowie auch der eingeladenen Vertreter der neutralen Stämme der Hamawands und der Daoudijés, einen Frieden zu vermitteln, waren bisher noch ohne Erfolg geblieben.

Abgesehen von Einladungen, alle genannten Stämme, womöglich bis nach Persien hinein, zu besuchen, was mir damals als über die mir gesteckten Ziele hinausgehend nicht pafste, hatten die beiden sich gerade befehdenden Stämme mir je zehn ihrer Reiter geschickt, welche mich bis Altoun-Kjoepri, also etwa fünf Tage lang, begleiten sollten. Für diese Zeit und in meinem Lager einen Waffenstillstand zwischen diesen Leuten herzustellen und aufrecht zu erhalten, war nicht besonders schwer; dahingegen war es sehr umständlich, ein passendes Abkommen zustande zu bringen, auf Grund dessen Garantieen geschaffen und genau festgesetzt werden mufsten, damit die von Altoun-Kjoepri abziehenden Parteien sich nicht bekriegen, in eventuelle Hinterhalte ihrer Gegner geraten, mit einem Worte sicher in ihre Heimat zurückgelangen sollten. Allmählich einigte man sich noch in Karatepe auch über alle diese Schwierigkeiten, so dafs ich ruhig weiterziehen konnte.

An bunt zusammengesetzte Lager war ich seit lange gewöhnt, aber auf dieser Reise sollte ich darin doch ungefähr den Höhepunkt geniefsen. Man denke sich aber auch etwa folgendes: 1. Meine eigene schon ziemlich buntscheckige Karawane; 2. zwölf bereits erwähnte türkische Überläufer aus Yemen, die ich aus Arabien in ihre mehr oder weniger auf meinem Wege liegende Heimat zurückbringen sollte; 3. eine damals aus 30 Soldaten bestehende Bedeckung; 4. 50 Mann Kurden zu je 10 Reitern von den Stämmen der Daoudjés, der Hamawands, der Senguinés, der Shéhrizors und der Djofs; 5. 20 Beduinen; 6. etwa ein Dutzend Tscherkessen und endlich 7. ein paar Dutzend von allerlei Leuten, Kaufleute oder Gelegenheitsreisende mit eigenen Zelten und eigener Bedienung, die sich meiner Karawane angeschlossen hatten und so mit für sie fast vollkommener Sicherheit durchs Land ziehen wollten. Mit diesem letztgenannten Trosse hätte ich eigentlich gar nicht nötig gehabt, irgendwie in Gemeinschaft zu reisen oder zu lagern, und zwar umsoweniger, als es meistenteils nur lärmendes und wenig zusagendes Volk war, dennoch kann man auch solchem, dem Herkommen entsprechend, nicht ganz den erbetenen Schutz versagen, da das unter Umständen einer besondern Erlaubnis, diese Leute auszuplündern, gleich erachtet oder ausgelegt werden würde.

Bisweilen belustigte ich mich auch sehr über die Anstrengungen, die diese Leute machten, um z. B. mit ihren Namen in meinen Kalender hineinzukommen und dadurch gleichsam wie meine Leute, Sicherheit gegen allerlei Gefahren zu geniefsen. Das ging bisweilen so weit, dafs bei einer anderen, allerdings späteren Gelegenheit, die sich auf dem Wege von Bitlis nach Erzerum abspielte, Hadji Saleh, mein Koch, sich zum Wasserholen, Holzhacken u. dergl. einen Mann zulegte, auf den er als auf seinen von ihm beschützten, aber von ihm auch stark ausgenutzten Diener sehr stolz war. Und in der That war der Betreffende ein reicher Kaufmann, der zu Einkäufen und andern Geschäften nach Trapezunt reisend, volle 5000 Pfund in Gold mit sich führte und daher nicht wenig froh war, samt denselben in Hadji Salehs Zelt verhältnismäfsig sicher schlafen zu dürfen. Übrigens bin ich gar nicht so sicher, dafs dieser Mann, auch abgesehen von der vielen Arbeit, die er samt zweien seiner eigenen Diener für Hadji Saleh verrichten mufste, demselben nicht auch sonst noch für den gewährten Schutz ein schönes Geschenk gemacht hat.

Aber auch meine eigenen Leute liefsen es sich in unsicheren Gegenden häufig angelegen sein, mir ihre sonst am Leibe getragenen Ersparnisse in Verwahrung zu geben, und zwar in der nicht ganz unberechtigten Voraussetzung, dafs die in meinem Zelte stehenden Koffer eventuell erst zuletzt in Feindeshand geraten könnten. Unter diesen Umständen erfuhr ich denn auch zuweilen manche Geheimnisse, welche die Vermögensverhältnisse der Betreffenden angehend, von ihnen für höchst geheimzuhaltende Dinge erachtet wurden. So wurde ich denn bei solchen Gelegenheiten immer aufs dringendste gebeten, nur ja keiner sterblichen Seele zu erzählen, wieviel Goldstücke oder dergleichen der Betreffende faktisch besitze. Für meine europäischen Leser braucht das indessen doch weiter kein Geheimnis zu bleiben, und ich kann daher wohl erwähnen, dafs ich vor den mir bei solchen Gelegenheiten übergebenen Summen förmlich erstaunte und mir unwillkürlich sagen mufste, es könne vielleicht doch ganz richtig sein, wie manche sich mit volkswirtschaftlichen Fragen beschäftigende Forscher behaupten, dafs nämlich in den sogenannten (insofern das Volk dabei inbetracht kommt) armen Ländern, wie der Orient, Indien und vielleicht auch China, sich in Volkshänden aufserordentlich grofse, aber meist versteckte Baarsummen befinden. Manche meiner eigenen, zufällig gemachten Erfahrungen könnten derartige Behauptungen vielleicht unterstützen. In dieser Hinsicht entnehme ich meinem Tagebuche auf gut Glück folgende Notiz: „Am 6. Juli zur Verwahrung übernommen und in den gelben Koffern Nr. 4 und 5 weggepackt: 1. Nasroullah Shamir (einer meiner Dragomane) gehörig 132 Pfd. engl. Gold, 36 Pfd. türk. Gold, 16 Napoleons und 62 Medjidiés in Silber; 2. Guedou 110 Pfd. engl. Gold, 40 Pfd. türk. Gold, 20 Nap. und 90 Medj. Silber; 3. Hadji Saleh (mein Koch mit 160 Mark Monatsgehalt) 90 Pfd. engl. Gold, 50 Pfd. türk. Gold, 62 Nap., ein Depositenschein der Bank in Aleppo auf 180 türk. Pfd. und ein zweiter der Ottom. Bank in Konstantinopel auf 85 türk. Pfd.; 4. Mohammed Saïd (ein Reitknecht mit bei mir 40 M. Monatsgehalt) 143 Pfd. engl. Gold, 80 Pfd. türk. Gold und ein Depositenschein der Bank in

Damaskus auf 120 türk. Pfd.; 5. Seyed Ahmet (ein Reitknecht mit 40 M. Monatsgehalt, aber allerdings im Rufe stehend, jahrelang ein professioneller und erfolgreicher Räuber gewesen zu sein) 130 Pfd. engl. Gold und 60 Nap.; 6. Selim (ein Zelt- und Lagerknecht mit 32 M. Monatsgehalt) 45 Pfd. engl. Gold und 50 Nap., sowie zwei Depositenscheine der Banken zu Kairo und Bagdad zu je 30 türk. Pfd. Wie man daraus sehen kann, förmliche Vermögen von 3000 bis 4000 und noch mehr Mark! und es fragt sich wirklich, wo solche herkommen und wie sie entstehen können?

Ich brauche wohl nicht weiter zu erwähnen, dafs eine ganze Anzahl meiner oder anderer Leute, deren Vermögensumstände ich übersehen konnte, arm wie Kirchenmäuse waren und man bei denselben bisweilen auch nicht ein Silberstück zu finden vermocht hätte, dennoch wird man schwerlich den Eindruck haben, dafs das von mir Aufgezählte ausschliefslich nur Ausnahmen veranschauliche, so dafs die von mir angeregte Frage wohl offen bleiben könnte, ob nämlich wirklich nicht vielleicht bei einem grofsen Teile des für so arm geltenden Volkes im Oriente unerwartet bedeutende Geldsummen stecken dürften, welche unter einer eine gröfsere Sicherheit gewährenden Regierung zum Vorscheine kommen und als fertig vorhandene grofse Reserven sich sofort als Mittel zur raschen Entwickelung des Landes bewähren möchten. Bei etwaigem Zusammenbruche des türkischen Reiches und einem Übergange seiner von Natur so reichen, aber unentwickelten Länder in andere Hände würde die Entdeckung einer bereits vorhandenen Wohlhabenheit der betreffenden Völker den Wert der von ihnen bewohnten Gegenden natürlich noch weit gröfser erscheinen lassen, als man diesen Wert schon ohnehin in Anschlag bringt.

Am 10. Mai schlug ich mein Lager bei Kafri auf und am 11. bei Tuz-Khurmati, das ich am 12. wieder verliefs, um nach Taûk zu gehen. Da ereignete sich indessen folgender nicht uninteressanter Vorfall.

Die Nachrichten über die allgemeine Sicherheit der sogenannten Strafse lauteten im Augenblicke nicht gerade günstig. Auf mich, mit meiner Begleitung und den guten Beziehungen zu allen mafsgebenden kurdischen Stämmen, hatte das allerdings weiter keinen Bezug, wohl aber, wie man sehen wird, für andere arme Leute. Aufser den bereits erwähnten paar Dutzend mir zwar fremden, aber dennoch in mittelbarem Zusammenhange mit meiner Karawane reisenden Leuten, hatte eine von Bagdad nach Mossul gehende Karawane es sich so ausgedacht, dafs sie sich durch meinen Marsch vor etwaigen Überfällen decken würde. Zu diesem Zwecke wollte sie sich denn auch von Delli-Abbas bis Kerkuk so einrichten, dafs sie womöglich nie weiter als etwa einen Kilometer hinter mir oder besser noch einen Kilometer vor mir her marschieren würde. Da sie indessen auf die Dauer mit meiner Karawane nicht Schritt zu halten vermochte, war sie darauf angewiesen, namentlich beim Ausmarsche aus einem gröfseren Orte, viel früher als ich auszurücken, um sich dadurch einige Kilometer Zwischenraum fürs Überholtwerden zu sichern. Bei verschiedener Marschfähigkeit war dies bei Entfernungen von 40 bis 50 km zwar nicht ganz leicht durchführbar, dennoch war es einige Tage lang insofern ziemlich ausgekommen, als es der besagten Karawane doch gelungen war, bei starken Vorsprüngen am Anfange, nur ein paar Kilometer hinter mir die vorgesteckten Ziele zu erreichen. Es wäre ihr wohl auch vielleicht gelungen, so bis zu dem nur noch zwei Tagemärsche entfernten Kerkuk zu gelangen, aber echt orientalische Nach- und Fahrlässigkeit verhinderten das und kosteten den Betreffenden, wie so häufig im Oriente, entweder ihr ganzes oder wenigstens einen beträchtlichen Teil ihres Vermögens, was indessen in solchen Fällen ohne weiteres auf Allah geschoben wird. Bei Tuz-Khurmati hatte die betreffende Karawane sich auf der nördlichen Seite des Weichbildes dieses recht hübschen, wohlhabenden und durch seine grofsen Gärten recht weitläufigen Ortes gelagert, wohingegen mein Lager auf der südlichen Seite aufgeschlagen war.

So kam es denn, dafs die beiden Lager durch eine wenigstens sechs Kilometer betragende Entfernung von einander entfernt waren. Dementsprechend waren die von Lager zu Lager herüberkommenden Nachrichten nur ungenaue oder „veraltete" und das verursachte denn auch alles weitere Unglück. Die Kaufmannskarawane hielt es nach dreitägiger Erfahrung für genügend festgestellt, dafs meine Karawane das Packen um 7 Uhr morgens beginne und ich selbst um 8 Uhr zu Pferde stiege und dementsprechend auch der Vormarsch meiner Karawane zu berechnen sei.

Unglücklicherweise, wenigstens für die von den Folgen Betroffenen, hatte es sich ereignet, dafs am Vorabende einer meiner Leute durch Sonnenstich oder eine andere Ursache einen schweren Ohnmachtsanfall gehabt hatte. Dank der Anwendung drastischer Mittel, sowie auch durch Erholung, war dieser Unfall zwar glücklich vorübergegangen, verzögerte aber doch meinen Aufbruch am nächsten Morgen bis 10 Uhr. Ohne davon natürlich auch nur das geringste

— 167 —

zu wissen, brach die Kaufmannskarawane am 12. Mai in aller Frühe von Tuz-Khurmati auf. Aber noch keine zwei Kilometer von da erfuhr sie schon allerlei Schreckensnachrichten. Sie begegnete nämlich einer von Mossul kommenden, soeben von Räubern angegriffenen Karawane. Dieselbe hatte zwei getötete Menschen und drei erschossene Kamele als Verlust zu verzeichnen, war aber damit dank ihrem Widerstande, wie auch dank der bereits grofsen Nähe der Ortschaft, aus der jeden Augenblick eine Menge, durch das Schiefsen aufmerksam gewordener Soldaten hätte herauskommen können, gerettet worden. Durch solche Nachrichten, sowie auch durch den Anblick der daliegenden Menschen- und Tierleichen stark beeinflufst, hielt meine Karawane, wenn ich sie so nennen darf, natürlich an, um mein Herankommen abzuwarten. Als nun aber nach längerem Aufenthalte immer noch nichts, weder von meiner Karawane, noch auch von Räubern am Horizonte zu sehen war, beschlofs ein ad hoc zusammengetretener Kriegs- und Reiserat einen Vormarsch von einigen Kilometern zu wagen. Wie häufig bei solchen Gelegenheiten, hatten auch dieses Mal die die Tageshitze für ihre Tiere in erster Linie befürchtenden Katardjis (Maultiertreiber) eine nur allzu einflufsreiche Stimme gehabt[1]). Wohl wäre es ein Leichtes gewesen, einen Boten in mein Lager zu schicken und Nachricht darüber einzuholen, wann ich mich wirklich in Bewegung setzen würde und hätte man dann sicher erfahren, dafs das an dem betreffenden Tage erst ein paar

---

[1]) Es mag hier erwähnt werden, dafs irgendwie bekannte Maultiertreiber sich im Oriente so gut wie gar nicht vor Räuberüberfällen fürchten, da bei solchen ihre Tiere aus Nützlichkeitsgründen der Wegelagerer nie weggenommen werden. Wohl sind die besten Maultiere von 20 bis 35 türk. Pfd. (368 bis 640 Mark)

Stunden später als gewöhnlich stattfinden würde. Aber, wie schon gesagt, war solche Vorsorge selbst bei sonst grofser Angst und schwierigen Verhältnissen immer noch für orientalische Fahrlässigkeit eine zu grofse und weitläufige, als dafs man sich ihr unterzogen hätte.

So brach denn das Unglück über die betreffende Karawane auch richtig herein, denn kaum hatte sie noch ein paar Kilometer zurückgelegt, so wurde sie auch schon durch eine so übermächtige Bande von Räubern angehalten, dafs an Widerstand gar nicht zu denken war. Sie ergab sich denn auch ohne weiteres und wurde mit Ausnahme der Maultiere und Kamele fast buchstäblich bis aufs Hemd ausgeplündert. Auch einige zu dieser Karawane gehörende Privatpersonen erlitten bei dieser Gelegenheit für sie geradezu entscheidende Verluste, so z. B. ein türkischer Major, der ein kostbares Pferd für den Sultan nach Konstantinopel gebracht und nun über Suez, Bombay und Bassorah auf dem Rückwege in seine Heimat, nach so grofser Reise und nur noch wenige Stunden von da entfernt, sein ganzes Hab und Gut verloren, das aus 300 Pfd. in Gold und einer soeben in Konstantinopel angeschafften neuen Ausrüstung bestand. Desgleichen war ein armer, in türkischen Militärdiensten stehender polnischer Arzt eines grofsen Teiles seiner langjährigen Ersparnisse beraubt worden. Doch es würde mich zu weit führen,

---

pro Stück wert, also oftmals viel teurer als die von ihnen beförderten Waren. Dennoch werden, wie gesagt, diese Tiere nicht weggenommen, da anderenfalls nach einigen derartigen Fällen gar keine Karawanen mehr gehen würden. So aber finden die Kaufleute immer sehr leicht die betreffenden Transportmittel und fahren daher fort, auf aufserordentlich hohe Preise rechnend, mit dem glücklichen Durchbringen von Warentransporten gewissermafsen wie in Europa an der Börse zu spielen.

wollte ich alle diese ebenso traurigen, wie auch charakteristischen Umstände noch genauer beschreiben und hervorheben. Einige Stunden später kam ich nun desselben Weges daher, ohne von dem vorgefallenen Trauerspiel auch nur das geringste zu ahnen. Dafs überhaupt da irgend etwas vorgefallen, erfuhr ich erst durch den Anblick der am Wege liegenden toten Körper. Genaueres darüber sollte ich erst unterwegs, sowie bei meiner Ankunft in Taûk vernehmen.

Einige Stunden lang weiter ziehend, bemerkte ich nichts Auffallendes, dann aber, als ich hinter meiner Karawane zurückbleibend, mich gerade, wie bisweilen einmal am Tage, zu einer Tasse Kaffee nebst Cigarette am Wege hingesetzt hatte und sogar halb eingeschlafen war, hiefs es plötzlich: Reiter in Sicht. Rasch zu Pferde steigend, beeilte ich mich, sei es auch nur, um Mifsverständnissen zuvorzukommen, meine Karawane zu überholen. Von allen Seiten kamen Reiter, wohl etliche hundert an Zahl heran. Sehr bald fiel mir eine Hauptgruppe in die Augen, auf die ich zuritt und an ihrer Spitze richtig auf die Hauptperson unter den Anwesenden stiefs. Von den üblichen Höflichkeitsredensarten absehend, stellte sich im wesentlichen folgendes heraus: Es war Ismaïl Beg, der Chef einer Abteilung des kurdischen Stammes der Daoudijés, der 800 waffenfähige Männer aufstellen kann; er wohnt persönlich in einem gleich am Wege liegenden Gehöfte oder kleinen Dorfe, in das er mich zu einem Kaffee einlud. „Sie haben wohl schon gehört", so sprach Ismaïl Beg zu mir, „dafs vor ein paar Stunden hier eine Karawane von Räubern angefallen, aber mit einem Verluste von ein paar Menschen und Kamelen doch noch glücklich nach Tuz-Khurmati durchgekommen, eine zweite Karawane hingegen vollständig ausgeplündert worden ist."

Natürlich, so erklärte er mir weiter, sind es wieder Hamawands, die diesen unverschämten Schlag verübt, und kann man ja daraus ersehen, wie diese Hamawandgeschichten hier wieder schweija, schweija (bischen zu bischen) nach alter Art und Weise losgehen werden.

Solche Unterhaltung berührte mich natürlich um so peinlicher, als sich, während dieselbe stattfand, unter meiner Umgebung auch zehn Hamawands befanden; dabei war nun aber schon nichts zu machen, als höchstens diese peinliche Geschichte möglichst mit Stillschweigen zu übergehen. So safs ich denn starr und noch vornehmer und zerstreuter als gewöhnlich auf meinen Teppichen und Kissen da und suchte den Schein zu erzeugen, als ob es kaum möglich sei, mir den tieferen Sinn und Zusammenhang der Angelegenheit recht verständlich zu machen. Ismaïl Beg hatte indessen offenbar beschlossen, sich durch gar nichts irre machen zu lassen, mir vielmehr alle ihm nötig erscheinenden Einzelheiten ausführlich beizubringen. So fuhr er denn auch in seiner Schilderung ruhig fort.

„Sehen Sie", so sprach er weiter, „bekannt als der Staatsgewalt und ganz besonders dem Sultan Hamid ergebener Mann, habe ich denn auch meinerseits jeder Zeit das Äufserste zur Sicherheit dieser Strafse beigetragen, trotzdem mir solche Anstrengungen schon oft grofse Opfer gekostet und gleichzeitig nur Undank von Seiten der so ungerechten türkischen Verwaltung eingetragen haben. Natürlich weifs der Sultan von alledem nichts, ist daher an allem Vorgehenden unschuldig und fahre ich somit fort mein Bestes zu thun." „Auch heute", so erzählte er weiter,

„habe ich mich bei der ersten Nachricht über das Vorgefallene sofort aufgemacht, um die Räuber womöglich gleich einzufangen, und so sehen Sie mich denn jetzt eben mit mehr als 400 meiner Leute mit solcher Jagd beschäftigt. Leider ist mir diesmal die Mehrzahl der Übelthäter entronnen, einen Teil derselben habe ich aber dennoch dank der Güte meines Pferdes überholt und es gelang mir dabei, ihren Führer durch einen glücklichen Schufs niederzustrecken. Es war Jakub Agha, ein Schwager des, wie ich sehe, in Ihrer Begleitung hier anwesenden Daulat Yar."
„Was", schrie nun der bei diesen letzten Worten aufspringende und nach seinem Gewehre greifende Daulat Yar, „meinen Schwager Jakub hast Du Hund soeben erschossen u. s. w." Glücklicherweise waren eine Menge unparteiischer Kräfte vorhanden, die weiteren Mord und Totschlag zwischen Hamawands und Daoudijés zu verhindern vermochten, dennoch war es eine Zeitlang eine ganz aufregende Scene, mit deren weitläufiger Beschreibung ich den Leser indessen nicht aufhalten will. Zum Schlusse meinte Ismaïl Beg, er habe mir ja nur das Vorgefallene mitteilen wollen und nun, am Ende seiner Erzählung, zeigte er sogar die dem soeben gefallenen Hamawand abgenommene Beute. Sie entstammte offenbar der beraubten Karawane und ich nahm die betreffenden Sachen wirklich mit, um sie dem Besitzer, der sonst wohl auch das nie wiedergesehen hätte, auszuliefern. Es waren eine goldene Uhr nebst Kette, ein silbernes Tafel- resp. Reisebesteck, eine Brieftasche mit Papieren und ein Portemonnaie mit etwa 10 Pfd. an Geld, sowie auch noch einige offenbar einem Offizier gehörige Gegenstände: Epauletten, einige Dekorationen, Handschuhe u. dergl. Wie sich später

herausstellte, gehörte das alles dem bereits erwähnten türkischen Major. Die 300 Pfd., die sich in seinen Koffern befunden hatten, blieben allerdings samt andern Sachen verloren, dennoch war er, als ich ihm alles Erwähnte zurückbrachte, glücklicher als andere, und zwar umsomehr, als er aufserdem auch noch sein ziemlich wertvolles Pferd dadurch gerettet, dafs er, einige ihm nachgesandte Kugeln nicht achtend, sich darauf vor dem Überfalle nach Tuz-Khurmati gerettet hatte. Einen Augenblick hatte ich wohl noch die Absicht, event. ein paar Kilometer „da weiter hinter den Bergen" hinüberzureiten, um den Körper des getöteten Hamawands zu identifizieren. Ich sagte mir indessen, und zwar besonders als man mir mitteilte, der Weg bis zur Leiche sei ein äufserst schwieriger, dafs ich mich eigentlich schon genug in diese Sache eingemischt und daher wohl ruhig weiter ziehen könnte. So verabschiedete ich mich endlich von Ismaïl Beg, der dabei nicht ermangelte, mir aufs dringendste ans Herz zu legen, ich möge doch nur ja mit den Gouverneuren von Kerkuk wegen seines, Ismaïl Begs, Sohnes sprechen, der seit mehr als einem Jahre höchst ungerechter Weise im Kerker sitze, was um so empörender sei, als sein Vater, d. h. er Ismaïl Beg, sich im Interesse der Regierung auf so loyale Weise um die Sicherheit dieser wichtigen Strafse wie auch noch auf andere Art, die hier anzuführen zu weitläufig wäre, verdient mache.

Nach Anhörung und Erledigung alles dieses machte ich mich endlich wieder auf den Weg, um meine, unterdessen weiter gezogene Karawane einzuholen. Zum bessern Verständnis aller dieser Geschichten will ich schon hier erwähnen, dafs, wie es sich sehr bald herausstellte, Ismaïl

Beg mich in jeder Hinsicht schmählich belogen hatte. Denn nicht die Hamawands, vielmehr er selbst war es gewesen, der die beiden Karawanen angegriffen und die zweite so vollständig ausgeplündert hatte. Unabhängig von andern Beweisen, wie z. B. die Art der Gewehre, mit denen er und seine Leute bewaffnet waren, war er auch persönlich von mehreren Leuten aus der beraubten Karawane erkannt worden. So waren denn auch alle übrigen Einzelheiten seiner „Räubergeschichte" vollständig erfunden, bis auf den allerdings wahren Umstand, dafs er selbst der Räuber gewesen. Was endlich seinen, so ungerechter Weise in Kerkuk gefangen gehaltenen Sohn anbetrifft, so liefs ich mir denselben später vorführen; derselbe wagte gar nicht einmal in Abrede zu stellen, dafs er infolge dreier wirklich verübter Morde in Untersuchung sei. Allerdings behauptete er wohl, durch früher vorgefallene Dinge von seinen Gegnern herausgefordert gewesen zu sein, aber das war natürlich eine ganz andere Sache! Die Hamawands triumphierten natürlich über diese Geschichte und bemühten sich aufs eifrigste darum, dafs dieselbe nur ja in Konstantinopel im richtigen Lichte dargestellt würde, als hervorragendes Beispiel, wie man ihnen allerlei Übelthaten auf die Rechnung setze, die sie gar nicht verübt, für die man sie aber dennoch verantwortlich mache.

Von Taûk ging ich nicht gleich direkt nach Kerkuk, entschlofs mich vielmehr, da ich Tschemtschemal, Bazian und Gülenhove besuchen wollte, zu einem mehr als 200 km betragenden Umwege. Den auf diesem Wege liegenden Karadagh finde ich auf allen Karten kaum als Bergzug angedeutet, dennoch halte ich ihn für bedeutend höher als den Hamrin. Was aber die zwischen Bazian und Gozeln (?)

liegenden Berge betrifft, so sind dieselben recht bedeutend, wie denn überhaupt diese ganze Gegend den Namen einer wilden und zerklüfteten verdient.

Die kurdischen Weiber dieser Gegenden wie auch überhaupt der ganzen Gegend von Suleimanije sind im ganzen Oriente durch drei Eigentümlichkeiten berühmt: 1. sie sind fast ausnahmslos sehr schön, 2. sie gehen unverschleiert und 3. gilt es nicht für eine Schande, wenn eine derselben, obwohl zum Harem eines bedeutenden Häuptlings gehörig, dennoch in ziemlich schamloser Art die Bekanntschaft eines andern Mannes macht. Es wird dabei allerdings vorausgesetzt, dafs der betreffende fremde Mann natürlich ein „Gläubiger" und aufserdem auch ein spezieller Gastfreund des Hausherrn sein müsse, wie auch, dafs letzterem selbst es obliege, seine Weiber seinem Gaste vorzustellen. Als ich bei einigen derartigen Gelegenheiten die Bemerkung machte, ich sei ja ein Christ, wurde das als nicht hinderlich bezeichnet, und es hiefs: mein Christentum sei überhaupt zweifelhaft, jedenfalls aber habe man es in Arabien und andern mohammedanischen Ländern immer unbeachtet gelassen, und könne es damit daher auch weiter so bleiben. Wie man auch daraus ersehen mag, ist es mit dem mohammedanischen Fanatismus, wenn es den Leuten sonst pafst, nicht so arg, wie man es häufig voraussetzt, beschreiben hört und liest oder auch wie dieser Fanatismus sich gelegentlich selbst zeigt.

Infolge dieses bedeutenden Umweges resp. Abstechers kam ich in Kerkuk erst am 18. Mai an und beschlofs, mich dort zwei Tage aufzuhalten. Dies war schon der vielen da auszutauschenden Besuche wegen nötig, da Kerkuk ein verhältnismäfsig bedeutender Ort ist. Nach amtlichen Angaben, die in der Türkei aus mancherlei Gründen immer eher als zu niedrig angenommen werden müssen, hat Kerkuk 17500 Einwohner. Aufserdem stand da zu meiner Zeit ziemlich viel Militär, etwa 4500 Mann.

Allzuviel ist dennoch über Kerkuk nicht zu sagen, und ich fasse daher alles Wichtige in Kürze folgendermafsen zusammen. Es ist der Hauptort eines, unter dem Mossuler Generalgouverneur stehenden, auch den, kurdischer Stammverhältnisse wegen wichtigen Distrikt von Suleimanije in sich schliefsenden, Sandjaks (Provinz).

Die auf einem ziemlich steilen Hügel liegende alte Citadelle gilt der Sage nach für sehr stark und es mag bei kräftiger Verteidigung auch wirklich sein, wenn man von unserer neuesten, ja so ziemlich alles zerstörenden Artillerie absehen wollte. Der Überlieferung gemäfs liegt in der Citadelle von Kerkuk unter der, auf den Grundmauern einer uralten christlichen Kirche erbauten Moschee der Prophet Daniel begraben.

Der Handel von Kerkuk gilt für ziemlich lebhaft, wie denn auch überhaupt, nach dem Leben und Treiben auf den Strafsen, in den Bazars und Kaffees zu schliefsen, die Bewegung des ganzen Ortes als eine ziemlich muntere bezeichnet zu werden verdient.

Aufser den türkischen, hier ihren Sitz habenden Behörden, wohnt hier auch der kurdische Scheik: Scheik Ali Ibn-Scheik Abdourrachman, einer der in spiritualistischer Beziehung augenblicklich hervorragendsten und einflufsreichsten Männer in Kurdistan. Da ich seiner erwähne, mag es als Merkwürdigkeit noch hervorgehoben werden, dafs in seinem auch sonst recht hübschen Garten eine Dattelpalme steht, die als die letzte auf dieser Seite des

Orients fruchtbringende ihrer Art gilt und als solche auch bewundert und sorgfältig gepflegt wird.

Insofern als die Gärten von Kerkuk in Betracht kommen, verdient auch der zum Serai (Gouvernementsgebäude) gehörende Garten Erwähnung, denn derselbe ist nicht allein grofs, sondern auch sehr wohlgepflegt, durch zahlreiche kleine Kanäle vortrefflich bewässert, voll mannigfaltigster, schöne Alleen, Gruppen und Lauben bildender Bäume und endlich auch, der bekannten Liebhaberei der Türken entsprechend, reich an Blumen in vorzüglichster Auswahl.

Wohl schlug mir der Gouverneur vor, mein Lager im Schatten dieses schönen Gartens aufzuschlagen, doch erschienen mir dazu die betreffenden freien Plätze nicht ausreichend, und auf eine event. Teilung meines Lagers liefs ich mich in diesem Falle ebenso wenig als auch sonst ein, da ich niemals darauf verzichten mochte, alle meine Leute und Tiere jederzeit unter den Augen zu haben.

XI.

Von Kerkuk nach Mossul.

Die goldene Brücke über den kleinen Zab. — Ihre Geschichte. — Gefährliche Lage des Reisenden beim Ritt über dieselbe. — Unbekannter Weg nach Mossul. — Gewöhnlicher Weg über Erbil. — Schlachtfeld von Arbela. Vorteile des unbekannten Weges. — Ungenauigkeit der Karten dieser Gegend. — Kolonisation derselben in den letzten zehn Jahren. — Kabinetsgüter des Sultans. — Zahlreiche Dörfer. — Gräber der Söhne Husseyns im Karatschokhgebirge. — Fort Machmur. — Schweres Hagelwetter. — Lager beim Dorfe Wadi-Bischara. — Arabischer Fuchshengst. — Ankunft am grofsen Zab. — Hochwasser. — Erkrankung der berühmten Stute Farha. — Übersetzen über den Fluss. — Über die Schwierigkeit, Neuerungen oder Verbesserungen unter türkischer Verwaltung einzuführen. — Cisternen und alte Wasserleitung nach den Gärten von Nimrud. — In Aussicht genommener Kanal bei der sogenannten Nimrudsbrücke. — Der Tigris schafft sich selbst ein neues Bett. — Ruinen von Nimrud. — Keilschriftplatten. — Verbot der Ausfuhr von Altertümern. Parforceritt nach Mossul.

Von Kerkuk am 20. Mai aufbrechend, lagerte ich noch am selben Abend in Altun-Kjoepri resp. an der über den kleinen Zab zum Städtchen führenden grofsartigen Brücke. Diese Brücke, 1586 für den Feldzug Sultan Murads III. gegen Persien erbaut, ist ein so grofsartiges Bauwerk, dafs man es in Europa wohl besonderer Abhandlungen wert erachten würde. Sie heifst die goldene Brücke (Altun oder auch Altyn = Gold und Kjöpri = Brücke), weil der Überlieferung gemäfs, sie so viel gekostet hat, dafs der Sultan, über die Höhe der ihm darüber vorgelegten Rechnungen erzürnt, nicht allein dieselben verbrennen und die Baumeister bestrafen liefs, sondern auch selbst, anstatt den Flufs auf der Brücke zu überschreiten, es vorzog, unter derselben zu Pferde durch das an dieser Stelle sehr mächtig dahinströmende Wasser zu schwimmen.

Mein Zelt stand, wie schon früher einmal, hart an dem Aufgang zur Brücke und gleichzeitig auch an dem hier einen Abgrund bildenden Ufer des Flusses, der, zwischen den auf beiden Seiten liegenden Felsen eingezwängt, schäumend und rauschend in der Tiefe vorüberbraust. Das Ganze ist ein im höchsten Grade malerisches Bild, so dafs ich mich schon seit einiger Zeit darauf gefreut hatte, mein Lager wieder einmal auf dieser schönen Stelle aufschlagen zu können. In einem riesigen Hauptspitzbogen, von dem dann ein zweiter kleinerer zum andern Ufer hinabführt, wölbt sich die Brücke geradezu in schwindelerregender, wohl mehr als 30 m betragender Höhe über der Tiefe und erscheint noch um so kühner und schreckhafter, als trotz der ungeheuren Höhe des Bogens derselbe so schmal ist, dafs die ganze Breite der Brücke kaum $2^1/_2$ m beträgt (man denke sich das bei der Höhe!!). Da aufserdem die Brustwehr kaum $1/_2$ m hoch ist, so macht das Hinaufreiten auf dieses sehr steile, kolossale Bauwerk einen geradezu unheimlichen Eindruck, der durch das Gebrause des Wassers unten natürlich noch erhöht wird.

Aus all diesen Gründen kam es denn auch, dafs, als ich bei einer früheren Gelegenheit zum erstenmale über diese Brücke reiten mufste und noch dazu auf einem etwas unruhigen und scheuen Pferde, dies unter ziemlichem Herzklopfen geschah. Ich leide zwar nicht an Schwindel, dennoch aber war es nicht angenehm, hoch vom Pferde

hinab nur auf ein paar Fufs Entfernung, nicht allein selbst
auf beiden Seiten in die Tiefe schauen zu müssen, sondern
auch zu gewahren, wie das unerfahrene Pferd, um sich vor
dem entsetzlichen Anblick auf der einen Seite zu retten,
gleich bereit war, über das kaum schritthohe Geländer der
andern Seite hinwegzustolpern und dabei kaum noch Zeit
hatte zu bemerken, dafs es da ebenso schrecklich oder
vielmehr durch die gröfsere Nähe noch viel fürchterlicher
sei. Glücklicherweise war es indessen ein kluges arabisches
Tier, das sich sehr rasch darüber klar wurde, dafs eine
Rettung oder ein Ausweg aus so greulicher Lage nur nach
vorn zu suchen sei, und so stürzte es denn auch, einen
Vordermann fast in die Tiefe schleudernd, vorwärts und
im Galopp die andere abfallende Seite der Brücke hinunter.
Wohl hatte ich eine solche aufregende Szene schon am
Tage vorher als möglich oder sogar wahrscheinlich voraus-
gesehen und wäre daher am liebsten zu Fufs über diese
Brücke gegangen oder hätte wenigstens ein anderes Pferd
als Herrn Bacht-Nassyr[1]) (der Name des eben erwähnten

---

[1]) Der arabische Name für Nebukadnezar. In wörtlicher
Übersetzung und noch dazu in Verbindung mit Marzuk heifst
es soviel wie: der älteste Sohn resp. der Sohn kataxochen (the
son, wie man auf englisch sagen würde) des Sieges und gleichzeitig damit auch in Doppelbedeutung: der unaufhaltsam (gewissermafsen gen Licht und Sonne) Aufsteigende, also gleichsam
„Excelsior".

Als manche Verhältnisse, Vorurteile und Aberglauben recht
bezeichnend, mag hier erwähnt werden, dafs, als der frühere
Besitzer dieses Pferdes dasselbe zu den Rennen in Bombay
schickte, in Bagdad beim Kadi eine Klage eingebracht wurde,
dahin lautend, dafs es nicht statthaft sei, einem Pferde einen
solchen Namen beizulegen, es nach einem solchen Könige zu
benennen. Der wirkliche Hintergedanke bei dieser Klage war
der Aberglaube, dafs der betreffende Name wie ein Zauber wirke

Tieres) geritten. Daran war aber, trotz aller Lust es zu thun, nicht zu denken, da es mir von allen meinen kurdischen und andern Begleitern natürlich als Angst meinerseits (was es auch war) ausgelegt worden wäre, und ich in ihren Augen jede Achtung und Einfluſs auf alle Zeiten unwiederbringlich verloren hätte, ein Risiko, das jedenfalls noch viel gröſser war als auf Nebukadnezars Rücken über die fürchterliche Brücke zu reiten.

Schon am Abend vor diesem unangenehmen Ritte hatte ich, wenn auch mit möglichster Vorsicht, Erkundigungen darüber eingezogen, ob und wie groſs wohl jährlich der Schaden sein möge, der durch die Niedrigkeit des Brückengeländers infolge des Hinabstürzens von Kamelen oder gar Maultieren und Pferden entstehe. Dabei erfuhr ich denn, daſs Kamele ziemlich oft hinunterstürzten, Pferde aber seltener und Maultiere nur ganz ausnahmsweise.

Schon seit Jahren, so erzählte man mir bei dieser Gelegenheit, seien Vorschläge und Schreibereien darüber im Gange, die Brückengeländer wenigstens noch um ein paar Fuſs höher aufzumauern, es sei aber bisher noch immer nichts aus diesen Vorschlägen geworden, da die Regierung, der diese Ausgabe obliegen würde, sich nicht dazu entschlieſsen könne, die betreffenden zu dieser Verbesserung nötigen 50 Pfd. anzuweisen. Der Pächter der Brücke aber, der für dieselbe ohnehin 80000 Mark jährlich

---

und daher auf unrechtmäſsige Weise die Unbesiegbarkeit mit sich bringe. Im Volksbewuſstsein und in der Volksüberlieferung des Orients herrschen zwei weltgeschichtliche Namen, Bacht-Nassyr = Nebukadnezar und Doul-Karneïn = der Hörner Tragende = Alexander und erst sehr weit, und trotzdem der Koran so viel von ihnen spricht, hinter den Genannten kommen der Melik Selman (König Salomo), Cyrus u. A.

bezahle, sei ja bei der Frage nicht interessiert, ob einige Tiere mehr oder weniger in den Flufs fielen.

Ein in seiner Art ziemlich interessantes Schauspiel wird dem hier vorbeikommenden Reisenden auch damit vorgeführt, dafs etliche arabische und kurdische Knaben für einige Piaster ebenso gern wie geschickt den gewaltigen Sprung von der Höhe der Brücke in das unten dahinfliefsende Wasser ausführen.

Von Altun-Kjöpri nach Mossul beschlofs ich einen ganz neuen, Europäern wohl kaum bekannten Weg einzuschlagen. Der gewöhnliche Weg geht über Erbil, das insofern belangreich ist, als man da auf dem Schlachtfelde von Arbela, wo Alexander das persische Weltreich endgültig zertrümmert und die Geschichte in neue Bahnen gelenkt hat, zu allerlei historisch-philosophischen Gedanken und Grübeleien angeregt wird. Solchen Luxus hatte ich mir indessen schon einmal gestattet und verzichtete daher darauf um so eher, als zu Gunsten des neu einzuschlagenden Weges verschiedene Vorteile für mich inbetracht kamen. Bevor ich nach Mossul gelangen konnte, mufste ich in jedem Falle den grofsen Zab überschreiten, einen Flufs, der nicht allein der bedeutendste Nebenflufs des Tigris, sondern auch ein in jeder Hinsicht und sogar durch seine Wassermasse, Breite und reifsende Strömung sehr ansehnliches Gewässer ist. Meine Achtung vor demselben war eine um so gröfsere und regere, als meine Erinnerung es mir vormalte, wie ich schon einmal früher beim Dorfe Kelek über den Zab gegangen, und wie es damals 14 Stunden fürchterlichster Arbeit bedurfte, um mit meiner Karawane hinüberzukommen. Wohl hatten damals Hochwasser, ein schreckliches Unwetter und eine sehr verfaulte Barke alle Arbeiten aufs äufserste erschwert, die Pferde und Maultiere hatten hinübergeschwemmt werden müssen und dergleichen mehr; Hochwasser war indessen auch diesmal wieder eingetreten, jene verfaulte Barke war noch immer vorhanden und unterdessen noch älter und somit gewifs nicht besser geworden, und auch der dritte Übelstand, Unwetter, Hagel, Wolkenbruch, konnte unter dem Einflusse der unweit Erbil belegenen grofsen Berge jeden Augenblick ganz leicht eintreten.

Solchen Unannehmlichkeiten gegenüber war ich natürlich sehr geneigt, allerlei andere Kombinationen viel eher zu versuchen, als wieder bei Kelek über den Zab zu gehen. So wurde denn nach reiflichster Überlegung und nach mehreren grofsen darüber abgehaltenen Reiseratssitzungen beschlossen, über den Zab weit unterhalb zu gehen, und zwar fast an der Stelle, wo er sich in den Tigris ergiefst. Aller menschlichen Einsicht gemäfs hätte der Flufs da eigentlich noch viel mächtiger sein müssen als bei Kelek, das schien aber kaum gegen die andern Vorteile weiter inbetracht zu kommen. Einerseits konnte ein Flufsübergang schwerlich schlechter sein als derjenige bei Kelek und anderseits, so hiefs es, sei die Barke an der neu zu wählenden Stelle eines der prachtvollsten und sichersten Schiffe, die überhaupt denkbar, wie denn überhaupt von diesem, der Verwaltung des Sultans gehörigen und thatsächlich 7000 bis 9000 Mark monatlicher Pacht eintragenden Boote nicht anders als von einem Schiffe die Rede war. Wenn ich von allen darauf bezüglichen überschwenglichen Beschreibungen, orientalischen Verhältnissen gemäfs, auch 90 Prozent wegstrich, so blieb immer noch genug übrig, um mir vorzustellen, dafs das betreffende Boot gegebenenfalls wohl auch zu gröfseren Reisen auf hoher See geeignet sein dürfte, und dafs es daher wirklich eine gute Gelegenheit sei, auf solchem aufsergewöhnlichen Fahrzeuge über einen gewöhnlichen Flufs zu setzen. Aber auch abgesehen von diesem ebenso grofsen wie verführerischen Vorteile kamen für mich auf dem neuen Wege verschiedene andere Interessen in Betracht, und zwar besonders dreierlei: 1. sollte ich dabei durch eine, Europäern, soweit man feststellen konnte, ganz unbekannte, oder wenigstens in ihrer neuen Kulturform nicht bekannte Gegend kommen; 2. sollte ich auf diesem Wege, kurz vor Mossul, auch die Überbleibsel von Nimrud besuchen und endlich 3. konnte ich mir dabei die Örtlichkeiten ansehen, von denen damals gerade viel die Rede war, im Zusammenhange mit einem zu erbauenden Kanale, der den Tigris durch Umgehung der sogenannten Nimrudsbrücke für Dampfer schiffbar machen sollte.

Alles dies war natürlich mehr als genügend, um mich zum Einschlagen des neuen Weges zu bestimmen.

Entgegen der jetzt bestehenden Wirklichkeit, ist für die ganze Gegend nordwestlich von Altun-Kjöpri und nördlich vom kleinen Zab bis zum Tigris und dann auch über den grofsen Zab hinaus, noch weiter nördlich bis nach Mossul, auf allen Karten nichts verzeichnet als etwa die Namen: Schamamek (ein sogenanntes Dorf), Karakusch und etwa noch der Karatschokh als Bergrücken und der Matrika-Déré als Flufs. Als eben solche Wüste ist dann auf allen mir bekannten Karten auch noch das andere westliche Ufer des Tigris verzeichnet. In neuerer Zeit entspricht das nun aber (auch abgesehen von anderen Mifsverständnissen [1]) längst nicht mehr den thatsächlichen Verhältnissen,

---

[1]) Es giebt kein den Namen Karakusch tragendes Dorf; wohl aber werden zwei Landschaften in dieser Gegend in der

denn wie ich auf meinem Zuge durch die soeben angedeutete Gegend gewahrte, ist dieselbe nicht allein keine Wüste, sondern vielmehr eins der angebautesten und reichsten Gebiete, die man in der asiatischen Türkei nur sehen kann.

Dieses ganze Gebiet ist nämlich ungefähr seit den letzten zehn Jahren von der Verwaltung der Kabinetsgüter des Sultans[1]) mit grofsem und für die Einnahmen Sr. Majestät sehr vorteilhaftem Erfolge kolonisiert worden.

Weise benannt, dafs die östliche Karakusch und die westliche Kenninava heifst. Den auf allen Karten sehr auffallend als Nebenflufs des Zab eingezeichneten Matrika-Déré habe ich nirgends festzustellen vermocht, und mein darauf bezügliches Fragen war ganz vergeblich, da kein Mensch von etwas Ähnlichem gehört hatte; ich selbst bekam, zwischen Altun-Kjöpri und dem Zab auch nicht einen Bach zu sehen aufser einige hundert Schritt vor dem Zab eine Art Graben, der gleichsam als Überschwemmungsarm dieses Flusses aufzufassen war.

[1]) Die Kabinetsgüter des Sultans, also die unter der Verwaltung der sogenannten Senija stehenden Besitzungen sind sehr bedeutend und besonders unter der jetzigen Regierung aufserordentlich angewachsen. Gegenwärtig ergeben sie einen Reinertrag von mindestens einer Million türk. Pfd. (etwa 17½ Millionen Mark) jährlich, nach andern Aussagen aber noch mehr, und wenn, wie vorauszusehen, sich das dem Vorhergegangenen gemäfs, auch fernerhin entwickeln sollte, so könnten die Einnahmen des Sultans aus dieser Quelle sich in weitern zehn Jahren wohl auch noch verdoppeln und verdreifachen, und zwar eventuell um so eher, als solches eigentlich nur von dem Willen der Senija-Verwaltung abhängt. Die weitere Ausdehnung dieses Besitzstandes geschieht hauptsächlich auf zweierlei Arten: 1. durch den Ankauf immer neuer Güter und 2. durch Kolonisation unbebauter Strecken. Beides geschieht in grofsem Mafsstabe und mit eben so grofsem Erfolge. Bei der im Orient verhältnismäfsig grofsen Armut an bedeutenden Kapitalien in privaten Händen, bei dem Bestreben, das Vorhandensein solcher Kapitalien, wenn ausnahmsweise vorhanden, dennoch geheim zu halten, bei dem Nichtvorhandensein von Agrarbanken oder dergleichen, bei der erklärlichen Unlust von Privatleuten, bei etwaigen Versteigerungen oder sonstigen Verkäufen von Gütern als Mitbewerber

Laut den mir von den betreffenden Beamten gemachten Mitteilungen zählt man in der angedeuteten Gegend auf beiden Seiten des Tigris jetzt bereits 380 Dörfer verschiedener Gröfse, und zwar etwa 300 auf der östlichen und 80 auf der westlichen Seite des Flusses. So viel ich

---

oder somit gar als Gegner des Sultans aufzutreten, bei allen diesen zusammenwirkenden Bedingungen bedarf es wohl nicht der Anführung weiterer Einzelheiten, um klar zu stellen, wie die, noch dazu über beliebige Barmittel verfügende Senija-Verwaltung jederzeit in der vorteilhaftesten Lage ist, irgend welche Güter, die infolge von Erbteilungen, Schulden, Prozessen oder sonstigen Verhältnissen zum Verkaufe kommen, leicht und um ein billiges zu erwerben. Bei einer ganzen Anzahl mir selbst bekannter Fälle gelang es der Kabinetsverwaltung, Güter zu einem Preise zu kaufen, der bereits im zweiten Jahre durch die regelmäfsigen Einnahmen gedeckt war, und als Regel zahlt die erwähnte Verwaltung für Neuzuerwerbendes wohl kaum je mehr als das vierfache oder in ganz aufserordentlichen Fällen das fünffache der sicheren Jahreseinkünfte. Bei etwaiger Besiedelung unangebauter, bisweilen vom prachtvollsten Boden strotzender Strecken, bietet die Senija den betreffenden Kolonisten dabei sehr entscheidende Vorteile, und zwar sind z. B. die auf Gütern des Kabinets ansässigen Kolonisten und Bauern nicht allein vor Bedrückungen und Belästigungen seitens irgend welcher Verwaltungen, Polizei und dergl., sondern auch gegen Räubereien und Überfälle von Beduinen, Kurden und Tscherkessen mehr als irgend welche andere Bewohner der Türkei geschützt, was nicht wenig sagen will!

Bisweilen streckt die Senija-Verwaltung kolonisationslustigen Leuten sogar Barmittel vor zur Anschaffung des ersten Viehes und zur Aufführung von Gebäuden.

Unter solchen Umständen wird man denn auch verstehen, wie leicht es der Senija gelingt, einen unbewohnten Landstrich bisweilen schon in wenigen Jahren in eine ganz blühende und von Dörfern schier bedeckte Landschaft zu verwandeln.

Die bedeutendsten und einträglichsten Güter des Sultans befinden sich in den Provinzen von Bassorah, Bagdad und Mossul, und die Einnahmen aus diesen Privatgütern des Monarchen ergeben ungefähr die Hälfte aller im ganzen Reiche belegenen Senija-Besitzungen.

von dieser Gegend gesehen, kann das schon möglich sein, denn während meiner ganzen, hier etwa 200 km betragenden Reise war ich ganz überrascht durch den Anblick zahlreicher durch ihre Wohlhabenheit, durch schönes Vieh und dergleichen mehr sich auszeichnende Ortschaften. Der Leser muſs bei solcher Schilderung natürlich nicht gleich an die bebautesten Gegenden Europas denken; für Asien aber, und auch im Vergleich mit guten Gegenden des reichen Anatolien, verdient das hier Beschriebene doch die Bezeichnung von „sehr blühend".

Am 21. Mai lagerte ich beim Dorfe Dibbeke, einer Ortschaft, die ich auf wenigstens 3500 bis 4000 zum kurdischen Stamme der Disdei gehörende Einwohner schätzen möchte. Nach ihren Wohnungen, wie auch aus ihrem ebenso zahlreichen wie prachtvollen Viehstande zu schlieſsen, müssen diese Leute sehr wohlhabend sein. Das Rindvieh, die Büffel, die Pferde und ganz besonders die Maultiere, die ich sah und die dort gezogen werden, hätten mit Ehren auf jeder Ausstellung erscheinen können.

Am andern Tage war der Karatschokh zu passieren. Es ist ein nicht sehr bedeutender Gebirgsrücken, der in einigen Partieen aber doch recht wildromantisch ist, so auch namentlich in einer Schlucht, in welcher mehrere alte, von allen menschlichen Wohnungen entfernte Begräbnisplätze liegen. Unter diesen befinden sich auch die ganz eigenartigen, durch besondere Umzäunung geschützten und in gröſster Verehrung gehaltenen Gräber der Söhne Husseyns, des berühmten, in Kerbela ermordeten und seinerseits daselbst begrabenen Sohnes des Khalifen Ali.

Fast unmittelbar, nachdem man aus der letzten Schlucht des Karatschokh in eine weite Ebene hinaustritt, steht man auch gleich vor einem kleinen, Machmur genannten Fort. Dieses, erst vor einem Jahre mit einem Kostenaufwand von 200000 Mark aufgeführte, recht stattliche und solide Gebäude dient teils als Wohnung für die hier beschäftigten Beamten der Senija-Güter, teils aber auch zur Unterbringung einiger Soldaten. Mit nur einem eisernen Thor, ohne Fenster nach aufsen, statt solcher aber mit Schiefsscharten wohl versehen, kann dieses befestigte Haus durch 40 bis 50 wohl bewaffnete Soldaten nötigenfalls schon gegen den Angriff jeder beliebigen noch so starken Beduinen- oder Räuberbande lange Zeit gehalten werden.

Machmur liegt ungefähr auf halbem Wege zwischen Dibbecke und Wadi Bischara, d. h. etwa 28 km von jedem dieser beiden Orte entfernt. Für meine Karawane wurde Machmur im gegebenen Augenblicke auch zu einer sehr willkommenen Zufluchtsstätte, wenn auch nicht gegen Räuber, so doch gegen ein ungewöhnlich starkes Hagelwetter. Glücklicherweise, und da man sich beeilt hatte, entlud es sich erst in dem Augenblicke, als der Vortrab meiner Karawane schon das Thor erreicht hatte, so dafs bereits in einigen Minuten alles unter Dach und Fach war; dadurch wurde jeder Verlust eines Tieres oder gar Menschen ausgeschlossen, was sonst bei den bis zu Walnufsgröfse herniederprasselnden Schlossen schwerlich so ganz geglückt wäre. Nachdem dieses Unwetter indessen schon nach einer Stunde vorübergegangen, oder richtiger gesagt, weiter gezogen war, machte ich mich wieder auf den Weg, um noch an demselben Abend bei dem schon erwähnten Dorfe Wadi Bischara zu lagern. Diese Ortschaft ist ziemlich von derselben Gröfse und ebenso wohlhabend, wie Dibbecke.

Ich hatte daselbst einer grofsen Versuchung zu widerstehen, denn ich konnte da eines der schönsten und besten arabischen Pferde erstehen, das mir je unter die Augen gekommen. Es war ein prachtvoller Fuchshengst echtesten Blutes, von einem Vater, der ein Manek und einer Mutter, die eine Seglawih-Adjus war. Der Besitzer hätte mir das Tier infolge der aufserordentlichen Geldschwierigkeiten, in denen er sich befand, wohl für etwa 4000 bis 5000 Mark abgegeben, d. h. für einen, für solches Tier sehr billigen Preis. Dennoch widerstand ich, wenn auch nur mit grofser Mühe, dieser Versuchung; mufste ich mir doch vorhalten, dafs ich ja schon einige sehr wertvolle Pferde besäfse, die ich in Konstantinopel wahrscheinlich doch würde verschenken müssen, und dafs es daher ein Unsinn gewesen wäre, solche ohnehin grofsen Opfer noch zu erhöhen, nur um während einiger Monate ein kostbares und seltenes Pferd mehr zu besitzen und zu reiten.

Am 23. Mai kam ich vor dem grofsen Zab an; aber nicht klein war der Schreck, den sein Anblick mir einflöfste, denn er sah wirklich fürchterlich aus. Mehr als einen halben Kilometer breit, weit aus seinen Ufern herausgetreten, so brauste er als rasendes Hochwasser dahin, um sich nur wenige Kilometer weiter mit dem Tigris zu vereinigen.

Das mufsten kürzlich schöne Regengüsse und Schneeschmelzen in den Bergen von Ahmedijé und Ravanduz, von wo er und seine unzähligen Nebenarme herkommen, gewesen sein, die diesen Flufs in einen solchen Zustand versetzen konnten; und wie sollten, so fragte ich mich mit Bangen, meine Pferde über ein solches Ungetüm hinübergeschafft werden! Am andern Ufer, kurz vor der Stelle, wo man landen sollte, war ein gewaltiger Wirbel sichtbar, wohl verursacht durch einen grofsen, schroff vorspringenden Felsen, von dem noch später, im Zusammenhang mit den Wasserleitungen für Nimrud, die Rede sein wird.

Natürlich war ich nicht wenig ergrimmt darüber, dafs man mich an einen so scheufslichen Ort gebracht hatte, wogegen mir aber erklärt wurde, derselbe sei an und für sich gar nicht so schlimm, nur jetzt ausnahmsweise und weil Allah ein so starkes Wasser veranstaltet habe, dessen Fallen natürlich abgewartet werden müsse. Das hätte aber auch bei günstigen Witterungsverhältnissen ein paar Wochen dauern können. Ja! das sei schon möglich, hiefs es auf diesen Einwand; wenn Allahs Wille derartig sei, wohl! dagegen sei ja aber nichts zu machen.

Vor allen Dingen forschte ich nun natürlich nach dem berühmten „Schiffe", von dem ich so viel gehört. Es lag weit stromaufwärts und sah auch durch die stärksten Feldstecher nur ziemlich klein und unscheinbar aus. Auf meine Fragen, ob es denn nicht, allem darüber Gehörten entsprechend, jedem Wasser zum Trotze über den Strom fahren könne, hiefs es, gewöhnlich wohl, aber nicht gegen ein solches Wasser. Natürlich erschien es mir wenig wünschenswert, aufs Geratewohl, vielleicht viele Tage lang, das Fallen des Wassers abzuwarten, noch dazu auf einem öden Ufer. Es kam aber noch ein anderer entscheidender Grund hinzu, der mir zwingend erschien, Mossul möglichst schnell zu erreichen. Farha nämlich, Ibn-Raschids berühmte Stute, die ich als erstes Pferd Arabiens soweit wohlbehalten mitgebracht, hatte auf einmal dicht unter der Kehle ein furchtbares Geschwür bekommen. Durch die Hitze, Fliegen etc. hatten sich nun an demselben Tage, als ich vor dem unüberwindlichen Zab stand, Würmer in dem besagten Geschwüre eingefunden. Wenn das Geschwür nicht schleunigst durch Sublimatspritzungen und andere Mittel, auf die ich erst in Mossul rechnen konnte, bewältigt werden konnte, hätte ich mich auf einen event. Verlust des unersetzlichen Pferdes gefafst machen müssen.

So befahl ich denn, das Boot solle von der andern Seite, und sollte es auch dabei um Leben und Tod gehen, durchaus herübergeschafft und überhaupt alles vorbereitet werden, um andern Tages teils mit dem Boote, teils aber auch schwimmend über den Flufs zu setzen. Als ich nun sogar noch erklärte, ich würde nötigenfalls, und um das Beispiel zu geben, persönlich hinüberschwimmen, und zu diesem Zwecke bereits Miene machte, mich auszukleiden, war es für die Eitelkeit Salehs, des Oberfährmannes und, beiläufig gesagt, eines ausgezeichneten Schwimmers, denn doch zu viel. Er entschlofs sich ohne weiteres, samt seinen Gehülfen über den Flufs zu schwimmen und das berühmte Boot herüber zu holen.

An demselben Tage, und noch mehr am andern, herrschte am ganzen Flusse ein reges und interessantes Treiben. Unter Führung Salehs, der gleich allen übrigen splitternackt war und mit seinem langen Barte und seiner bei fast sieben Fufs Höhe herkulischen Gestalt wie eine Art Seefaun aussah, arbeiteten etwa einhundert Araber an dem Werke des Übersetzens. Wie immer im Oriente, und namentlich wenn man es mit Arabern zu thun hat, war nun, nachdem man einmal hingerissen und entschlossen war, alle Welt auch mit Leib und Seele so sehr bei der Sache, dafs auch nichts mehr für schwierig oder unüberwindlich erachtet wurde. Alle paar Stunden erschien Saleh wieder vor mir, um mir unter grofsen Geberden und Schwüren zu erklären, ich möge nur ganz ruhig sein, da er entschlossen sei, mit einigen seiner stärksten Gehülfen nötigenfalls Manek auf seinen eigenen Schultern über das Wasser zu schleppen, resp. durch den Felsenstrudel zu bugsieren.

Ohne auf alle Vorkommnisse bei diesem Flufsübergang allzu weitläufig einzugehen, möge hier nur gesagt sein, dafs er nach elfstündiger starker Arbeit insofern verhältnismäfsig glücklich gelang, als dabei nur drei Maultiere und ein Soldatenpferd ertranken. Die grofse Weitläufigkeit eines Übersetzens über bisweilen sogar unbedeutende Flüsse beruht in diesen Gegenden zum grofsen Teil nicht allein darauf, dafs die Barken beschädigt oder unpraktisch zum Hineinbringen von Tieren in dieselben sind, sondern auch auf dem Umstande, dafs infolge der bisweilen starken Strömung an ein gerades Durchschneiden derselben nicht zu denken ist. Die betreffende Barke, bei jeder Überfahrt stark flufsabwärts getrieben, mufs jedesmal wieder durch 25 bis 30 Menschen weit stromaufwärts geschleppt werden, bevor eine neue Reise gemacht werden kann und so fort. Man kann sich darnach leicht die Weitläufigkeit des ganzen Verfahrens vorstellen, das immer schwieriger wird, wenn es sich um einen etwas breiteren Flufs handelt, wo dann die Unterschiede von stromauf und stromab jedesmal etliche Kilometer betragen.

Man denke sich nur, was für eine Unmasse von Zeit für Handel, Wandel und Verkehr gewonnen werden könnte, wenn man einfach ein Tau zwischen den beiden Ufern ausspannen und daran das Boot hin- und herziehen wollte. Auf solchen, von mir gemachten Vorschlag eingehend, wollte einer der Beamten der Senija-Verwaltung das auch so einzurichten versuchen, konnte aber mit einer solchen unerhörten Neuerung gegen die vielfachen dagegen erhobenen Bedenken und Widersprüche nicht durchdringen, so daſs das Projekt unterblieb. Dabei ist noch zu bemerken, daſs es sich im gegebenen Falle gar nicht um eine ganz unbedeutende Überfahrt handelte, wo etwa ein paar Beduinen alle Jubeljahr einmal das Bedürfnis haben, über ein Gewässer zu kommen; vielmehr handelte es sich um einen Platz, dessen Verkehr, resp. die Pacht nur einer Barke, der Senija-Verwaltung jährlich über 40000 Mk. einbringt. Bei einer Auslage für ein Tau von ein paar hundert Metern könnte die Ueberfahrt einen noch viel gröſseren Gewinn abwerfen, wie auch gleichzeitig damit den allgemeinen Verkehr und die allgemeinen Vorteile auſserordentlich fördern. Wenn auch nur als kleines und vereinzelt aufgezähltes Beispiel, so ist das Erwähnte doch charakteristisch dafür, ein wie ungeheures Feld die Türkei in Allem und Jedem für allgemeinen Fortschritt und glücklichster Entwickelung darzubieten vermöchte, auch ganz abgesehen von weitaussehenden Eisenbahnen, andern Straſsenprojekten oder dergleichen mehr, wenn die Verwaltung verständiger wäre.

Allerdings will ich damit nicht gesagt haben, daſs ich persönlich für den Orient oder ähnliche Länder allzuviele zivilisatorische, jede Poesie tötende Verbesserungen sehr schnell herbeiwünsche oder es erleben möchte, von Schaffnern zu hören: „Bethlehem, Palmyra, der Turm von Babel, Niniveh, fünf Minuten Aufenthalt, Büffet mit Thee etc.!" Dennoch könnte man aber doch vielleicht und ohne allzu groſse Entweihung in einigen Fällen z. B. ein Tau über den Zab spannen und wäre es auch nur, um gute arabische

Pferde mit gröfserer Sicherheit über den Flufs zu schaffen, und gleichzeitig damit die Einnahmen des Grofstürken um ein paar Tausend Mark monatlich zu erhöhen, oder auch ein Billigerwerden der Eier und Butter in Mossul zu verursachen oder dergleichen mehr. Die eigentümlichen Verhältnisse des Zab an dieser Stelle haben schon vor fast 3000 Jahren eine interessante Rolle gespielt.

Der Flufs macht hier eine Krümmung, die durch den bereits erwähnten vorspringenden mächtigen Granitfelsen eine noch ausgesprochenere wird. Unter diesen Umständen prallen die Wogen des ohnehin schon reifsenden Stromes hier mit besonderer Kraft gegen diesen Felsen an und stauen sich an demselben noch um einiges höher, als das gewöhnliche Niveau ist. Natürlich kann die Stauung kaum mehr als höchstens ein paar Fufs betragen, dennoch scheint sie, zusammen mit dem Umstande, dafs das Niveau des Zab hier ein höheres ist als dasjenige des Tigris, den Ausschlag gegeben zu haben, dafs die Ingenieure des assyrischen Königs Sargon diesen Ort wählten, um ihn zum Ausgangspunkt der das Palais resp. die Gärten von Nimrud mit Wasser versorgenden Leitung zu machen. Sie legten diese Wasserleitung hier so an, dafs in dem erwähnten Felsen mehrere grofse, oben offene Schachte bis unter das Wasserniveau des Flusses ausgehauen wurden. Diese Schachte sind durch je ein Thor resp. kurzen Tunnel untereinander, der letzte, dem Wasser zunächst gelegene Schacht aber mit dem Flusse verbunden, dem somit die Aufgabe zufiel resp. auch noch jetzt zufällt, diese Cisternen oder Wasserbehälter dauernd gefüllt zu erhalten. Dieser ganze, in Granit ausgehauene und daher ziemlich unverwüstliche Bau sieht daher heute wohl noch so ziemlich ebenso aus wie etwa im ersten Jahre seiner Vollendung. Mir ist die Anzahl dieser mächtigen Cisternen aus dem Gedächtnis entfallen, aber es dürften ihrer ungefähr ein halbes Dutzend gewesen sein, die ich da sah.

Von diesen Cisternen führt ein langer Kanal, den man teilweise auch jetzt noch sehen kann, das Wasser bis an das etwa 10 km entfernte Nimrud. Bemerkenswert ist bei dieser Sache der Umstand, dafs Nimrud selbst dicht am Tigris liegt (etwa 500 bis 600 Schritte davon), aber allerdings etwas höher; gleichzeitig aber liegt es auch etwas niedriger als das namentlich gegen den besagten Felsen sich stauende Wasser des Zab. Die beschriebene Wasserleitung läfst sich unter diesen Umständen natürlich nur dadurch erklären, dafs König Sargon, der Erbauer des Palastes von Nimrud, für seine Gärten offenbar durchaus fliefsendes Wasser haben wollte, und solches nicht anders als vom Zab her zu bekommen war.

Nach meinem am 24. Mai glücklich ausgeführten Übergang über den Zab nächtigte ich auf der andern Seite bei dem nur einige Kilometer entfernten Dorfe Kenhäsch.

Am andern Tage wies ich meine Karawane an, in gerader Linie auf Mossul zu marschieren; ich selbst aber begab mich auf einem Umwege zuvörderst an die bereits erwähnte Örtlichkeit, wo ein Kanal in Aussicht genommen war. Ganz in der Nähe des Dorfes Djaïf windet sich der Tigris in eigentümlicher, an ein verschobenes S erinnernder Form dahin.

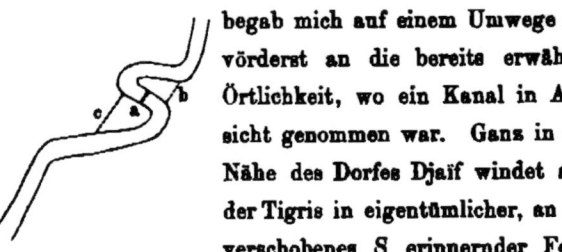

Ohne Anspruch auf sehr richtige Zeichnung zu machen, dürfte die beigefügte Skizze doch zum besseren Verständnis der Sachlage wesentlich beitragen.

An dem von mir mit *a* bezeichneten Punkte liegt die volkstümlich sogenannte Nimrudsbrücke, ein für die Schiffahrt auf diesem wichtigen Strome unüberwindliches Hindernis.

Der Volksüberlieferung gemäfs wäre es der übriggebliebene Unterbau einer von König Nimrud hier über den Tigris angelegten Brücke. Daran ist indessen auch nicht das geringste wahr, sondern der Strom wird hier ganz einfach durch eine gewaltige, sich von Ufer zu Ufer erstreckende, sehr breite Felsenschwelle gesperrt. An eine Sprengung derselben hat man wohl schon mehrfach gedacht, dieselbe soll indessen bei der allzu gewaltigen Masse des Felsens nicht ausführbar oder aber teurer sein, als es die Anlage einer der beiden hier in Aussicht genommenen Kanäle wäre. Ein jeder derselben sollte durch eine Vereinigung der betreffenden Krümmungen des Flusses oberhalb oder unterhalb des besagten Hindernisses dasselbe abschneiden bezw. umgehen.

Der eine dieser beiden Kanäle, die ich in der Zeichnung mit *b* und *c* bezeichnen will, sollte nicht mehr als 3000 m und der andere gar nur 1200 m, also in beiden Fällen nicht sehr lang werden; aufserdem ist das betreffende Gebiet durch Abwesenheit irgend welcher harter Felsen oder anderer Schwierigkeiten ein für solche Durchstiche höchst günstiges und wäre einer dieser Kanäle in jedem andern Lande als in der Türkei wohl schon längst hergestellt worden.

In der Türkei entschliefst man sich indessen nicht so schnell zu solchen Unternehmungen. Diesmal schien die Regierung indessen doch die Sache sehr ernstlich ins Auge gefafst zu haben. Mit nicht geringen Unkosten waren alle nötigen Voruntersuchungen und die ausführlichsten Pläne bereits durch französische Ingenieure gemacht und auch in allen Instanzen von der türkischen Regierung angenommen worden. Es war nur noch die Unterschrift des dem Plane übrigens vollständig geneigten Sultans nötig, und man schmeichelte sich daher in dem in erster Linie dabei interessirten Mossul bereits mit der freudigen Hoffnung, der Bau eines dieser Kanäle werde nunmehr allernächstens in Angriff genommen werden.

Dem längeren Kanal sollte der Vorzug gegeben werden, denn auch er sollte nicht mehr als 120000 türk. Pfund kosten; auch sollten keine Schleusen bei demselben nötig sein, was bei dem kürzeren Kanal infolge des zu grofsen Falles des Wassers unvermeidlich, für den ungehinderten Verkehr mit Dampfschiffen aber weitläufig und auch durch die für die Schleusen von Zeit zu Zeit nötig werdenden Reparaturen kostspieliger geworden wäre. So stand die Sache zur Zeit meines Besuches der Örtlichkeit, wie auch noch bis ganz vor kurzem. Im Frühling 1895, als ich mich gelegentlich wieder einmal danach erkundigte, vernahm ich aber als Antwort: „Was, Sie wissen das noch gar nicht! der Tigris hat ja unterdessen die Sache ganz allein besorgt, so dafs gar kein Kanal mehr nötig ist." Der Strom soll nämlich selbst durchgebrochen sein und sich ein neues, die Felsenschwelle bei Seite lassendes Bett zwischen einem dazwischen liegenden Bergrücken und dem alten Bett gegraben resp. durchgerissen haben.

Wie weit diese Aufsehen erregende Nachricht auf Wahrheit beruht, lasse ich dahingestellt sein, mufs aber sagen, dafs ich diese mir mit der gröfsten Bestimmtheit gemachte Mitteilung aus dem Munde von mehreren noch jetzt in meinen Diensten stehenden Bewohnern Mossuls habe, die in regelmäfsigem Briefwechsel mit ihren Verwandten und Bekannten in der Heimat stehen.

Nach Besichtigung der in Aussicht genommenen Kanalstellen ritt ich nun auch zu dem unweit davon belegenen Nimrud hinüber. Die Schutt- und Ruinenhügel daselbst machten auf mich den Eindruck, als seien sie weniger ausgeräumt als Kujundjik (das Schlofs von Niniveh). Aufser einer nur halb aus der Erde hervorragenden, recht grofsen, wahrscheinlich einen assyrischen König darstellenden Bildsäule stehen und liegen da noch etliche schöne, mit geradezu reizend feiner Keilschrift bedeckte, grofse Marmorplatten umher, die manchem Museum, das nicht so reich an derartigen Dingen wie das britische Museum oder der Louvre ist, zur grofsen Zierde gereichen könnten. Der Transport solcher grofsen und schweren Gegenstände ist indessen schwierig und teuer, und aufserdem ist es in neuester Zeit bekanntlich mit der Ausfuhr von Altertümern auch in der Türkei vorbei. Mit kleineren Gegenständen wird allerdings immer noch ein recht schwunghafter Schmuggelhandel getrieben, mit allzu grofsen und schweren Massen, wie mit Sphynxen, riesigen Steinplatten und dergl., ist das aber natürlich nicht mehr gut möglich.

Infolge des verschiedentlichen Aufenthaltes, den ich unterwegs genommen, war es schon ziemlich spät geworden, und mufste ich daher eilen, wenn ich noch am selben Tage samt meiner Karawane in Mossul einrücken wollte, um so mehr, als der Einzug des ausgetretenen Wassers wegen wieder einmal auf Booten bewerkstelligt werden musste.

Dieses, wie auch teilweise Maneks eigene Einfälle, gaben die Veranlassung, dafs ich von Nimrud bis Mossul einen Ritt machte, der als guter Beweis für die Leistungsfähigkeit eines guten arabischen Rosses dienen und als solcher erwähnt werden möge. Nachdem ich von Nimrud ab mein Pferd in einen sogenannten starken Jagdgalopp gesetzt und so etwa 6 bis 7 km geritten war, kam das verwöhnte, und namentlich anderen als mir gegenüber sehr eigenmächtige Pferd auf den Gedanken, das müfste vorderhand wohl auch genug sein. Solches selbst bestimmend hielt es auf einmal an, und zwar für mich nicht allein unerwartet, sondern auch nach arabischer Art so urplötzlich, dafs ich dabei fast herunter fiel. Das plötzliche Anhalten wird bekanntlich auf die Dauer als den Pferden schädlich erachtet, dennoch aber gehört es in Arabien zu den von einem feinen Pferde erwarteten und als elegant geltenden Kunststücken, dafs es mitten in einem fast carrieregleichen Galopp plötzlich wie eingewurzelt stehen zu bleiben im Stande sein müsse.

Das vollführte denn nun auch Manek auf einmal auf eigene Hand. Um ihn dafür ordentlich zu bestrafen, beschlofs ich nun um so mehr, nicht allein bei meinem ursprünglichen Plane zu bleiben, rasch nach Mossul zu eilen, sondern nun sogar ohne anzuhalten bis dahin durchzujagen. Das that ich auch und legte bei dieser Gelegenheit, meine Begleiter zurücklassend, die von Nimrud bis zur Brücke von Mossul ungefähr 32 km betragende Strecke in 55 Minuten zurück. Wohl hatte Manek am Ende dieses Rittes aufgehört, braun auszusehen, er war vielmehr vor Schaum weifs wie ein Schimmel. Wenn auch vielleicht innerlich über die ihm auferlegte Leistung unzufrieden, schadete dieselbe ihm nicht weiter, was ich daraus schliefsen konnte, dafs er sich abends mit üblicher Hast auf Speise und Trank stürzte und auch am andern Tage lustig und guter Dinge war, so dafs ich nach alledem berechtigt bin, zu glauben, das man solchen arabischen Pferden wie ihm, derartige Leistungen ohne weiteres zumuten darf.

XII.

Aufenthalt in Mossul.

Verkauf der Kamele. — Abschied von den Kameltreibern. — Abgelegenheit Mossuls. — Schwierigkeit der verschiedenen Wege nach Trapezunt, Samsun, Damaskus und Alexandrette. — „Keleks", Flöfse aus Tierhäuten auf dem Tigris. — Keine Europäer in Mossul. — Festungsartige Häuser. — Kirchliche Zustände. — Überwiegen der Mohammedaner über die Christen. — Mossul früher eigenes Fürstentum. — Ausflug nach Niniveh. — Ausgrabungen. — Grab des Propheten Jonas. — Wildschweinjagd. — Tiger. — Einblick in das Haremsleben.

Mossul hat wohl eine steinerne, über den Tigris führende Brücke, bei Hochwasser reicht dieselbe indessen nicht mehr bis an die unter Wasser gesetzten Ufer. So mufste ich denn wieder einmal auf Barken übersetzen, die indessen hier in so genügender Zahl und Güte vorhanden waren, dafs die Überführung meiner ganzen Karawane mit einem Male und ziemlich schnell von statten ging.

Einer der angesehensten Einwohner der Stadt, Hassan Effendi Omeri Saade, hatte mir sein Haus zur Verfügung gestellt. Dasselbe, wie häufig in Mossul, festungsartig gebaut, bot zwar durch seine geräumige Höhe, durch seine zu Spaziergängen geeigneten Gallerien und dergleichen mehr manche Bequemlichkeiten für mich selbst sowie auch für den grofsen Trofs von Leuten, Begleitern aller Art und die Pferde, doch hatte ich gleichzeitig damit auch allerlei Beschwerden mit in den Kauf zu nehmen. So war z. B.

die Hitze, die ich in dieser der Sonne aufserordentlich ausgesetzten Wohnung auszustehen hatte, ganz ungewöhnlich und sogar bei Nacht noch mehr als bei Tage. Der sogenannte Mossuler Marmor, aus welchem auch Niniveh erbaut war, ist nämlich ein sehr poröser Stein, der wie ein Schwamm die Sonnenhitze im Laufe des Tages einsaugt, um dieselbe dann nach Sonnenuntergang wieder durch Ausstrahlung abzugeben. Auf diese Art bringt man die Nacht wie in einem römischen Bade zu und erst nach vielen Stunden, also nur gegen Morgen, wird es wiederum ein wenig erträglicher.

Meine Kamele, die nicht wie ich mancherlei Aufenthalt gehabt, waren schon zwei Tage vor mir in Mossul angekommen und zwar in so vorzüglichem Zustande, dafs ich sie schon einige Tage darauf sehr preiswürdig verkaufte. Danach nahte nun auch die Trennungsstunde von Scheikh Mohammed und allen mit mir so weit in Nedjed gewesenen Kameltreibern; unter diesen befand sich auch ein grofser Günstling von mir, Slubby, der meiner Ansicht nach den arabischen Kaffee feiner und besser zu brauen verstand als sonst jemand; denn das ist eine grofse Kunst. Da wir so lange und während eines so weiten Zuges zusammen gewesen waren, kam es denn auch zu einem recht thränenreichen Abschiede.

Unter allen gröfseren türkischen Städten ist Mossul mit seinen 75 000 Einwohnern wohl die abgelegenste und für „leichthin Reisende" wohl die am schwersten erreichbare.

Der Weg über Bitlis nach Erzerum und Trapezunt ist nicht allein weit, sondern kommt seiner Beschwerlichkeit wegen selbst für durchgehende Karawanen kaum in Betracht. Über Diarbekir nach Samsun am Schwarzen Meere ist es ebenfalls gewaltig weit. Direkt durch die Wüste nach Damaskus zu gehen (19 bis 20 Tage), ist nur bei freundschaftlichen Beziehungen zu den Beduinen möglich, mit starker Eskorte und von Deer-Zor bis Palmyra auch nur, wenn man Wasser mit sich führt. Über Diarbekir und Urfa nach Aleppo und Alexandrette ist es auch nicht nahe und auch dieser Weg gilt wegen der vielen tscherkessischen Dörfer bei Urfa für recht unsicher. Um von Mossul nach Europa zu gehen, wählen manche sogar den Weg über Bagdad, Bassorah und Bombay. In solchem Falle fährt man den Tigris auf sogenannten **Keleks** hinunter, eigentümlichen, auf **aufgeblasenen Tierhäuten** errichteten, bisweilen sehr grofsen und schwere Lasten tragenden Flöfsen. Nur auf solchem Wege konnten z. B. die grofsen, Niniveh entnommenen Steinkolosse befördert werden. Diese Verbindung ist indessen nur nach einer Richtung hin und auch dann nur möglich, wenn man diese flachgehenden Fahrzeuge bei aufsergewöhnlich hohem Wasser über die schon beschriebene Schwelle bei Nimrud zu bringen vermag.

Somit ist denn Mossul ein von der Civilisation höchst abgelegener Ort, in welchem von einer europäischen Kolonie gar keine Rede ist. Es giebt da auch nicht einen einzigen europäischen Kaufmann, kein Bankgeschäft oder dergl.

Typisch für den echten alten Orient ist diese Stadt aus solchen Gründen natürlich um so mehr. Sie ist, von einer alten Festungsmauer umschlossen, ziemlich eng gebaut; die wichtigsten Häuser, so auch das von mir bewohnte, sind ganz festungsartig, mit gewaltigen Thoren, allerlei inneren Höfen, Verteidigungsgallerien, Plattformen und Schiefsscharten.

Am Abend aus dem Hause zu sein oder spät heimzukommen, ist in Mossul eine grofse Unternehmung, die nur ganz ausnahmsweise und durch dementsprechende Mafsregeln ermöglicht werden kann. Ein gröfseres Diner ist unter solchen Umständen ein förmliches, die gröfsten Vorbereitungen erheischendes und dadurch Aufsehen erregendes Ereignis. So war es denn auch bei den vielen Diners, die mir seitens des Generalgouverneurs, des katholischen Erzbischofs, der Consuln u. s. w. gegeben wurden, wirklich überraschend anzusehen, ein wie grofser Trubel verursacht werden mufste, nur um die Gäste nach Hause zu bringen. Soldaten wurden dazu aufgeboten, eine ungeheure Anzahl von Dienerschaft mit Laternen, Pferden u. s. w., so dafs einem europäischen Neulinge das Erscheinen solcher die Stadt durchziehenden Aufzüge gewifs sehr eigenartig erschienen wäre, und ihn vielleicht daran erinnert hätte, wie es bei uns in Europa im Mittelalter zugegangen sei. Es giebt in der ganzen Stadt keinen einzigen Wagen, keine Strafsenlaterne und dergleichen europäische Luxusartikel.

In kirchlich-hierarchischer Beziehung ist indessen Mossul ganz hervorragend, denn mit alleiniger Ausnahme der in der Levante so mächtigen griechisch-orthodoxen Kirche sind dort alle denkbaren Religionen, Kirchen und Konfessionen vertreten, wenn auch nicht durch zahlreiche Gemeinden, so doch durch hierarchisch um so höher gestellte Prälaten. Wie weit das geht, kann man leicht aus dem Beispiele ersehen, dafs ich einst bei einem Diner des französischen Consuls folgende Herrschaften gleichzeitig am Tische speisen sah: drei türkische Paschas, einen Patriarchen (den chaldäischen), einen katholischen Erzbischof, den päpstlich-apostolischen Delegirten, sechs Bischöfe (den armenisch-gregorianischen, den armenisch-unierten, den katholischen, den nestorianischen und zwei jacobitische) und zu alledem denke man sich noch hinzu einige katholische Prälaten und amerikanische presbyterianische Missionare.

Aus solchem, übrigens nur ganz ausnahmsweisen, gesellschaftlich-friedlichen Zusammensein so verschiedenartiger Elemente darf der Leser indes noch lange nicht darauf schliefsen, dafs die verschiedenen christlichen Konfessionen oder ihre Führer in Mossul sehr brüderlich zusammen leben, denn gerade das Gegenteil ist der Fall. Ganz besonders hassen sich die Katholiken und Jacobiten unter einander und befehden sich wegen des Besitzes irgend einer Kirche oder wegen der Frage, zu welcher Kirche irgend eine Person zu rechnen sei [1]) oder dergl. m., bisweilen wahrhaft endlos und mit den kompliziertesten, bis nach Konstantinopel geführten Klagen, Intriguen und Bestechungen. Trotz der vielen in Mossul mit ihren Gemeinden eingesessenen christlichen Konfessionen bildet die Gesamtanzahl aller Christen daselbst, den Mohammedanern gegenüber, doch nur eine Minderzahl. — Amtlich wird die Anzahl aller Christen auf 20 000 und diejenige der Mohammedaner auf etwa 55 000

---

[1]) Wobei es der betreffenden Person hauptsächlich darauf ankommt, zu der Gemeinde zu gehören, wo infolge etwas gerechterer Verteilung am wenigsten Militärgeld zu zahlen ist — wohingegen die betreffende Gemeinde aus denselben, diese Verteilung betreffenden Gründen den Austritt eines zahlungsfähigen Mitgliedes ungern sieht oder auch als ungesetzlich nicht anerkennen möchte. Da die Christen der Türkei keine Soldaten stellen, so ist ihnen dafür die Zahlung einer besonderen Abgabe auferlegt. Die Aufbringung dieser Summen übernimmt nun jede Gemeinde en bloc zu beschaffen und es kommt ihr dabei natürlich darauf an, über möglichst zahlreiche und wohlhabende Mitglieder zu verfügen, um diesen möglichst hohe Zahlungen auferlegen zu können.

angegeben; aufserdem giebt es noch ein paar Tausend Yezidiz, sogenannte Teufelsanbeter. Im allgemeinen sind die in der Türkei angegebenen Bevölkerungszahlen immer als zu niedrig gegriffen anzusehen, da bei der sehr verbreiteten Absicht der Bevölkerung, sich nach Möglichkeit Abgabenzahlungen, der Stellung von Rekruten u. dergl. zu entziehen, es stets einem nicht unbeträchtlichen Teile von Leuten gelingt, nirgends eingeschrieben zu sein.

Es dürfte wohl nur sehr wenigen Lesern bekannt sein, dafs Mossul erst seit etwa 70 Jahren zur Türkei gehört, bis dahin aber von eigenen Fürsten regiert worden ist. Da ich selbst früher auch niemals davon weder gehört noch gelesen hatte und mir dennoch einbildete, in solchen Dingen recht bewandert zu sein, wollte ich dies anfänglich gar nicht recht glauben, mufste mich aber nach allerlei starken Beweisen allmählich doch dazu bequemen. Nach diesen Dingen forschend, erfuhr ich, dafs Anfang der zwanziger Jahre dieses Jahrhunderts grofse, im Innern der Stadt entbrannte Fehden einiger der wichtigsten sich untereinander aufs heftigste bekriegenden Familien die Veranlassung dazu gegeben hätten, die Türken zu Hilfe und somit in die Stadt zu rufen. Der letzte unabhängige Fürst von Mossul war der Vater von Jünnifs Beg gewesen, einem alten Herrn, den ich selbst kennen lernte. Er war als Knabe noch Thronfolger dieser wahrlich nicht unbedeutenden Herrschaft gewesen und seine noch jetzt aufserordentlich grofsen Reichtümer und Besitzungen haben ihren Ursprung daher, dafs die türkische Regierung, froh darüber, eine so wichtige Stadt samt Provinz in ihre Hände zu bekommen, ihm alles von seinem Vater als Herrscher besessene als Privatbesitz auch weiter beliefs. Mossul mufs eine Art oligarchisches

Fürstentum gewesen sein, denn noch jetzt giebt es auch aufser Jünnifs Beg etwa ein Dutzend anderer sehr reicher und auch einflufsreicher Begs, deren Macht noch aus jener Feudalzeit herstammt und die zum Teil auch auf Fürstentitel Anspruch erheben. In der Türkei, wo in dieser Beziehung alles sonst ziemlich nivelliert ist, war mir die besagte Erscheinung eines noch recht mächtigen und angesehenen Adels natürlich ziemlich überraschend und wichtig.

Das auf der anderen, linken Seite des Tigris liegende Niniveh hatte ich wohl schon früher besucht, dennoch that ich es bei meiner neuesten Anwesenheit in Mossul nochmals; hat man doch nicht immer Gelegenheit, sich auf einem so berühmten Platze geschichtlichen Träumereien hingeben zu können! Zu sehen ist dort nicht sehr viel und man wird an einen riesigen Dachsbau erinnert, so durchwühlt und wie ein Labyrinth von unterirdischen Gängen durchzogen ist der ganze Hügel infolge der von Layard und Anderen darin unternommenen Ausgrabungen. Eine Menge von wichtigen und schönen Altertümern dürfte Kujundjik indessen auch jetzt noch enthalten, die bei weiteren zweckmäfsigen Nachgrabungen ans Tageslicht befördert werden könnten.

Nach den bisweilen bedeutenden Zwischenräumen zu urteilen, die zwischen den Schachten und Ausgrabungsgängen liegen, glaube ich kaum, dafs viel mehr als die Hälfte alles Vorhandenen herausgenommen und dafs somit in Zukunft hier, wie auch in Nimrud und Khorsabad, noch manche wichtigen Entdeckungen zu machen wären. Auf grofse Ergebnisse könnte man indessen nur dann hoffen, wenn es möglich sein würde, den Kujundjik gegenüber liegenden Hügel durch Ausgrabungen in Angriff zu nehmen, auf dem jetzt die Moschee des Nebbi Jūnnifs (des Propheten Jonas) steht, unter der derselbe begraben liegen soll, also gerade dem Palast gegenüber, dessen Untergang er geweissagt hat. Wie es mir gelehrte Assyriologen erklärt und wie man es sich nach der Form des letzterwähnten Hügels wohl vorstellen kann, dürfte derselbe einen Palast von event. ebenso grofser Wichtigkeit und Bedeutung wie Kujundjik enthalten.

Nur etwa zwei Kilometer von Kujundjik liegt am Tigris ein zwar nicht sehr grofser, aber an Schwarzwild aufserordentlich reicher Wald. Die Nähe der Stadt als Gelegenheit benutzend, machte ich dort zwei erfolgreiche Jagden, denn es glückte mir, aufser kleineren Tieren auch sechs starke Eber zur Strecke zu bringen.

Vor fünf Jahren wurde in diesem Walde ein Tiger geschossen, und es verdient dies Ereignis insofern erwähnt zu werden, als seit Menschengedenken in dieser Gegend kein solches Tier mehr gesehen war und es daher um so gröfseren Schrecken und Verwunderung verursachte. Natürlich war dieser Tiger ein Überläufer von jenseits der persischen Grenze, der aber wohl gerade infolge seines Alleinseins um so schädlicher und böser war und erst nach längerer Zeit und nachdem er ein paar Menschen und eine beträchtliche Anzahl Vieh verzehrt hatte, endlich erlegt wurde.

Während meines dreiwöchentlichen Aufenthaltes in Mossul ward es mir vergönnt, mehrere ebenso unerwartete wie auch ziemlich tiefe Einblicke in mohammedanische Harems zu machen und gestaltete sich das so eigentümlich, dafs ich bisweilen in ziemliche Verlegenheit darob geriet, wie ich mich so seltsamen und delikaten Beziehungen gegenüber zu verhalten hätte, dürfte oder könnte. Das kam nämlich so: Die Hauptplattform meines Daches war gewissermaſsen eine Brücke zwischen den Dächern der zu beiden Seiten belegenen Nebenhäuser und von diesen Nebendächern nur durch höchstens drei Fuſs hohe Mauern getrennt. Als auf dem dazu geeignetsten, weil von meinen Leuten abgesonderten, am Abend kühlen wie auch überhaupt angenehmen Platze pflegte ich nun auf dieser Plattform die meiste Zeit zu verbringen. Stundenlang wandelte ich da entweder auf und nieder, nahm da meine Abendmahlzeit ein oder beschäftigte mich mit Schreiben, meist bis tief in die Nacht hinein. Bei alledem war ich der groſsen Hitze wegen so gut wie eigentlich gar nicht angekleidet, z. B. nur in ein kühles Laken drapiert. Nachdem das während einiger Tage ganz ruhig so gegangen war, stellte es sich auf einmal heraus, daſs die beiden durch meine Plattform mit einander verbundenen Nebenhäuser nichts mehr und nichts weniger als die Harems zweier der in Mossul angesehensten und auch mit mir ganz gut bekannten Begs waren. Der eine dieser Harems bestand aus fünf Damen, der zweite sogar aus acht, und darunter waren sogar zwei etwas russisch radebrechende, erst kürzlich vom Kaukasus importierte Tscherkessinnen. Zu meinem nicht geringen Erstaunen schien es allen diesen Damen eine ausgezeichnete Abwechselung in ihrer langweiligen Existenz zu bilden, meine Bekanntschaft zu machen. Und siehe da, mit was für groſser Naivität oder Ungeniertheit (wie man es nehmen will) das geschehen sollte. Ohne sich durch mein bereits angedeutetes Negligé auch nur im geringsten abschrecken zu lassen, erschienen sie schon wenige Tage nach meiner Ankunft auf ihren Dächern, natürlich ganz unverschleiert, denn sie waren ja in der That bei sich zu Hause und von da ab nahmen ihre Annäherungsversuche einen immer schnelleren Gang an. Ich wurde angesprochen, um Cigaretten angegangen, wie etwas später auch um eingemachte Früchte und sogar Liköre; darauf um die Erlaubnis ersucht, meine Plattform (wie zur Zeit, als das von mir bewohnte Haus leer gestanden) zu benutzen, um sich von einem Dache zum andern Besuche abzustatten u. s. w. Mit einem Worte, es war noch keine Woche vergangen und es hatte sich ganz ohne mein Zuthun ein Verhältnis herausgebildet, dank welchem ich jeden Abend spät, während mehrerer Stunden, auf meinem Dache eine ganze Damengesellschaft hatte.

Wohl war mir das ziemlich neu und interessant, anderseits aber doch recht unerhört und nicht unbedenklich. Offenbar, so dachte ich, könne ein solcher Zustand der Dinge nicht lange ein Geheimnis bleiben und wie würde dann die Sache werden! Wohl war ich eigentlich der Überfallene und ganz unschuldig an der Herstellung dieser seltsamen Beziehungen; aber würde das von Andern auch so aufgefaßt werden? Das erschien mir doch mehr als fraglich! Wohl war ich Herr in meinem Hause und hatte nötigenfalls Leute und auch Soldaten [1]) genug, um solchen Rechten allen nötigen Nachdruck zu geben, aber hatte ich unter solchen Umständen nicht noch die ganz besondere Verpflichtung, die Gastfreundschaft nicht zu verletzen? Alle diese und ähnliche Fragen erschienen mir sehr bedenklich und verursachten mir ernstliche Sorgen; aber was sollte ich machen! Die armen Weiber bei ihren Herren zu verraten, ging doch auch nicht an und vertreiben ließen sie sich nicht und behaupteten ganz leichtsinnig, kein

---

[1]) Ein Polizeioffizier nebst 10 Soldaten war, zu meiner Verfügung stehend, sogar in meinem Hause anwesend.

Mensch werde davon etwas erfahren, sie seien alle Freundinnen untereinander und keine werde die andere verraten. Man denke nur, wie unglaublich eine solche Behauptung aus dem Munde von 13 Weibern einem Europäer vorkommen mufste! In Asien scheint das aber doch, nach diesem Falle zu urteilen, möglich zu sein, denn soviel ich weifs, ist dieser ganze Verkehr wirklich nicht herausgekommen, wenigstens nicht während ich in Mossul war. Trotz alledem kam mir diese Geschichte doch so bedenklich vor, dafs ich mich entschlofs, deshalb einen mir gut bekannten Muselmann um Rat zu fragen.

Heikel genug war es, aber ich mufste mir doch Gewifsheit verschaffen und es daher auf seine Verschwiegenheit und sein Versprechen, strengstes Geheimnis zu bewahren, ankommen lassen. Ich fasse sein die Verhältnisse bezeichnendes Urteil und Gutachten etwa in folgendem zusammen: Hm! so meinte er kopfschüttelnd, ganz in der Ordnung ist das alles wohl nicht, aber es ist eben die alte Geschichte — unsere Weiber sind vor allen Dingen leichtsinnig, neugierig und riesig froh, um jeden Preis etwas Neues kennen zu lernen, noch dazu bei der furchtbaren Langeweile, die sie auszustehen haben. Eunuchen sind seit Aufhebung der Sklaverei in der Türkei (aufser im Harem des Sultans) so gut wie gar nicht mehr vorhanden und so ist denn die Aufsicht über die Weiber jetzt auch nicht einmal mehr annähernd so wie sie früher war, und beschränkt sich höchstens auf einige alte Dienerinnen, die dazu meist mehr in den Händen ihrer Herrinnen als in denen ihrer Herren sind, mit denen sie weit weniger zu thun haben. In Ihrem Falle, so fuhr er fort, ist es nicht unmöglich, dafs die Sache vielleicht wirklich nicht weiter zur Sprache kommt, denn alle Weiber, auch eine oder die andere Dienerin, sind ja gleich kompromittiert und haben Ursache, es geheim zu halten, dafs man sich mit Ihnen unterhält, Sie um Cigaretten oder Süfsigkeiten anbettelt u. s. w. Der eine ihrer Nachbarn ist auf einer langen Reise nach Konstantinopel abwesend, der andere aber ein in der Kindheit befindlicher Greis. Warum pafst er auch selbst nicht besser auf, so fügte mein Ratgeber hinzu. Auch meinte er, dafs seiner Ansicht nach die betreffenden Weiber „trotz aller Dummheit und allen Leichtsinnes" doch wohl auch einige Mafsregeln gegen ein Ertapptwerden getroffen und verabredet haben müfsten, denn im Lügen und Betrügen seien alle diese Bestien, auch die dümmsten, sehr schlau. Schlimmstenfalles werden sie alle hoch und teuer schwören, dafs sie nur ein- oder zweimal während Ihrer Abwesenheit Ihre Plattform benutzt hätten, um sich gegenseitig zu besuchen oder was derlei unschuldige Erklärungen mehr sein könnten und mit deren Hilfe würden sie vielleicht mit ein paar Peitschenhieben abkommen. Nun und darauf kommt es ihnen gewifs nicht an, als Preis dafür, mit einem ausländischen Beg verkehrt zu haben, eine Gelegenheit, die sie vielleicht oder sicherlich nicht mehr unter solchen Umständen zum zweiten Male haben könnten und die sie sich daher nicht entgehen lassen wollen. Übrigens, so schlofs er sein Urteil, steigen Sie ja in keinen fremden Harem ein und können auch nichts dafür, wenn fremde, schlecht beaufsichtigte Frauen über Ihr Dach laufen. Machen Sie sich also keine zu grofsen Sorgen darüber und wenn Sie Ihres, wie Sie mir sagen, gelegentlich benutzten Dolmetschers sicher sind, so vergnügen Sie sich doch vielmehr so gut Sie können, denn, meinte er lachend, jeden Tag haben ja auch Sie nicht die Gelegenheit, zwischen zwei Harems zu wohnen, von deren Herren der eine ein Kind und der andere vielleicht auf Jahre abwesend ist.

Von den türkischen Weibern, wie ich sie bei dieser einzigen Gelegenheit sah, ist eigentlich nur wenig zu sagen, und man kann ja wohl nach 13 Exemplaren nicht alle gleichmäfsig beurteilen. Nach dem, was man darüber hört und sich denken kann, dürften bei der Einförmigkeit des Lebens und der Behandlung der orientalischen Weiber die persönlichen Unterschiede zwischen ihnen allerdings nur selten sehr grofs sein. Diejenigen, die ich sah und die vielleicht den Durchschnittstypus der Haremsweiber[1] darstellen mögen, stehen in geistiger Beziehung etwa auf der Stufe abendländischer kleiner Mädchen von sechs bis sieben Jahren, sie können daher als Gesellschafterinnen für Männer auf dieselben nur sehr ermüdend wirken. Die Geschichte kennt allerdings auch einige Beispiele, laut welchen auch orientalische Frauen eine mit Recht hervorragende Rolle gespielt haben, wie z. B. Mohammeds Frau Katidja; die berühmte Frau Harun-al-Raschids, Zobeydah oder Ardjamant Banu, die Gattin des Grofsmoguls Shah Djehan und andere. Dennoch scheinen diese ganz besondere Ausnahmen zu bilden und aufserdem waren sie auch keine Türkinnen, eine geistig bekanntlich überhaupt ziemlich niedrig stehende Rasse.

---

[1] Der gewöhnliche Muselmann hat ja auch gar keinen Harem, der eine viel zu kostspielige Geschichte ist, sondern nur eine einzige Frau, wie denn auch viele Besitzer von Harems sich dieselben häufig nur aus gesellschaftlicher Eitelkeit halten, und ihn bisweilen wochen- und monatelang gar nicht einmal betreten.

XIII.

Von Mossul nach Bitlis.

Nachrichten über die Modikan-Landschaft.

Aufbruch von Mossul. — Ungenauigkeit der Kiepertschen Karte von Djezireh-ibn-Omar ab. — Geländerlose Brücke über den Khabur. — Rasttag bei Zewè. — Grofsartige landschaftliche Schönheit dieses Gebietes. — Am Bhotan entlang bis Sört. — Uralte Felsenkammern. — Die Skorpiontreppe. — Ruhetag in Sört. — Hufbeschlag der Pferde, Büffel und Rinder. — Said Pascha und seine Klagen. — Erfolgreiche Fürsprache beim Sultan. — Ein französischer Dominikaner-Mönch. — Die Modikan-Landschaft. — Unabhängigkeit ihrer Bewohner. — Die Kurden als Herren der Armenier. — Ausschreitungen gegen. dieselben. — Merkwürdiges Verhältnis der Kurdenführer zu den türkischen Beamten. — Versuch der Türken, die Kurden als Kriegstruppen zu organisieren. — Unterscheidung der Kurden als „Assireten und Guranen", eine auf Mifsverständnissen beruhende Bezeichnung. — Aufbruch von Sört. — Herrliche Landschaftsbilder. — Besuch zweier Kurdenführer. — Kurdische Begleiter nach Bitlis. — Uralte Goldbergwerke bei Maaden. — Schlechte Saumpfade. — Maneks Selbstgespräche. — Geistige Regsamkeit arabischer Pferde. — Schöner Lagerplatz bei Dukhan. — Glückliche Pürsche auf einen Panther. — Ankunft in Bitlis.

Allmählich war nun auch die Zeit zu meiner Weiterreise herangekommen und so verliefs ich denn nach einem dreiwöchentlichen Aufenthalte Mossul am 13. Juni.

Ein dreitägiger Marsch brachte mich bis Sakho. Bis hierher hatte ich mich gröfstenteils selbständig nach meinen Karten gerichtet, namentlich auch nach der grofsen Kiepertschen von Kleinasien, und nach derselben meist sehr genügend die Entfernungen berechnet, sowie die Nachtquartiere bestimmt. Damit hörte es nun aber mehr und mehr auf, denn ich bemerkte, dafs ich allmählich in eine terra incognita hineinkam. Bis Djezirèh-ibn-Omar stimmte meine Karte noch so ziemlich, von da ab aber eigentlich gar nicht mehr. Die Entfernungen der sich über die Berge im Zickzack schlängelnden Saumpfade konnten natürlich nicht mehr so genau stimmen, wie man sie z. B. für flaches Land auf einer Karte abgreifen kann, aber auch in anderer Beziehung nützte mir die Karte nichts mehr. Neunmal unter zehn Fällen hatte kein Mensch je von den Dörfern gehört, nach denen ich, mich auf meine Karte stützend, fragte; oder ein solches Dorf lag ganz wo anders, vielleicht sogar auf einer andern Seite eines Flusses, wie der Tigris. Um das Gesagte durch einige Beispiele zu veranschaulichen, entnehme ich meinem Tagebuche ziemlich auf gut Glück folgende Bemerkungen: Das Dorf Mansuriyèh würde nach der Kiepertschen Karte wenigstens 15 bis 16 km von Djezirèh entfernt sein, liegt aber in Wirklichkeit dicht daneben und zwar, wenn man dem Saumpfade entlang rechnet, höchstens 4 km davon. Von Mansuriyèh bis Fündik dagegen würde es nach der Karte nur etwa 15 km weit sein, in Wirklichkeit aber liegen die Orte 40 km voneinander entfernt. Auf der Kiepertschen Karte ist das ziemlich wichtige Dorf Bölök so gezeichnet, als ob es in gerader Richtung etwa 12 bis 13 km vom Tigris und etwa 15 km vom Flusse Bhotan läge, in Wirklichkeit liegt es aber am Bhotan selbst und nicht weiter als 3 km vom Tigris, und zwar von der Stelle, wo erstgenannter in den letzteren sich ergiefst. Kein Mensch hat in dieser Gegend jemals von den beiden auf der Kiepertschen Karte verzeichneten Ortschaften Khaliné und Schéblé gehört, wie es denn überhaupt auf der ganzen Strecke von Fündik bis Bölök kein anderes Dorf giebt, als das auf der andern Seite des Tigris auch bei Kiepert ganz richtig eingezeichnete Tscheluk, aufserdem aber noch die Ortschaft Ukhsit, nur $1^1/_2$ km von Bölök entfernt und mit demselben fast ein Doppeldorf bildend. Die durch die Vereinigung des Bhotan mit dem Bitlis gebildete Gabel liegt ungefähr 7 km von Bölök-Ukhsit. Der Kiepertschen Karte gemäfs läge Séert (oder Sört) am Bhotan; das ist indessen nicht der Fall. Sört liegt überhaupt an keinem Flusse und hat sich aus diesem Grunde zu seiner Wasserversorgung einen kleinen künstlichen See anlegen müssen. 20 bis 30 km nördlich von Sört liegt eine recht mächtige Bergkette, die ich Ende Juni ganz mit Schnee bedeckt sah und deren höchster Gipfel, der Meletto, nie ganz schneefrei sein soll, wonach er in dieser Gegend wohl etwa 4000 m hoch sein müfste. Nichts dementsprechendes sehe ich indessen auf der Kiepertschen Karte angedeutet. Was die auf derselben allerdings auch nur mit Fragezeichen versehenen Höhenangaben betrifft, so schienen mir dieselben in vielen Fällen nicht richtig und häufig um ein Bedeutendes zu niedrig zu sein. So halte ich z. B. die ganze zwischen dem Van-See und dem Palantukam liegende Gegend für viel höher, als man diese meines Wissens allerdings ziemlich unbekannte Gegend gewöhnlich auf den Karten verzeichnet findet.

Ich habe um so weniger Grund, an der Richtigkeit der Angaben der beiden von mir benutzten englischen Barometer zu zweifeln, da dieselben sich bekannten Höhen gegenüber als durchaus richtig bewährten. Ich führe denn auch einige der von mir festgestellten, aber von den meisten Karten abweichenden Höhenangaben hier an:

	Nach eigenen Messungen	Auf der Kiepertschen Karte
Sört . .	3100 Fuſs	2673 Fuſs (810 m)
Ortap-Paſs .	6500	5661 (1700 m)
Teghtap-Paſs	8300	7600 (2300 m)

Ich muſs mich indessen dagegen verwahren, durch das Gesagte vielleicht den Vorwurf herauszufordern, als wolle ich die Kiepertsche Karte auch nur irgendwie in den Augen eines Lesers herabsetzen. Nichts liegt mir ferner, und zwar um so mehr, da ich, ein groſser Bewunderer aller Kiepertschen Karten, mich auf allen meinen Reisen vor allen andern mit diesen Karten versehen habe. In manchen andern als den zuletzt von mir besuchten Gegenden behielt ich, mich auf Kiepertsche Karten stützend, bisweilen sogar lokalen Führern gegenüber Recht. Bei einer früheren Reise in Irak-Arabi und während zweier Reisen in Süd-Kurdistan[1]) hatten sich sogar meine Führer und andere Leute daran gewöhnt, alle meine hauptsächlich auf der Kiepertschen Karte beruhenden Stunden und Marschberechnungen als bis auf eine halbe Stunde genau ohne weiteres anzunehmen, was als gutes Beispiel für verhältnismäſsig noch so wenig bekannte Länder nicht genug hervorgehoben werden kann.

Die türkische Regierung lebt in der glücklichen Einbildung, sie baue eine Chaussee von Mossul zuvörderst nach Sört und dann event. weiter nach Bitlis oder gar Erzerum,

---

[1]) Allerdings mit Ausnahme des Distriktes von Suleimanijé und der daran grenzenden persischen Gebietsteile, wo alle Kartenzeichnungen nicht mehr als höchstens einem ungefähren Bilde entsprechen.

ein Werk, welches mindestens zehn Simplonstrafsen oder auch einem halben Dutzend russischer, über den Kaukasus führenden grusinischen Militärstrafsen entsprechen würde. Diese Chaussee ist auf manchen türkischen Karten sogar bis Sakho bereits als fertig verzeichnet. Wenn man damit indessen die Wirklichkeit vergleicht, so wirkt sie auf den Beschauer im höchsten Grade komisch und erheiternd. Es findet sich nämlich auf dieser, in mäfsig gerader Linie etwa 100 km betragenden Strecke buchstäblich nichts anderes, als etwa alle paar deutsche Meilen einmal ein Stückchen dieser amtlichen Chaussee, ein Stückchen, welches darin besteht, dafs etliche hundert Fufs mit so abscheulichen Steinen bestreut sind, dafs man sorgfältig einen Umweg macht, um nur ja nicht darauf reiten zu müssen. Glücklicherweise sind solche „Probestückchen" dieser merkwürdigen Chaussee so selten, dafs sie, alle zusammengenommen, wohl nicht mehr als 3 bis 4 km höchstens ausmachen und daher den Verkehr nicht besonders erschweren. Aber auch abgesehen von dieser Geschichte, mufs man in allen diesen Gegenden natürlich überhaupt nicht an Strafsen denken, da es sich bestenfalls nur um Saumpfade handelt.

Schon ein paar Tage hinter Mossul, ganz besonders aber von Sakho ab, wurde die Gegend immer schöner und romantischer, aber auch der Weg in demselben Verhältnis ein immer schwierigerer.

Bei Sakho führt in mächtigem Bogen eine sehr sehenswerte, offenbar uralte und trotz ihrer gewaltigen Höhe vollständig geländerlose Brücke über den Khabur.

Nachdem ich am 16. Juni bei Djezirêh genächtigt hatte, einem Städtchen von vielleicht 10 000 bis 12 000 Einwohnern, schlug ich am nächsten Tage mein Lager unweit des Dorfes Zewè auf. Dieser Lagerplatz schien mir indessen an landschaftlicher Schönheit so wunderbar, dafs ich mich gar nicht dazu entschliefsen konnte, schon am nächsten Tage weiter zu ziehen. Ich beschlofs daher, mir da einen Rasttag zu erlauben. Man denke sich eine tiefe, enge Schlucht, von hohen und ganz steil abfallenden gewaltigen Felsen gebildet, in der Mitte ein silberhelles, in mehreren Armen pfeilschnell und schäumend dahinschiefsendes und unzählige, bisweilen nur etliche Quadratmeter grofse Inselchen bildendes Flüfschen. Dieses Labyrinth, wie auch das Flüfschen selbst, in seinen vielen Armen gleichsam unter endlosen Laubgängen dahinrieselnd, denke man sich weiter zugedeckt von einem aus in vollster Blüte prangenden Oleander-, Feigen- und Granatgebüschen gebildeten und unter diesen Umständen geheimnisvoll erscheinenden Dickichte. Zwischen den diese Schlucht bildenden Felsen einerseits und dem Flüfschen mit seinem fast undurchdringlichen Dickichte anderseits war nur wenig Raum, so dafs mein Lager wie auf einer Terrasse auf drei verschiedenen, kaum zeltbreiten Felsstufen aufgestellt werden konnte. Bei der Enge und gleichzeitig auch grofsen Tiefe der Schlucht war dieselbe von der Sonne nur einige Stunden täglich, dann aber besonders lieblich und eigentümlich beleuchtet. Alles zusammen genommen, war es durch die Vereinigung des Wildromantischen und denkbar Düstersten mit dem Lieblichen und Freundlichen, eines der schönsten landschaftlichen Bilder, das ich je genossen und das man sich auszumalen vermag; und was die grofsen und gleichsam einen auf Hunderte von Schritten geschlossenen, kaum ein grünes Blatt zeigenden Teppich bildenden Massen von Oleander-[1]) und Granatblüten betrifft, so kann ich nur sagen, dafs ich es mir vor diesem Anblicke gar nicht als möglich gedacht hatte, dafs Blumenblüten eine so vollkommene Decke bilden könnten.

Am 19. Juni von diesem reizenden Lagerplatze wieder aufbrechend, sollte ich aber auch weiterhin in dieser Gegend Naturschönheiten allererster Klasse geniefsen, wenn ich das so unpoetisch sagen darf. Fast die ganze Zeit ging es bis kurz vor Sört in grofsartigen Windungen am reifsenden Bhotan entlang, bald an gewaltigen Abgründen hoch über ihm, bald aber wieder an mächtigen, gelegentlich sogar überspringenden Felswänden so dicht neben ihm, dafs der Pfad zuweilen so schmal war, dafs, während der eine meiner Füfse den Felsen streifte und deshalb in acht genommen werden mufste, der andere über dem Wasser hing. Eine dieser Partieen erinnerte mich ganz besonders an den berühmten Darialpafs im Kaukasus, der sich auch in einer fast ganz dunklen Schlucht zwischen der schäumenden Kura und gewaltigen 4000 Fufs hohen Felswänden hinzieht. In einer dieser vollkommen senkrechten Felswände fielen mir einige fenster- oder thürähnliche Öffnungen auf, die von Menschenhänden herzurühren schienen. So war es auch und meine Führer erklärten mir, es seien Eingänge

---

[1]) Ich weifs nicht, ob es wahr ist — und habe es noch weniger an meinen eigenen Pferden ausprobieren wollen —, will aber hier erwähnen, dafs in allen diesen Gegenden Oleander als höchst giftig für Pferde und Maultiere erachtet wird. Alle Leute wenden daher die gröfste Vorsicht an, ihre Tiere daran zu verhindern, von diesen Pflanzen zu fressen und zwar um so mehr, als die Tiere, entgegen ihrer sonstigen Gewohnheit, giftige Sachen bei Seite zu lassen, Oleander sehr gern fressen und daran sehr schnell zu Grunde gehen sollen.

zu uralten Felsenkammern, die auch jetzt noch von Reisenden bisweilen als Unterkunft gegen plötzliche Unwetter benutzt würden. Natürlich unterzog ich diese interessanten Räume sofort einer näheren Besichtigung. Die Eingänge lagen etwa 10 Fuſs über dem Boden des vorbeiführenden, höchst engen Pfades und war es daher selbst von der Schulter eines andern Mannes nicht ganz leicht hineinzuklettern. Unter den zwei von mir untersuchten Felskammern dieser Art war die eine sogar doppelt, denn sie bestand aus zwei hintereinander liegenden, durch einen im Felsen ausgehauenen Gang miteinander verbundenen, recht groſsen und regelrecht ausgehauenen Zimmern. Besonders dieser letzterwähnte Umstand erschien mir rätselhaft. Daſs man auf diesem so beschwerlichen Wege für verschiedene Gelegenheiten einige passende Unterkunftsräume oder auch Verstecke hat haben wollen, kann man sich leicht vorstellen, wie auch, daſs man dabei einige event. schon früher vorhandene natürliche Höhlen benutzt oder auch vergröſsert hat. Aber weshalb, so scheint mir die Frage offen zu liegen, hätte es wichtig oder nötig erscheinen können, diese Kammern durchaus so regelmäſsig und rechtwinklig zu formen, was bei dem harten Gestein ein groſser und viele Mühe kostender Luxus hat sein müssen. Oder sollten es ursprünglich gar keine Unterkunftsräume, sondern doch vielleicht Grabkammern für die Leichen wichtiger Personen gewesen sein?

Etwa drei Stunden von Sört kam endlich für mich das Interessanteste und Merkwürdigste auf diesem ganzen Wege. Es war der sogenannte **Akrep** (Skorpion), eine **riesige Treppe**, die vom Ufer des Bhotanflusses in gewaltigem Zickzack, genau 1200 Fuſs, emporführt. Es muſs seiner Zeit eine wichtige Kunststraſse gewesen sein, um derentwillen man einen so kolossalen Bau, wie diese Treppe, hier aufgeführt hat; und wer weiſs, welcher König oder welches mächtige Volk dieses Werk vollbracht hat und um welcher groſsen Interessen willen! Vielleicht stammt diese Treppe noch aus assyrischer Zeit oder aus der Zeit, als Bitlis in altarmenischer, persisch-türkischer oder gar (1198) abendländisch Wittelsbacher oder Lusignanscher Epoche — wie die kolossalen Ruinen seines Schlosses es bezeugen — eine wichtige Stadt gewesen ist!?

Die ungefähr 20 Fuſs breiten, 10 Fuſs tiefen und 2 Fuſs hohen Stufen der Skorpiontreppe sind aus groſsen flachen Steinen zusammengesetzt und erinnern etwas an die Art der alten römischen Heerstraſsen. Hin und wieder sieht man auch Ziegelwerk, das zu besserer Einfassung angebracht war. Das Erklimmen dieser Treppe nimmt mehr als eine Stunde in Anspruch und ist für Pferde und Maultiere, besonders infolge der hohen Stufen, keine leichte Arbeit.

Am 20. Juni in Sört angekommen, gewährte ich dort meinen Maultiertreibern einen Ruhetag. Derselbe war auch wirklich nötig, denn die letzten vier Tage waren kein Spaſs gewesen, und für das, was noch weiter bevorstand, waren volle Kräfte nötig. Nicht allein alle Maultiere, sondern auch meine Pferde muſsten vollständig neu beschlagen werden, wie denn überhaupt von Djezirèh bis Trapezunt jeden Abend stundenlang emsig an den Hufeisen aller Tiere gearbeitet werden muſste, um dieselben immer wieder von frischem dem fürchterlichen Wege entsprechend beschlagen zu erhalten. Darüber hatte ich mich übrigens um so weniger zu wundern, als ich mich nunmehr in einem Lande befand,

wo auch die Büffel und sonstiges Rindvieh nicht anders
als mit Hufeisen versehen umhergehen.

Sört ist ein namentlich für die Türkei ziemlich reinlicher und wohlgebauter Ort von nach amtlichen Angaben 15 000 Einwohnern, mit einem ganz stattlichen Serai (Regierungsgebäude), Bazar u. dergl. m.

Unter den verschiedenen Personen, die ich hier kennen lernte, befanden sich auch zwei in ihrer Art recht originelle und nicht uninteressante alte Herren, von denen ich auch allerlei Näheres über Land und Leute in dieser Gegend erfuhr. Der eine war der Gouverneur, Saïd Pascha, ein infolge langjährigen Dienstes vielfach im ganzen türkischen Reiche umhergeworfener Mann. Von Geburt ein Araber, war er lange Zeit auch Gouverneur von Hasa gewesen, dem von den Türken in neuerer Zeit eroberten Landstriche am persischen Golfe. Er war hoch erfreut, mit mir, der ich zweimal in Arabien gewesen und eben von da herkam, darüber sich unterhalten zu können. In seinen Augen stellte Hasa (oder wie es richtiger ausgesprochen wird, Haassa) das Paradies insoweit dar, als das hienieden überhaupt möglich ist. Die Türken hatten da soeben eine nicht unbedeutende Schlappe erlitten, die teilweise wohl durch das Ungeschick des türkischen Gouverneurs und seiner Verwaltung heraufbeschworen worden war. Bei eingehendster Besprechung aller dieser und ähnlicher arabisch-politischer Verhältnisse schwamm natürlich Saïd Pascha in förmlicher Wonne, wobei er aber auch gleichzeitig bitterlich darüber klagte, wie er, der anderswo und namentlich in Arabien viel nützlicher sein könnte, sich hier ganz nutzlos und wie in der Verbannung fühlen müsse. Da der alte Herr eigentlich gar nicht so unrecht hatte, führte ich ihn unter andern Beispielen später einmal bei einer guten Gelegenheit auch Sr. Majestät dem Sultan an, als Beweis dafür, wie häufig im türkischen Reiche Leute, die anderswo viel brauchbarer, an unpassenden Plätzen verwandt würden. Ein seltsames Geschick fügte es bei dieser Gelegenheit noch gar so, dafs Se. Majestät mich fragte, wo ich denn meinte, dafs dieser Saïd Pascha so viel besser hinpassen würde, worauf ich antwortete: Nun beispielsweise jedenfalls nach Hasa, wo Hafiz Pascha eben so grofse Dummheiten gemacht, wie es ja auch gar nicht anders von einem Manne zu erwarten gewesen sei, der höchstens irgendwohin nach Kleinasien hätte passen können. Und siehe da! — ein paar Wochen später erfuhr ich auf einmal, dafs Saïd Pascha wirklich zum Gouverneur von Hasa ernannt worden sei, sehr wahrscheinlich infolge des angeführten Gespräches. Jedenfalls betrachtete er es so und schrieb mir darauf einen grofsen Dankbrief, in dem er mich als seinen Wohlthäter verherrlichte.

Eine zweite in Sört ziemlich seltsame Gestalt war ein unter dem Namen père de France unter die Dominikaner-Mönche gegangener französischer Edelmann. Nachdem er eine Zeitlang im Dominikaner-Kloster zu Mossul gelebt, war er nunmehr seit etwa 15 Jahren in Sört ansässig und vertrat hier die katholische Kirche, der er auch insofern nützlich war, als er einem in dieser Gegend gelegentlich sterbenden Katholiken die Absolution erteilen und demselben so den Zugang zum Himmel erleichtern konnte. Aufser solchen seltenen Fällen beschäftigte sich der père de France mit Jagd und damit, dafs er Saïd Pascha Gesellschaft leistete.

Ich liefs mir von diesem, namentlich auch infolge seiner Jagdzüge sehr ortskundigen Manne manches über die seltsame Modikanlandschaft erzählen. Dieselbe enthält, zwischen Sört und Musch gelegen, etwa 250 bis 300 kurdische, armenische, tscherkessische und gemischte Dörfer, die gewissermafsen ein Konglomerat von insofern unabhängigen Freistaaten bilden, als sie die türkische Verwaltung nicht anerkennen, derselben nichts zahlen, keine Rekruten stellen u. dergl. m. — Bei der grofsen Unzugänglichkeit der Gegend sind mehrfache, von der Regierung unternommene Versuche, ihren Willen dort geltend zu machen, mifslungen, so dafs man es aufgegeben hat, sich noch weiter um die Bewohner von Modikan zu bekümmern. Diese Landschaft ist durch ihre wirkliche Unabhängigkeit von jeder gesetzlichen Regierung zwar charakteristisch, steht aber in dieser Beziehung in Kleinasien durchaus nicht einzig da. Es geht vielmehr in derselben Art und Weise wohl in der gröfseren Hälfte von ganz Kurdistan und Armenien her, so z. B. in fast allen zwischen Mossul und der persischen Grenze liegenden Gebietsteilen, also in den Bergen von Ahmédijé, in Bahdinan, ferner auch in dem gröfsten Teile des westlich von Sört liegenden Bhotans, in fast allen zwischen Musch und der kaukasischen Grenze liegenden Gebietsteilen, wie auch in dem südwestlich von Modikan liegenden, neuerdings durch allerlei Greuelthaten so berühmt und berüchtigt gewordenen Sassun u. s. w.

Die wirklichen Herren in allen diesen und ähnlichen Gebietsteilen sind die Kurden, welche die unter ihnen lebenden Armenier als ihre Unterthanen betrachten, von denselben sich Tribut und Abgaben bezahlen lassen, aber im Falle sie sich darin für nicht genügend abgefunden halten sollten, sich im vollsten Rechte glauben, wenn sie dann nach eigenem Gutdünken sich durch Weiber-, Vieh- und Feldraub selbst bei den Armeniern entschädigen. Dabei kommen dann natürlich auch allerlei Ausschreitungen mit vor, die gelegentlich, wie jetzt neuerdings, durch Widerstand der Armenier, Einschreiten, Ungeschick und auch hinterlistige Politik der türkischen Verwaltung gröfsere Dimensionen annehmen und am Ende vom Liede unabwendbar zu den gröfsten Verwickelungen in Kleinasien führen werden.

Die Kurden selbst zahlen der türkischen Regierung und erkennen deren Verwaltung eigentlich nur in ganz ausnahmsweisen Fällen an, so z. B. wenn das von ihnen bebaute Land militärischen Eintreibungen gar zu leicht zugänglich oder dergleichen Umstände es als andauernd oder zeitweilig günstig erscheinen lassen.

Gelegentlich spielt sich die Sache auch so ab, dafs z. B. ein besonders gewandter türkischer Generalgouverneur, Gouverneur oder auch nur Kreischef (Kaimakam) sich so gut und geschickt mit den Kurden zu stellen weifs, dafs er sie überredet, hin und wieder eine Kleinigkeit unter dem Titel eines „à compte" auf imaginäre rückständige Abgaben zu bezahlen.

Solche, noch dazu höchstens alle Jubeljahre einmal (vielleicht auch nur bei Gelegenheit einer besonders grofsen, Lärm machenden Beraubung einer Karawane, Mordthat etc.) in die türkische Reichskasse fliefsende Geldsumme ist gewöhnlich so klein, dafs sie eigentlich gar nicht der Rede wert wäre; das hindert indessen nicht, dafs aus ihr alle dabei interessirten Parteien für sich grofses Kapital herausschlagen und zwar auf Grund folgender drei Hauptgesichtspunkte: 1) der Kurdenhäuptling zahlt die erwähnte Kleinigkeit hauptsächlich dem Beamten zu Gefallen, mit dem er persönlich befreundet ist, und um dessen Schutz und Fürsprache ganz besonders auch weiterhin zu geniefsen, was bei den vielen vorfallenden Räubereien und Gesetzlosigkeiten aller Art immerhin nichts schaden kann — und ganz besonders nicht, wenn es so billig zu erlangen ist; 2) der türkische Beamte streicht dabei seine Gewandtheit und Nützlichkeit gründlich heraus und befestigt dadurch seine eigene Stellung; 3) die durch Zahlungen ihrer kurdischen Unterthanen an und für sich schon wenig verwöhnte, diese Unterthanen gleichzeitig aber auch sehr fürchtende und um ihre Gunst im Grunde buhlende türkische Regierung ist über jede, auch noch so kleine, aus solchen Quellen einfliefsende Summe hocherfreut und beeilt sich daher, sowohl die Thätigkeit des betreffenden Beamten, wie auch die Richtigkeit seiner Darstellung dahin anzuerkennen, dafs durch die Einkassierung der fraglichen Kleinigkeit doch jedenfalls das Ansehen und die Herrscherrechte der hohen Pforte gewahrt und behauptet worden sind, ein Präcedenzfall, der um so wichtiger ist, als das mit der Zeit „Inshallah" (so Gott will) ja noch viel besser werden kann. Die soeben beschriebenen Verhältnisse bilden bestenfalls noch die einzig haltbare Grundlage, den wirklich bestehenden modus vivendi für die scheinbare türkische Souveränität in einem grofsen Teile von Kurdistan-Armenien.

Vor ein paar Jahren war die türkische Regierung, angeregt durch ihre während des Krieges mit Russland gemachten Erfahrungen, auf den Gedanken verfallen, sich aus den Kurden ein ähnliches Kriegsmaterial zu schaffen, wie Russland es in seinen Kosacken besitzt. Theoretisch könnte ein solches Vorhaben den nicht näher in die Frage

Eingeweihten allenfalls schon begreiflich und dann auch um so verführerischer erscheinen, als die gesamten Kurden wohl 200 000 waffenfähige, gute Reiter aufzustellen vermöchten, eine Zahl, die wohl auch dem mächtigsten Kriegsstaate in bestechendster Weise wünschenswert erscheinen dürfte.

Die Türkei kann indessen nie darauf rechnen, ihre Kurden ebenso auszunutzen und über dieselben so unbeschränkt zu verfügen, wie Russland es mit seinen Kosacken so erfolgreich thut. Der russische Kaiser und seine Verwaltung verfügen ihren Kosacken gegenüber sowohl aus nationalen, wie auch aus allgemeinen, aus spezifisch militärtraditionellen, seit nunmehr 200 Jahren wirkenden Gründen, denn doch über ein ganz anderes Ansehen als es das ist, welches die schwache und schlecht regierte Türkei den aufsergewöhnlich unbotmäfsigen oder gar auf ihre wirkliche Unabhängigkeit besonders stolzen Kurden gegenüber besitzt. Trotzdem und ohne natürlich über eine genauere Kenntnis des Kosackentumes, wie auch seiner eigenen Kurden zu verfügen, begann der Sultan die **Einrichtung der Hamidijés**, wie die Einrichtung genannt wurde, welche die Kurden in Regimenter vereinigen sollte.

Bis zum Sommer 1894 waren 60 000 Kurdenreiter in diese besonderen Regimenter eingereiht, da aber wurde es Sr. Majestät, dem es früher niemand zu erklären gewagt, auf einmal selbst klar, ein wie gefährliches Spiel diese Geschichte unter Umständen werden könnte und meiner Ansicht nach unbedingt werden mufs; denn es unterliegt keinem Zweifel, dafs die Kurden, im Bewufstsein ihrer durch Bewaffnung und Schulung gesteigerten Kraft, sich viel eher gegen die Türkei auflehnen, als derselben grofse Dienste gegen Russland leisten würden. Dies Alles überlegte man sich indessen, wie so häufig in der Türkei, erst dann, als man schon auf halbem Wege war, d. h. man hielt in der weiteren Ausdehnung des Hamidijé-Systems inne, nachdem man, wie schon gesagt, es auf 60 000 Mann bereits angewandt hatte und es diesen gegenüber nicht mehr zurücknehmen konnte.

In manchen, auch gewichtigen Conversationslexicas, Reisebeschreibungen u. dergl. finde ich häufig oder richtiger gesagt meistenteils, eine die Kurden betreffende, der Thatsächlichkeit durchaus nicht entsprechende Darstellung. Mit Hinweisung auf Rich und andere Gelehrte wird da nämlich die Sache so dargestellt, als ob die Kurden in zwei Kasten zerfallen, die sogar in ihrer Körperbildung von einander so verschieden beschrieben werden, dafs man geradezu an zwei besondere Völkerschaften denken sollte, und zwar etwa in dem Sinne, wie namentlich im alten Polen an Sarmaten oder im alten Frankreich an die herrschenden germanischen Franken und deren gallische oder keltische Unterthanen.

So spricht z. B. das Rich und Andere anführende Meyersche Konversationslexikon sehr bestimmt von den „sich aufserordentlich von einander unterscheidenden Assireten und Guranen etc.". Das klingt nun wohl ganz schön und gelehrt, beruht aber gleich vielem andern ausschliefslich auf Unkenntnis oder groben Mifsverständnissen. Das Wort Aschirett (und keinenfalls Assiret) von den Kurden aus dem Arabischen Ashair gebildet, bedeutet einfach Stamm, la tribu. So kommt es denn, dafs, wenn man sich nach den Verhältnissen eines Kurden erkundigt, man ihn natürlich auch fragt, aus welchem Aschirette er sei und darauf die Antwort erhält, vom Aschirette Bhotan, vom Aschirette der Daoudijés, der Hamawands u. s. w. Es giebt keinen Kurden, der nicht zu irgend einem Aschirette gehört.

Das Wort Garan (und nicht Guran — wie es nie und nirgends ausgesprochen wird) bedeutet Hirte, wird aber auch häufig (so etwa wie in Ägypten das Wort Fellah) auf jeden Landbauer angewandt und zwar um so mehr mit Recht, da bei demselben die Viehzucht in den betreffenden Gegenden doch immer die Hauptsache ist. Gelegentlich wird dieser Ausdruck auch als Schimpfwort benutzt, z. B. von Seiten eines gerade in den Bergen hausenden, auf seine Freiheit zu rauben, keine Regierung anzuerkennen und einer solchen nichts zu zahlen, stolz pochenden Kurden, gegenüber einem sich augenblicklich mit bezahlter Pachtung und Bearbeitung von Land beschäftigenden Stammesgenossen, auf den ersterer dann als auf einen elenden Garanen losschimpft. Sehr oft ist es auch der Fall, daſs einige leibliche Brüder aus derselben Familie in dem Rich'schen Sinne Aschiretten, während gleichzeitig mehrere andere Garanen sind und bei Zänkereien mit diesem Ausdrucke beschimpft werden könnten. Ebenso kommt es alle Tage vor, daſs ein Kurde heute ein Aschirette und übers Jahr ein Garane oder umgekehrt werden kann. Auch der gröſste kurdische Räuberfürst ist natürlich vor allen Dingen als Herdenbesitzer auch ein Garane. Das Ausschlaggebende bleibt indessen immer das, daſs der Ausdruck Garane erst dann als wichtig und bezeichnend hervortritt, wenn der Kurde damit seine Verachtung einem Menschen gegenüber kund geben will, der sich dadurch erniedrigt, daſs er sich mit irgend einer

Unternehmung befafst, welche die, sei es auch nur scheinbare oder zeitweise Anerkennung der türkischen Regierung mit sich bringt. Unter solchen Umständen ist es vollständig unbegründet und klingt für jeden in die Frage Eingeweihten lächerlich, wenn von der oben erwähnten Einteilung, noch dazu in gelehrt-gediegener Form, die Rede ist. Nicht allein in Kurdistan selbst, sondern auch jetzt, während ich dies hier in London schreibe, habe ich ein paar Kurden um mich, konnte ihnen aber, mich mit ihnen über diesen Gegenstand unterhaltend, lange nicht klar machen, wie man überhaupt auf die Idee hat kommen können, die Kurden in zwei besonders geschiedene Kasten oder gar Gattungen einzuteilen.

Am 22. Juni brach ich von Sört auf und ritt an diesem Tage wieder einmal mehr als 10 Stunden lang durch eine der herrlichsten Gegenden, die man sich nur ausmalen kann. Bald schlängelte sich der Saumpfad an steilen, 1000 bis 2000 Fufs tiefen Abgründen entlang; alle Augenblicke hatte man, wie in einem Panorama, die verschiedensten, überraschendsten und wechselndsten neuen Aussichten und Durchblicke; bald wieder kam man durch einen herrlichen, von wohl tausendjährigen Eichen und Platanen gebildeten Wald, was ich um so mehr genofs, als Kleinasien im allgemeinen sehr arm an dem, was wir in Europa wirklich schöne Wälder nennen, ist.

Auch mein Lagerplatz war an diesem Tage einer der hochpoetischsten und grofsartigsten Orte, die man sich nur denken kann, wie ich denn überhaupt nicht genug hervorheben kann, dafs die ganze Gegend von Djeziréh bis Bitlis in dieser Beziehung zu den schönsten gehört, die Allah auf dem ganzen Erdenrunde überhaupt erschaffen hat. Hier empfing ich auch den Besuch des Kaimakams von Maaden, sowie der beiden angesehensten Kurdenchefs dieser Gegend, Abdul Aziz Ibn-Osman Beg und Ali Behar. Beide hatten etliche Reiter mitgebracht, die mich in ihrem Namen wie auch in demjenigen ihrer Verbündeten in Modikan und Bhotan, bis nach Bitlis — honoris causa — begleiten sollten. Einige dieser Leute hatten allerdings infolge alter Rechnungen in Bitlis event. Unannehmlichkeiten zu gewärtigen. Dennoch war das nicht so schlimm, denn früheren Vorfällen gemäfs war es mir bekannt, dafs ich event. die Verantwortlichkeit für einen vom Generalgouverneur zu beobachtenden Comment suspendu den mich aus Höflichkeit begleitenden Kurden gegenüber getrost übernehmen könne. Meine Voraussetzung bewährte sich denn auch vollkommen, da der Generalgouverneur von Bitlis die betreffenden Kurden sogar ohne weiteres zu Tische lud und als ob nichts geschehen wäre, aufs Zuvorkommendste behandelte.

Der eben erwähnte Kaimakam erzählte mir unter anderem, dafs dicht bei Maaden sich uralte Goldbergwerke befänden, was übrigens auch dem Namen des Ortes entspricht. Dieselben würden zwar von niemandem mehr regelmäfsig ausgebeutet, dennoch aber würde bei einigem Glücke hin und wieder noch Gold gefunden. Es geschähe das in der Weise, dafs es jedem gestattet sei, in diesen übrigens sehr tiefen und daher dem Volke unheimlichen Werken sein Heil zu versuchen. Einigen glücke es wohl hin und wieder, sich mit Hilfe von Goldfunden plötzlich aus bedrängten Verhältnissen herauszureifsen und sogar zu wohlhabenden und angesehenen Leuten emporzuschwingen, andere aber hätten, wohl weil Allah es nicht so gewollt, alle ihre Mühen und Hoffnungen unnütz verschwendet.

Am anderen Tage war mein Weg wieder ebenso schön, aber auch gleichzeitig ebenso fürchterlich wie an den vorhergehenden und ich weifs wirklich nicht, was man sich in Europa dabei denkt, wenn man z. B. von einer grofsen Strafse fabelt und schreibt, die Erzerum über Bitlis und Sört mit Mossul verbinden soll. Offenbar werden solche Strafsen beim Studieren der in Kabinetten ausgebreiteten Karten geradezu erdacht oder durch die durch eine Linie auf irgend einer Karte bezeichnete Richtung begründet, in der Voraussetzung, dafs von gewissen gröfseren Orten gewisse Strafsen ausgehen müssen. In Wirklichkeit geht es auf dem hier besprochenen Wege, Kilometer auf Kilometer, fast ununterbrochen so zu, dafs ein Pferd buchstäblich zwischen grofsen und kleinen Felsen und Geröll mühsam ein Plätzchen suchen mufs, wo es seinen Fufs niederzusetzen vermag; aber auch das gelingt lange nicht immer und müssen notgedrungen nur gar zu oft die Füsse mitten auf scharfe und rollende Steine gesetzt werden. Manek führte bei solchen Gelegenheiten oftmals ununterbrochen lange und vielsagende Selbstgespräche oder machte auch Bemerkungen, die offenbar auf mich oder andere Zeugen gemünzt waren. Es waren die verschiedenartigsten hm, hms, bald lauter oder leiser schnaubend, bald aber wieder gurgelnd oder schnuppernd hervorgebracht und jedenfalls höchst mannigfaltig. Allmählich waren mir viele dieser Äufserungen ganz verständlich geworden, denn einige bedeuteten offenbar so etwas wie: das ist doch aber wirklich ganz arg und unerhört und offenbarer Wahnsinn, auf solchen Wegen zu reisen; oder aber, wenn eine besonders lange und schwierige Stelle glücklich überwunden war, hiefs es: Gottlob oder, wahrscheinlich wohl auf arabisch „Elhamdul-illah", dafs das endlich abgemacht ist, es wird „Inshallah", hoffentlich so bald nicht wieder vorkommen. Bisweilen amüsierte mich das Anhören dieser wirklich ebenso vielsagenden wie komischen Bemerkungen während ganzer Stunden.

Nur wer mit edlen arabischen Pferden jahrelang immerfort zu thun gehabt hat, wird mich event. ganz verstehen, wenn ich sagen möchte, dafs dieselben in mancher Beziehung fast etwas Affenartiges haben, was durchaus nicht mit unsern europäischen Ansichten über Stallpferde übereinstimmt. Ich halte Pferde im allgemeinen für geistig oft sehr überschätzt — Araber sind aber doch geistig ganz aufserordentlich regsam und besonders höchst individuell. Manek hafste fast alle anderen Tiere, es sei denn, dafs es ihm ausnahmsweise selbst eingefallen wäre, mit irgend einem Kamele oder einem Esel zu spielen, wobei es letzteren indessen sehr schlecht ergangen wäre, sollten sie und nicht er die Initiative dazu ergriffen haben.

Aufser dem schon früher erwähnten Nebukadnezar, konnte Manek nie ein anderes Pferd in seiner unmittelbaren Nähe vertragen, dennoch aber geriet er in den äufsersten Zorn und machte bisweilen unglaublichen Skandal darüber, wenn aus irgend einem Grunde, z. B. um zu einer Tränke geführt zu werden, die 12 bis 15 anderen Pferde, die von ihm in einer gewissen Entfernung, seiner Ansicht nach offenbar für ihn zur Gesellschaft angekettet standen, weggebracht werden sollten.

Was endlich gewisse Gewohnheiten anbetrifft, wie z. B. dafs ein arabisches Pferd sich auf einmal mit einem

Hinterhufe ganz sorgfältig das Ohr kratzt oder den Haarbüschel auf seiner Stirn in Ordnung bringt, so mufs man das gesehen haben, um daran zu glauben; ich wenigstens war, als ich solches zum erstenmale sah, geradezu verblüfft vor Erstaunen.

Mein Lagerplatz am 24. Juni, nur wenige Kilometer vom Dorfe Dukhan entfernt, war wieder so prachtvoll, dafs er wohl einiger beschreibender Worte wert sein dürfte.

Man denke sich den recht bedeutenden Flufs Bitlis, tief, wasserreich und schäumend, auf längerer Entfernung zwischen zwei wohl einigen hundert Fufs hohen, steilen Ufern dahinbrausend, und an der für mein Lager ausgesuchten Stelle sogar eine ganze Reihe von wasserfallähnlichen Katarakten bildend. Gleichzeitig bildet an diesem Punkte der Flufs auch eine Biegung, durch die wohl 200 Fufs über ihm eine etwas überspringende kleine Felsenhalbinsel entsteht. Wenn man sich dazu noch ein Terrain hinzudenken will, das ringsumher von den prachtvollsten, uralten Bäumen bald dicht, bald aber auch, wie mein Lagerplatz, hainartig bestanden ist, und dessen Horizont von gewaltigen, den Hintergrund darstellenden Schneebergen gebildet wird, so wird man vielleicht mein jetzt noch in der Erinnerung grofses Entzücken über die Herrlichkeit und Grofsartigkeit solcher Landschaft begreifen und vielleicht auch teilen. Wohl war es gerade ein etwas windiger Tag und es erschien daher ein wenig bedenklich, mein Zelt gerade über diesem, wenn auch sehr schönen, so doch auch etwas unheimlichen Abgrunde aufzuschlagen. Dennoch setzte ich mich über diese Bedenken hinweg, um die Gelegenheit nicht vorüber gehen zu lassen, diesen aufserordentlichen Platz zur Aufstellung meines Zeltes auszunutzen, auf die Festigkeit desselben sowie auf den Gehorsam meiner Leute vertrauend, denen aufgetragen war, die ganze Nacht hindurch zu wachen und die eisernen Zeltpflöcke immer wieder von frischem zu untersuchen und festzurammen.

So glaubte ich denn die Nacht ebenso vortrefflich wie ungestört schlafen zu können. Dazu sollte es indessen doch nicht kommen, denn ich verbrachte den gröfsten Teil dieser Nacht mit einem Anpürschen auf einen Panther. Wie sich später herausstellte, hatten wir demselben durch unser Lager seinen gewöhnlichen, zum Flusse hinabführenden, auf ziemlicher Entfernung einzigen Gang zum Wasser direkt verlegt. Darüber wohl ergrimmt und vielleicht auch ziemlich durstig, wurde dieses Tier in geringer Entfernung laut. Es gelang mir indessen, es zu umschleichen und dank der von Seiten des Panthers wohl allzu sehr auf das ihm den üblichen Weg sperrende Lager gerichteten Aufmerksamkeit so nahe an ihn heranzukommen, dafs ich ihm trotz der herrschenden Dunkelheit dennoch durch einen glücklichen Schufs den Garaus zu machen vermochte, ein Erfolg (das Herankommen nämlich), den ich mir einem namentlich bei Nacht so listigen und vorsichtigen Tiere gegenüber wohl nicht ganz mit Unrecht als beträchtlichen Triumph glaubte anrechnen zu dürfen. Am andern Tage, dem 25. Juni, kam ich in Bitlis an. Die letzten 3 bis 4 km dieser sonst wegelosen Strecke bestehen aus einer wirklich schön gebauten breiten Chaussee, welche wohl dazu bestimmt ist, auf viele Jahre hinaus die Thatsache aufrecht zu erhalten: „dafs eine Chaussee dort wirklich im Baue begriffen sei". Wohin dieselbe, selbst bei kräftiger Inangriffnahme führen und durch welche wilde und unbevölkerte Gegenden — wie z. B. auf der Linie über Sört und Mossul — sie gebaut werden sollte, lasse ich natürlich dahingestellt sein. Jedenfalls würde die Herstellung einer Chaussee auf dieser Strecke jede Simplonstrafse, jede Militärstrafse von Wladikawkas über den Kaukasus nach Tiflis oder dergl. leicht und ohne weiteres in den Schatten stellen, dafür werden aber wohl auch noch ein paar Jahrhunderte darüber hingehen.

XIV.

Aufenthalt in Bitlis. — Über das armenische Hochplateau zum Euphrat.

Merkwürdige Bauart von Bitlis. — Frühere Zustände in Bitlis. — Gute Bauart der Häuser. — Ruinen einer uralten Citadelle. — Hassan Takhsim Pascha. — Diner im Lager. — Grofsartige Zuschauermenge bei demselben. — Mein Koch Hadji Saleh. — Die albanesischen „Bessa's" und ihre Bedeutung. — Glückliche Bärenjagd. — Aufbruch von Bitlis. — Der Ortap-Pafs. — Zu niedrige Höhenangaben auf den Karten. — Viel Schnee im Juni. — Beabsichtigtes Nachtquartier beim Dorfe Kala-Rasch. — Weitermarsch bis Pionk. — Gefecht zwischen Kurden und Armeniern bei Kala-Rasch. — Änderung der Gegend vom Ortap-Pafs ab. — Rauhes Klima und langer Winter in Hoch-Armenien. — Düstere Bauart der Häuser. — Abgeschlossenheit der Bewohner im Winter. — Einförmigkeit des Hochplateaus. — Plünderung einer Karawane durch kurdische und armenische Banden. — Im Verkehr mit den Räubern.

Das schon häufig beschriebene Bitlis ist eine recht merkwürdige und nicht unbedeutende Stadt. Ich halte die meist auf etwa 22000 angegebene Zahl der Einwohner für viel zu niedrig gegriffen und schenke in diesem Falle vielmehr den türkischen amtlichen Angaben Glauben, nach denen Bitlis 36000 Einwohner haben soll.

Die Bewohner der hauptsächlichsten Stadtviertel sehen sich insofern gar nicht, als diese Stadtteile in verschiedenen Schluchten erbaut sind und man daher, um mit einander zu verkehren, irgendwo zusammenkommen mufs, im gegebenen Falle z. B. auf dem Hauptmeidan (Meidan = gröfserer Platz).

Das Gebiet von Bitlis gehörte noch bis nach dem letzten Kriege zum Generalgouvernement von Erzerum, wurde aber hauptsächlich deshalb zu einem eigenen Verwaltungscentrum erhoben, um den in Stadt und Landschaft sehr entwickelten partikularistischen Gewohnheiten oder Bürgerkriegen besser steuern zu können, Gewohnheiten, die sich aus Streitigkeiten aller Art, aus Blutrache und andern Angelegenheiten bisweilen so weit steigerten, dafs sich einzelne Stadtteile von Bitlis untereinander blockierten, Strafsengefechte lieferten u. s. w.

Wohl infolge des bei der Höhe harten Klimas, sowie auch dank dem vorhandenen vorzüglichen Steinmaterial, ist die Bauart der Häuser in Bitlis eine auffallend solide und feste, so dafs alles, noch dazu im Verein mit den vielen schönen und weitläufigen Gärten, einen sehr angenehmen Eindruck macht. Dafür sind aber auch die Entfernungen, die man hier bei Besuchen, von einem Stadtteil zum anderen zu überwinden hat, sehr grofse. Die sehr bedeutenden, auf steiler Anhöhe gelegenen und die ganze Stadt beherrschenden Ruinen der uralten Citadelle von Bitlis sind aufserordentlich schön und so grofsartig, dafs man denken könnte, dieses Schlofs müsse wohl eine wahre Königsburg gewesen sein.

Trotz mehrfacher Erkundigungen ist es mir nicht gelungen, irgend etwas darüber zu erfahren, wann und von wem diese Burg erbaut sei. Jedenfalls mufs sie in alten Zeiten durch ihre Festigkeit eine grofse militärische Rolle in der so wechselvollen armenischen Geschichte gespielt haben. Vielleicht reicht der Ursprung dieser

Feste oder ihre ersten Fundamente in die Zeiten der Kriege Roms gegen die pontischen und armenischen Reiche zurück oder sie hat später auch den aus den abendländischen Häusern der Lusignans und der Champagne entstammenden armenischen Königen gedient. Aber es ist mir, wie gesagt, nicht gelungen, Näheres darüber in Erfahrung zu bringen. Interessant wäre es jedenfalls, wird aber vielleicht nur bei genauerer Durchforschung der betreffenden arabischen und türkischen Chroniken möglich werden.

Zu meiner Zeit war in Bitlis Hassan Takhsim Pascha Generalgouverneur, derselbe, von dem in den Zeitungen jetzt gerade so viel die Rede ist, und zwar im Zusammenhange mit den in seinem Bezirke so viel Aufsehen erregenden Sassunschen und andern Geschichten dieser Art. Hassan Takhsim ist ein recht gut französisch sprechender Albanese und als solcher weit klüger, schlauer und gewandter, als der gewöhnliche echt türkische Durchschnittspascha. Auch auf gutes und nach europäischen Begriffen elegantes Leben hielt er viel, und so kam es, dafs er die gute Gelegenheit benutzte, mir ein grofses Diner anzubieten und ein solches auch bei mir im Lager einzunehmen, bei welchen Gelegenheiten der Champagner natürlich in Strömen flofs. Mein dem Generalgouverneur im Lager gegebenes Diner wurde für Bitlis ein solches Ereignis, dafs sich wohl 10 000 Menschen eingefunden hatten, um, mein Lager als Zuschauer umstehend, nicht nur eine solche Festlichkeit zu bewundern, sondern auch die Art und Weise, wie Seine Excellenz selbst und öffentlich dem Champagner zusprach, und seine Untergebenen fleifsig zu solcher öffentlichen Annahme europäischer Civilisation ganz ungeniert anhielt.

Hadji Saleh, mein Koch, wirklich einer der besten Köche, die man sich selbst nach europäischen Begriffen denken kann, verdunkelte wie früher, so auch natürlich dieses Mal, alles, was man in der Türkei in solcher Beziehung nur irgend zu sehen gewöhnt ist und erntete daher wieder einmal die allgemeine Bewunderung, die, als ihm üblich und gerechterweise zukommend, eine der Hauptgrundpfeiler seines grofsen Selbstgefühles bildete.

Infolge dieser und anderer Begebenheiten war Hassan Takhsim Pascha so sehr auf die Idee versessen, mich um jeden Preis längere Zeit in Bitlis festzuhalten, dafs er mein Vornehmen, nur zwei Tage daselbst zu verweilen, als unmöglich zurückwies.

Als ich ihm aufserdem noch die auf Lederstücke geschriebenen Bessa's[1]) des minidotischen Prizrend's sowie die von Plava und Gussinje in Albanien vorlegte, fiel er fast in Ohnmacht vor Staunen und Entzücken, mich im Besitze so unerhörter Dokumente zu wissen. Ich stieg dadurch so sehr in seiner Achtung, dafs er, sich beugend vor dem Ge-

---

[1]) Eine Bessa repräsentiert für den dieselbe Erhaltenden so etwas wie ein durch Ehrenwort bekräftigtes, in Albanien für sehr heilig gehaltenes Gastrecht. Im Besitze einer solchen Bessa ist man bei etwaigen Reisen auch gegen alle durch Blutrache entstehenden Verwickelungen vollständig gesichert. Das ist aber um so wichtiger, als man bei einer zwischen zwei Stämmen oder Familien herrschenden Blutfehde die betreffenden Gegner z. B. am empfindlichsten in ihrer Ehre durch Tötung ihrer Gastfreunde schädigen kann. Gegen solche sehr gefährliche Möglichkeit, nämlich als Gastfreund gewisser Leute von deren Gegnern ganz besonders gerne getötet werden zu können, kann man nur durch eine von der ganzen Gemeinde oder dem Stamm ausgestellte Bessa geschützt werden, da eine solche für alle, wenn auch untereinander streitenden Parteien verpflichtend ist.

wichte solcher traditionellen albanesischen Auffassungen, sich als meinen für alle Zeiten ergebensten Diener erklärte.

Im Falle ich nur etwas länger in Bitlis verweilen wollte, sollte mir jede denkbare Anzahl von Soldaten zur Verfügung gestellt werden, um mir jede beliebige Anzahl der hier überall zahlreichen Bären und Panther einzukreisen und zuzutreiben und dergleichen mehr.

Fast wäre ich wirklich durch sein Drängen und solche verlockenden Versprechungen in meinen Entschlüssen erschüttert worden; dennoch blieb ich meinen ursprünglichen Absichten insofern getreu, als ich meine Abreise nur um drei Tage verschob, von denen der letzte in der That zu einer Jagd verwandt wurde, bei der ich auch glücklich drei Bären erlegte. Diese Tiere scheinen hier, im Vergleiche zu russischen Bären, nicht sehr grofs zu werden, denn zwei der von mir erlegten wurden als sehr grofs gepriesen, obwohl sie nach meiner Schätzung kaum ein gröfseres Gewicht als etwa 350 bis 400 Pfund hatten, ein Gewicht, das weder in Rufsland, geschweige denn in Amerika für Grizzly-Bären als besonders hoch betrachtet werden würde.

Am 27. Juni brach ich von Bitlis auf. Ich hatte beschlossen, nicht den gewöhnlichen, ziemlich bekannten Weg über Musch einzuschlagen, sondern viel weiter östlich gerade durch die Berge auf Erzerum zu marschieren.

Schon am ersten Tage passierte ich den Ortap-Pafs, nächtigte aber nach einem elfstündigen Marsche bei dem Dorfe Tapawank, das nur ein paar hundert Fufs unterhalb des Gipfels des Nimrud-Dagh lag.

Ich halte sämtliche auf Karten zu findende, das zwischen Bitlis und Erzerum liegende Land betreffenden Höhenangaben für falsch, und zwar für viel zu niedrig.

Ich nehme es deshalb an, weil meine beiden Barometer, an deren Richtigkeit aus schon früher angeführten Gründen ich keine Ursache zu zweifeln habe, es mir bezeugten, dafs ich vom Ortap-Pafs bis Erzerum fast nie tiefer als unter 8000 Fufs herunter gekommen bin, sehr oft aber auch tagelang mich auf einem 9000 und mehr Fufs hohen Plateau befand.

Auch noch andere Umstände zeigen es deutlich, dafs die Gegend zwischen Bitlis resp. dem Ortap-Passe bis zum Palantukam ein aufserordentlich hohes Plateau ist. So sieht man z. B. in der genannten Gegend Bäume nur ganz ausnahmsweise, auch dann nur in sehr beschränktem Mafse, wenn man gelegentlich in ein 1000 oder mehr Fufs tiefer gelegenes Dorf hinabsteigt.

Ich finde den Ortap-Pafs meist mit 1700 bis 1800 m (5940 Fufs) und den Nimrud-Dagh mit 2600 m (8600 Fufs) angegeben. Meine Barometer zeigten dagegen den Ortap-Pafs mit 6500 Fufs, ein Plateau, über das ich etwa 10 km davon entfernt marschierte, mit 8500 Fufs und das Dorf Tapawank (mein bereits erwähntes Nachtquartier) mit 8000 Fufs an. Von da sah ich den ganz dicht dabei belegenen Nimrud gewifs um 1500 Fufs über meinen Standpunkt emporragen, so dafs ich behaupten möchte, dieser Berg müsse mindestens 10000 Fufs hoch sein. Als ich ganz dicht an dem Nazuk-See vorüber kam, den ich an seinem Ostende umritt, zeigten meine Barometer 8400 Fufs Höhe an. Dabei sah ich (also in den letzten Tagen des Juni) alles Land weit und breit zur guten Hälfte mit Schnee bedeckt.

Was nun den meist auf 3800 m angegebenen Sipan-Dagh anbetrifft, so sah ich denselben nicht allein ganz weifs von Schnee und Eis, sondern hörte auch von den Eingeborenen, dafs dieser Berg selbst in den heifsesten Jahren nie schneefrei sei, woraus ich schliefse, dafs unter Berücksichtigung des Breitengrades, unter dem er liegt, der Sipan bedeutend höher als 12500 Fufs sein mufs.

Mein eigentliches Nachtquartier hätte bei Kala-Rasch sein sollen, einem reichen armenischen Dorfe, wo meine Soldaten, sowie auch mein kurdischer Maultiertreiber Naamo und andere auf billige Art zu schwelgen, d. h. einfach zu nehmen ohne zu zahlen, beschlossen hatten! Die Ausführung dieses allen dabei beteiligten Parteien als ganz natürlich und naheliegend erscheinenden Vornehmens sollte als etwas ganz Selbstverständliches, nicht einmal meiner Einwilligung Bedürftiges, so schnell ins Werk gesetzt werden, dafs ich, gerade ein wenig hinter der Karawane zurückgeblieben, dieselbe in Kala-Rasch schon abgeladen vorfand.

Nun traf es sich aber, dafs ich bereits seit einigen Tagen sowohl gegen Naamo, die meine Begleitmannschaft befehligenden Offiziere, sowie auch gegen einige meiner Leute recht ärgerlich war. Es schien mir nämlich, als ob zwischen allen diesen Mächten die Freundschaft und Innigkeit einen Grad erreicht hatte, der mir als über die Grenzen des Wünschenswerten hinausgehend vorkam. So ergriff ich denn die ausgezeichnete Gelegenheit, um grimmig über die ohne meine Zustimmung getroffene Anordnung dazwischen zu fahren. Was, so schrie ich, mich noch zorniger stellend, als ich es wirklich war, so unerhört weit seien nun schon die Sachen gediehen und so weit der Gehorsam gelockert, dafs manche meiner eigenen Leute dabei mitwirkten, sogar Nachtquartiere und Lagerplätze ohne meine Einwilligung zu besprechen und zu bestimmen.

Natürlich kam es darüber zu einer gewaltigen Szene, während der sich, da jeder die Schuld auf den anderen wälzte, Maultiertreiber, Dragomane und sonstige Leute, Soldaten, Offiziere und die mich begleitenden Kurden aufs Fürchterlichste veruneinigten.

Am Ende vom Liede wurde alles wieder aufgepackt und mehrere Stunden weiter bis Pionk marschiert. Leider, und aus diesem Grunde besonders erwähnenswert, wollte ein seltsames Mifsgeschick es so, dafs unser Aufbruch sehr unheilvoll für Kala-Rasch endigte.

In derselben Nacht nämlich, die ich sonst, d. h. ohne den beschriebenen Vorfall, bei Kala-Rasch zugebracht hätte, kam es bei diesem Dorfe zu einem Gefechte zwischen Kurden und Armeniern, wobei die ersteren sieben Tote und fünf Verwundete, die letztgenannten aber zehn Tote und drei Verwundete hatten. Natürlich wäre diese Geschichte weder damals, noch infolge veränderter Verhältnisse wahrscheinlich auch später vorgekommen, wenn ich in jener Nacht mit meiner damals ganz besonders starken militärischen Begleitung neben starker Kurdenbegleitung mein Lager bei Kala-Rasch bezogen hätte. Der armenische Priester von Kala-Rasch, der zusammen mit einigen anderen Leuten nach Pionk geflüchtet war, erzählte mir den Hergang ausführlich, meinte aber gleichzeitig, natürlich habe ein Kyssmett (die Schicksalsfügung) es so gewollt, dafs ich, trotzdem meine Maultiere bereits abgeladen waren, dennoch jene Nacht bei ihrem Dorfe nicht hätte zubringen wollen.

Vom Ortap-Passe an gewahrte ich, dafs ich im Vergleiche zum Bisherigen in eine ganz neue und zwar strenge und düstere Welt eingetreten war, denn so erscheint Armenien überhaupt und auf diesem Hochplateau insbesondere.

Der Winter dauert in diesem Lande neun Monate lang, und auch dann ist es nicht ausgeschlossen, dafs es nicht gelegentlich während der drei übrigen, den Sommer darstellenden Monate auch noch schneien kann. Solchen Bedingungen entsprechend sind denn auch die Wohnungen düster genug gebaut und eingerichtet. Die Häuser haben dicke, aus schwerem Felsgestein aufgeführte Mauern und sind vollständig fensterlos. Die Dächer sind in pilzähnlicher Form gewölbt und haben in der Mitte ein Loch, welches gleichzeitig als Rauchfang und als einzige, das Licht einlassende Öffnung dient. Man kann sich vorstellen, wie düster es in den mangelhaft beleuchteten Räumen aussehen mufs. Die Viehställe bilden einen wesentlichen Bestandteil dieser Behausungen.

Der Schnee fällt in Armenien gewöhnlich 10 bis 20 und noch mehr Fufs hoch und bleibt dann auch natürlich viele Monate lang so liegen, so dafs von den Häusern und von ganzen Dörfern oft gar nichts zu sehen ist. Die Bewohner verzichten dann auch sehr bald auf jeden Versuch, ihre Thüren frei zu behalten und ihr ganzes Augenmerk richtet sich nunmehr nur darauf, die erwähnte Öffnung in den Dächern nicht zuschneien zu lassen oder immer wieder los zu schaufeln. Diese Löcher bilden dann die einzige Verbindung mit der Oberwelt. Durch dieselben erhalten sie Luft, das wenige Licht, das sie beanspruchen, und durch dieselben steigen sie, wenn auch selten, so doch, wenn es nötig wird, heraus, um, durch ebensolche Löcher einsteigend, Besuche in der Nachbarschaft zu machen oder vielleicht auf die Jagd zu gehen. Man sieht daraus, dafs die Bewohner dieses Landes während der gröfsten Zeit des Jahres wie in unterirdischen Wohnungen zubringen und überhaupt infolge der Höhe, auf der sie leben, ein den Grönländern und den Eskimos ähnliches Dasein führen.

Wie bereits erwähnt, kam ich bis Erzerum fast nie mehr niedriger als bis auf 8000 Fufs herunter; Bäume sah ich an manchen Tagen gar nicht. Wohl erschienen die Wiesen, auf denen ich einher- oder an denen ich vorüberzog, gelegentlich grün und saftig, häufig aber waren sie auch von Schnee bedeckt.

Besonders hervorragende Bergspitzen sah ich bis auf weiteres nicht, wohl aber vielfach runde oder kegelartige, ziemlich einförmige und wenig schöne Erhebungen, die das Plateau, auf dem ich einherritt, vielleicht durchschnittlich um 500 bis 1000 Fufs überragen dürften. Mehrere Male begegneten mir sowohl kurdische, als auch armenische bewaffnete Banden von 30 bis 40 Mann. Einmal hatte eine dieser Banden, kaum eine Stunde bevor sie mir begegnete, eine Karawane ausgeplündert, die ich dann, über ihr Schicksal trauernd und ihren Ruin beklagend, auf meinem Wege überholte.

Ob aus Artigkeit oder auch weil sie sich zu schwach fühlten, meine Karawane zu überwältigen, mag dahingestellt bleiben, jedenfalls aber liefsen sie mich ganz unbehelligt und bei zwei Gelegenheiten ritten sogar die Anführer an mich heran, um sich ein wenig mit mir zu unterhalten, meine Pferde zu bewundern und eine gleich am Wege gebraute Tasse Kaffee nebst Cigaretten zu geniefsen. Trotz alledem war doch einige Vorsicht geboten, denn man hörte weit und breit von nichts anderem als von der im ganzen Lande mehr und mehr zunehmenden Unsicherheit, von beraubten Karawanen, angegriffenen Dörfern und von Gefechten zwischen Kurden und Armeniern sprechen.

XV.

Kurdische Räuber und ihre Ansichten. — Die Gegend nördlich vom Euphrat. — Beiträge zur Kenntnis der kurdisch-armenischen Wirren.

Schwieriger Übergang über den Euphrat. — Zweites Zusammentreffen mit Räubern. — Lange Unterredung mit einem Führer derselben und dessen Anschauungen über sein Räuberleben. — Gewisse Berechtigung derselben. — Begegnung mit einer Schlange. — Starke Bevölkerung der Gegend nördlich vom Euphrat. — Zusammensetzung der Bevölkerung. — Tscherkessen-Dörfer. — Gute und schlechte Eigenschaften ihrer Bewohner. — Ihre Versuche, den Reisenden um Fürsprache bei russischen und türkischen Behörden zu bewegen. — Zutrauen zu der Urteilsfähigkeit und Gerechtigkeit der Europäer. — Unterbreitung von Streitigkeiten zwischen Kurden und Armeniern zur Schlichtung durch den Reisenden. — Versuch der Armenier, zum Islam überzutreten.

Den Euphrat passierte ich auf einer Brücke, an einer „das blutige Wasser" genannten Stelle, ein Name, der davon herrühren soll, daſs da von jeher viel Blut geflossen ist, sowohl in Stammes- und Blutfehden aller Art, als auch bei Gelegenheit von an der Stelle auf Karawanen verübten Überfällen. Und in der That kann man sich schwer einen für Überfälle geeigneteren Platz denken, als dieser Platz es ist. Um über den hier zwischen 500 bis 600 Fuſs hohen Ufern dahinflieſsenden Fluſs zu gehen, muſs man auf der einen Seite erst in einem langen und schwierigen Hohlweg bergab reiten und dann wieder das andere sehr steile Ufer langsam und mit groſser Beschwerde erklimmen.

Unter solchen Bedingungen ist es für einige gut aufgestellte Schützen ein Leichtes, selbst einer grofsen Anzahl von Gegnern an diesem Orte den Weg zu versperren oder aber dieselben wie in einer Mausefalle abzufangen und gemächlich niederzuschiefsen. Auch mir sollte es beschieden sein, hier eine grofse Räuberbande vorzufinden, und zwar waren es dieses Mal fast 100 mit Martini-Gewehren bewaffnete Männer. Einer solchen Bande und noch dazu an einem ihr so günstigen Orte wäre ich allerdings nicht gewachsen gewesen; das war aber glücklicherweise auch gar nicht nötig, denn ich wurde mit ritterlichster Höflichkeit behandelt. Der Anführer kam mir entgegengeritten und stellte sich als Ibrahim Beg aus Melasgaerd vor. In Kürze dargestellt, bestanden seine Erklärungen und was ich sonst noch über ihn erfuhr, in folgendem: Er sei ein Mann von ältestem kurdischen Adel (also eigentlich mit suveränen Ansprüchen); persönlich sehr reich und dadurch noch angesehener, als es ihm durch seine Geburt schon ohnehin zukam. Er könnte, wenn es darauf ankäme, 500 militärisch bewaffnete Krieger ins Feld stellen; augenblicklich hätte er etwa 100 Mann um sich, die mehr als genügend wären, mir den Weg zu sperren; er denke aber auch nicht im entferntesten an derartiges, da er viel zu edel sei, um vornehme Herren anzugreifen und nun gar mich, von dem er gehört hätte, dafs ich von einer so weiten Reise zurückkehre, Gott weifs von wo, aus dem tiefsten Innern von Arabien, von da, wo die Wahabiten hausen und jetzt von Ibn-Raschid regiert würden, dem nunmehrigen und seit Abdul Kerims Zeiten gröfsten Räuberhauptmann der Welt. Es sei ihm, so sagte er, zwar durchaus nicht klar, wie ich aus den Händen solcher Leute, wie die Wahabiten es seien, habe lebendig herauskommen können und es würde ihn daher im höchsten Grade interessieren, Näheres darüber, wie auch, wenn möglich, einiges wirklich Authentische über die religiösen Ansichten dieser Leute zu erfahren.

Ibrahim Beg war zwar aufgefordert worden, in die Hamidijés einzutreten, aber infolge von Ränken in der Umgebung des in Erzingjan befehligenden Mouskirs sollte er, Ibrahim Beg, sich mit dem Range eines Majors begnügen, was ihm natürlich nicht passe und zwar um so weniger, als ein Nachbar und Konkurrent von ihm, ein Agha, der keine 300 Bewaffnete aufzustellen vermöge, Oberst sein solle. Natürlich werde dieser Agha keinen Genufs von dieser Ernennung haben, denn er, Ibrahim, wolle sein Leben dafür einsetzen, jenen Agha, seinen Gegner, umzubringen. Jene Ernennung zum Obersten habe der Betreffende übrigens nur dadurch erlangt, dafs er dem ersten Adjutanten des Mouskirs ein sehr kostbares arabisches Pferd als Bakschisch gegeben habe. Ibrahim Beg war, wie er mir sagte, äufserst froh darüber, mir das alles genau auseinandersetzen zu können, damit ich unterrichtet sei und gegebenenfalls auch in Erzerum oder Konstantinopel darüber sprechen könne. Ich that das später auch wirklich und zwar insofern mit Erfolg, als sich bei näherer Untersuchung die Geschichte von der Bestechung des Adjutanten als wahr herausstellte und der betreffende Offizier zur Strafe dafür nach Yemen versetzt wurde.

Da alle diese Unterhaltungen sich sehr in die Länge zogen, schlug mir Ibrahim Beg endlich vor, doch in aller Ruhe einen Kaffee mit ihm einzunehmen, während meine Karawane ihren Weg fortsetzen möge; aufserdem wollte er mir auch noch seine 100 Reiter in mannigfaltigen Phantasieen und anderen, mehr regelmäfsigen Übungen vorführen. Das geschah denn auch alles, und so kam es, dafs ich mehrere Stunden mit ihm verbrachte, während welcher er immer gemütlicher und seine Unterhaltung für mich immer belangreicher wurde.

Was Ibrahim Begs sogenanntes Räuberhandwerk anbetrifft, so fing er selbst an, darüber ausführlich zu sprechen, und das klang in seinem Munde ganz anders, als europäische, unter dem Schutze bester Polizèi lebende Spiefsbürger über solche Fragen zu denken gewohnt sind. Manche von Ibrahim Begs Auffassungen waren mir allerdings nicht mehr neu, da ich dieselben schon früher von ihm ähnlichen Räuberführern oder Beduinen gehört hatte. Mit ziemlich ähnlichen Beweismitteln wie die Beduinen begründete auch Ibrahim Beg sein Recht, z. B. Karawanen auszuplündern oder von denselben, wenn das vorher so besprochen, Tribut zu erheben; denn erstens gehöre das Land ja unbedingt ihm und seinem Stamme und zweitens sei die Wegnahme von Kaufleuten gehörenden Waren ja eigentlich nur eine Zurücknahme dessen, was die Kaufleute durch gewinnsüchtigen Handel und Betrug von den wirklichen Herren des Landes und Anderen erbeutet hätten. Wer die im Oriente allgemein im Handel herrschende Unehrlichkeit kennt, namentlich einfachen Landleuten gegenüber, der wird eher begreifen können, dafs sich eine derartige Auffassung und Beurteilung der Kaufleute hat herausbilden können.

Zum Schlusse will ich noch als erwähnenswert hervorheben, dafs Ibrahim Beg auch in seiner äufsern Erscheinung ohne Zweifel manchem meiner Leser und noch mehr meinen

Leserinnen (im Falle ich das Glück habe, auch einige solche zu finden) als guter und romantischer Vertreter eines Räuberhauptmannes, wie er eventuell zu sein hat, erschienen wäre; denn er war ein ungewöhnlich schöner Mann von etwa 30 Jahren, hatte, wie man das im Orient auffallend oft findet, sehr gute Manieren und war bei alledem natürlich ebenso malerisch wie reich gekleidet, bewaffnet, und auch vorzüglich beritten. Nachdem ich mich von ihm verabschiedet hatte, machte ich mich daran, meine Karawane einzuholen.

Als ich auf dem anderen, bereits als hoch und steil erwähnten Ufer des Euphrat hinaufgeritten war, gewahrte ich, als erster oben ankommend, gerade vor mir auf dem Wege etwas, das mir wie ein dicker, schwarzer und danach zu urtheilen, wohl verkohlter Baumstamm vorkam. Ich hatte indessen kaum die Zeit, solchen Gedanken zu fassen und diesen Gegenstand genauer anzusehen, als derselbe auch schon lebendig wurde und sich als eine ganz gewaltige kohlschwarze Schlange entwickelte, die nicht weiter als etwa vier bis fünf Schritte von mir unter starkem Gezische über den Abhang des nahen Abgrundes hinwegglitt und sich so meinen weiteren Blicken entzog. Nach ungefährer Schätzung betrug die Länge der Schlange nicht weniger als 12 Fuſs, eher noch mehr, und ihre Dicke hatte den Umfang des Oberarmes eines starken Mannes. Mir erschien sie an diesem öden und hohen Orte sehr auffallend. Bei meinem auſserordentlichen Hasse gegen Schlangen ließ ich eine Menge Leute wohl eine halbe Stunde lang nach ihr suchen, aber leider vergeblich, und so muſste ich meinen Weg weiter fortsetzen, ohne das gräuliche Tier getötet zu haben.

Mein Nachtlager schlug ich am 29. Juni bei Zerinek und am darauffolgenden Tage (30. Juni) bei Kozly auf. Felder sah ich so gut wie nirgends; nur ganz ausnahmsweise werden bei den an einer niedrigeren und geschützteren Stelle gelegenen Dörfern etwas Gerste und Wicken gebaut. Trotzdem scheint die Gegend nördlich vom Euphrat ziemlich bevölkert zu sein, denn ich kam jeden Tag durch sechs bis acht Dörfer und sah bisweilen das Doppelte und Dreifache dieser Zahl abseits von meinem Wege zerstreut liegen.

Die Kurden bilden in dieser Gegend durchschnittlich zwei Drittel, die Armenier ein Drittel der Bevölkerung. Auch einige tscherkessische Dorfschaften liegen zerstreut umher. Die aus dem Kaukasus in die asiatische Türkei ausgewanderten Tscherkessen sind mit ihrem Lose im allgemeinen höchst unzufrieden. Sie klagen sehr und möchten gerne in ihre Heimat zurück. Sie sind nicht üble Acker- und noch bessere Gartenbauer, gleichzeitig aber auch überall als rücksichtslose und ohne Not blutdürstige Räuber sehr gefürchtet. Wo ich nur immer in die Nähe von Tscherkessen kam, wurde ich von ihnen mit allerlei Anliegen förmlich belagert. Bald sollte ich allerlei persönliche oder auch ihre Dorfschaften betreffende Angelegenheiten in der Provinzial-Hauptstadt oder in Konstantinopel in Ordnung bringen, bald wieder mich bei der russischen Botschaft verwenden, damit dieselbe ihnen die Rückkehr nach dem Kaukasus gestatte.

Alle meine Vorstellungen, daſs sie ja als fanatische Mohammedaner die Russen lange hartnäckig bekämpft und dann endgültig in die Türkei ausgewandert seien, daſs ich somit in gar keinem Landsmannschaftsverhältnisse zu ihnen stände, fruchteten nichts. Ich sollte vielmehr durchaus verpflichtet sein, ihnen, wenn auch nur als ehemaliger Landsmann, beizustehen und als solcher selbst bei den türkischen Behörden für sie eintreten. Nur wenige unter diesen Leuten sprechen etwas Russisch. Solche wurden aber weit hergeholt, um mir die verschiedenartigsten, oft ganz unerhörten Anliegen Anderer auseinanderzusetzen. Wohl lernt man auf diese Art Land und Leute kennen, wie einem überhaupt nichts, eigenen und fremden Leuten gegenüber, ein so unbeschränktes Ansehen verleiht, wie ein Eingehen auf die verschiedenen Bedürfnisse und Anliegen. Leider erfordert das aber auch einen ganz ungeheuren Aufwand von Zeit und Mühe, denn man gerät dabei immer weiter, wie man zu sagen pflegt, vom Hundertsten ins Tausendste. Oft habe ich mir gedacht, dafs man im ganzen Orient eigentlich nur zu wollen hat, um ohne die geringste Rechtsbasis dennoch ohne weiteres befehlen und wie ein unbeschränkter König nach Belieben schalten und walten zu können. Bei nur etwas vernünftigen und gerechten Anordnungen oder Entscheidungen, bisweilen ganze Kleinigkeiten betreffend, kommt man sofort in den Ruf aufserordentlicher Weisheit und Gerechtigkeit, welche Eigenschaften dann sofort zum allgemeinen Besten ausgebeutet werden sollen. Der Betreffende wird deshalb, wo er auch hinkommt, von den hadernden Parteien aufgefordert, womöglich die Rolle eines Ratgebers und Schiedsrichters zu spielen.

Das sollte ich denn durchaus in grofsem und ganz unbegründet bedenklichem Mafse auch thun. Als typisches Beispiel mag es hier mitgeteilt werden. Kaum war ich in Tschewerma angekommen, als sich auch allerlei verschiedene Elemente einfanden: der Kaimakam, allerlei Armenier mit ihren Priestern und Dorfältesten, Kurden und Tscherkessen.

Abgesehen von einigen kleineren Angelegenheiten, war es eine Hauptgeschichte, welche die Gemüter und Interessen in Anspruch nahm. Kurden sollten 6000 zu Tschewerma (?) und einem benachbarten Dorfe gehörige Schafe geraubt haben. Der Kaimakam hatte wohl die Partei der Armenier ergreifen wollen, verfügte aber nicht über genügende militärische Kräfte, um seinem Willen Nachdruck zu geben und zehn von ihm zu den Kurden geschickte Soldaten waren denn auch mit Flintenschüssen zurückgetrieben worden, wobei ein Soldat und ein Armenier erschossen und ein zweiter Soldat schwer verwundet worden war. Weitere Bedrückungen fürchtend, hatten sich die beteiligten Armenier, ihre Dörfer aufgebend, in zwei benachbarte tscherkessische Dörfer geflüchtet, und waren nun bereit, die Tscherkessen als ihre Schutz- und Lehnsherren anzuerkennen, ja sogar zum Islam überzutreten[1]), nur um von den Kurden loszukommen.

---

[1]) Die Abgeordneten, darunter auch Priester von mehr als 20 armenischen Dörfern, wandten sich an mich mit der Bitte, ob ich ihnen nicht dazu behilflich sein könnte, zum Islam überzutreten. Mit einer einzigen Ausnahme, wo der Sultan es gestattete, hatten die örtlichen Behörden es abgelehnt, diese Bekehrungen anzunehmen. Man fürchtete wohl mit Recht, dafs die Nachricht von armenischen Massenbekehrungen in Europa wahrscheinlich einen gar zu grofsen und gefährlichen Spektakel hervorrufen möchten.

Einst fragte ich einen armenischen Priester, wie es denn wohl zu erklären sei, dafs, nachdem seine und seiner Landsleute Vorfahren 1500 Jahre aufs Hartnäckigste am Christentume festgehalten, sie dasselbe nunmehr, nach den Gesprächen zu urteilen, recht leichten Herzens aufgeben wollten. Es sei doch schwer anzunehmen, so meinte ich, dafs ihr Leben in früheren,

Die Kurden ihrerseits bestritten vor allen Dingen die Zahl der 6000 Schafe als eine unwahre und böswillig übertriebene und machten aufserdem die schon früher erwähnte Ansicht geltend, dafs sie ja die Herren des Landes wären. Auf Gehorsam und Tribut von Seiten ihrer Unterthanen hätten sie also nicht allein ein Recht, sondern dasselbe wäre auch von jeher, ja auch von den Türken geduldet, also auch anerkannt. Meine Einwendungen, dafs mich das alles doch nicht im geringsten anginge, leuchtete den Leuten durchaus nicht ein; im Gegenteil hiefs es — und es wurde mir sogar von meinen eigenen Leuten dringend vorgestellt —, ich könnte doch unmöglich verweigern, durch Ordnen aller dieser Fragen für wenigstens zehn Ortschaften Gutes zu stiften und eine friedliche Existenz wieder herzustellen, was um so leichter sein sollte, als ja keine Partei etwas wirklich Unvernünftiges oder ganz Unbilliges zu verlangen behauptete. Es handle sich im Grunde ja nur um die Schwierigkeit, einen Menschen zu finden, der die

---

alten Zeiten ein leichteres als jetzt gewesen sei. So wollte es mich bedünken, dafs die Anhänglichkeit der Armenier am Christentume abgenommen, die Liebe aber für ihr Vieh und sonstigen materiellen Besitz in entsprechendem Mafse zugenommen habe. Ja, antwortete er mir darauf, teilweise ist das auch so, der Hauptgrund aber des Umschwunges unserer Entschliefsungen ist der, dafs unsere Einsicht eine gröfsere geworden ist. Offenbar ist der Prophet stärker als Jesus und möge daher Gott die Verantwortlichkeit für unseren Übertritt selbst übernehmen, denn wir haben für seinen vermeintlichen Sohn während 1500 Jahre das Unserige gethan. Das ist wohl genug und wenn Gott uns so lange vergeblich auf seine Hilfe hat warten lassen, so ist es klar, dafs er sich entweder selbst unseren Abfall zuzuschreiben habe oder aber Jesus ist in der That nicht sein Sohn und sind wir lange genug im Irrtum gewesen und für unser eigensinniges Festhalten an demselben sogar mit Recht bestraft worden. Jedenfalls kein unlogischer Gedankengang!

Untersuchung und Entscheidung aller dieser Fragen übernehmen möchte, und der von keiner Partei beeinflufst und beiden Parteien gleich angenehm sei. Alle untereinander Hadernden waren übereingekommen, von meiner Anwesenheit in dieser Beziehung Nutzen zu ziehen; sogar der türkische Kreischef erklärte mir, er würde sehr zufrieden sein, wenn ich die ganze Geschichte ordnen wollte. Was er auch thun könne, würde doch nicht gelingen und eventuell sogar zu seinem Schaden auskommen. Was sollte er übrigens thun? Unnütz oder zu seinem eigenen Verderben schreiben, dafs in seinem Bezirke gröfsere Unordnungen vorhanden, deren Herr zu werden er nicht im Stande sei. Die Kurden gehorchten ihm nicht und 50 Soldaten, über die er verfügte, wären ungenügend, seinen oder auch der Regierung Willen durchzusetzen. Mehr Truppen würde man ihm doch nicht zur Verfügung stellen, wie denn überhaupt gröfserer Lärm seinerseits wegen der vorliegenden Schwierigkeiten höchstens dazu führen könnte, dafs er, der Kaimakam, noch dazu ein Familienvater, seiner Stellung entsetzt werden würde, wie denn in der Türkei ja bekanntlich der Wechsel oder die Absetzung von Beamten die einzigen, das Vorhandensein einer Regierung bestätigenden Symptome sind.

Zwei Vorschläge wurden mir, als allgemein gewünscht, nahe gelegt; ich sollte entweder die Ergebnisse einer genauen Untersuchung in meinen Kalender eintragen und gestatten, dafs alle betreffenden Parteien mich in ihren Klagen als mafsgebenden Zeugen in Konstantinopel aufstellen könnten, oder aber — und das wurde als viel fördernder noch mehr gewünscht — ich sollte die ganze Angelegenheit lieber gleich selbst erledigen. Wenn ich das übernehmen wolle, so würde man, Bibel und Koran küssend, auch in Gegenwart und zur Kontrolle der Gegenparteien, mir zum besseren Verständnis der Sachen nur ausschliefslich wahre Einzelheiten mitteilen, so dafs ich mir schon ein richtiges Urteil bilden und dem entsprechend auch darüber zu urteilen im Stande sein dürfte. Dadurch allein würde es mir überhaupt möglich sein, irgend etwas als Thatsache festzustellen.

Doch ich will meine Leser nicht mit einer weiteren genauen Darstellung aller dieser sehr weitläufigen Verhandlungen und darauf folgenden Anordnungen behelligen, und zwar um so weniger, als das bereits Erzählte durchaus nicht vereinzelt dasteht und wohl hinreicht, es meiner Absicht gemäfs genügend klar zu machen, wie patriarchalisch es unter einer solchen Bevölkerung hergeht und eine wie grofse, fruchtbringende und gleichzeitig bequeme Wirksamkeit eine nur halbwegs ehrlich und billig denkende Verwaltung hier finden könnte. Das böse Schicksal will es indes so, dafs Allah der Türkei wohl allerlei Vorteile geschenkt, ihr aber anderseits nicht allein eine halbwegs erträgliche Regierung versagt, sondern auch diesen sonst so herrlichen Ländern eine Verwaltung auferlegt hat, die an Unfähigkeit und Schlechtigkeit wohl alles Dagewesene überbietet und der Bevölkerung eine ordentliche Existenz ganz unmöglich macht.

XVI.

Von Madrak über Erzerum nach Trapezunt.
Ende der Reise.

Im Lager bei Madrak. — Sperrforts am Palantukam. — Wichtigkeit von Erzerum als Schlüssel zu Kleinasien. — Seine Lage und Befestigung. — Feste Stellung von Dewé-Boyun. — Ankunft in Erzerum. — Schneesturm beim Übergang über den Kop-Dagh. — Das Pontische Gebirge. — Aufhören der kurdisch-armenischen Bevölkerung. — Die Lasen und ihre Laster. — Niedrige Stellung der Frau. — Letztes Lager bei Tschairlyk. — Gedanken des Reisenden in Voraussicht des Endes des Lagerlebens. — Schlechtester Weg der ganzen Reise am letzten Reisetage. — Ausgleiten der Pferde an steilen Abgründen. — Höchste Gefahr beim Überreiten einer Granitabdachung. — Ungeheure Anstrengungen der Stute Leila. — Bewufstsein der grofsen Gefahr auch beim Pferde. — Glückliche Überwindung der Schwierigkeiten. — Schönheit und Fruchtbarkeit des Landstriches bei Trapezunt. — Mildes Klima auch im Winter. — Ausgedehnte Obstwälder. — Ausfuhr kostbarer Hölzer aus Trapezunt. — Die Unsicherheit für Europäer in der Umgebung von Trapezunt. — Grofser Handelsumsatz. — Hungersnot im Jahre 1893. — Hohe Preise der Cerealien. — Verkehrte Mafsregeln der Türken. — Einschiffung nach Konstantinopel.

Am 3. Juli lagerte ich beim Dorfe Madrak. Dasselbe liegt gewissermafsen in einem Loche nur wenig unterhalb der höchsten Kuppe des Palantukam und von demselben, wenigstens von der Nordseite, gegen die hier häufig wehenden fürchterlichen Stürme gedeckt.

Bei der 10 000 Fufs betragenden Höhe war es eine recht unangenehme kalte Nacht. Dafür sollte es aber auch die letzte in dieser Art so schlimme sein, denn vom anderen Tage ab stand mir ja wenigstens ein Herunterkommen bis zu 6000 Fufs von diesen auf die Dauer ungemütlichen Höhen bevor. Am andern Tage (4. Juli) überschritt ich den Palantukam (auf türkisch: „Der Sattelverderbende") an seiner höchsten Stelle. Meine beiden Barometer zeigten 10 800 Fufs an.

Zwei türkische, etwa einen Kilometer von einander entfernte, soeben (1893) in ihrem Bau beendete Sperrforts beherrschen diese Höhe und dadurch auch noch manches andere Wichtigere. Beide mit Blendwerk gedeckt, mit den stärksten Kruppschen Geschützen ausgerüstet und überhaupt allen neueren Anforderungen entsprechend, verdienen wohl als Festungswerke ersten Ranges bezeichnet zu werden. Sie dürften wohl die bisher höchstgelegensten Festungen der Welt sein. Eine besondere und ausnahmsweise gut und solid gebaute, von Erzerum auf den Palantukam hinaufführende Chaussee mufste hergestellt werden, um den Bau dieser Befestigungen, sowie das Hinaufschaffen aller für dieselben nötigen Materialien und namentlich der zu ihrer Ausrüstung erforderlichen Riesengeschütze zu ermöglichen. Trotzdem das sonst in der Türkei nicht so leicht der Fall ist, scheint man sich dieses Mal der aufserordentlichen Wichtigkeit dieser Werke so sehr bewufst gewesen zu sein, dafs nichts gespart worden ist, um alles aufs beste zu machen.

Während des letzten russischen Feldzuges in Kleinasien geschah es, dafs nach einigen den Türken vorteilhaften Operationen dieselben doch endlich bei Dewé-Boyun (der Kamelhals) geschlagen wurden und danach auch Erzerum verloren. Zwistigkeiten im russischen Heerlager verhinderten es zwar, dafs Erzerum gleich nach der erwähnten Schlacht eingenommen wurde; Stadt und Festung wurden bekanntlich erst infolge des Waffenstillstandes von den Türken übergeben. Jedenfalls stimmten alle Urteile darin überein, dafs nach der Schlacht bei Dewé-Boyun Erzerum unrettbar verloren gewesen sei, und begründeten diese praktische Lehre noch mehr die folgenden, schon früher anerkannten Grundsätze: Erzerum ist so sehr der Schlüssel zu ganz Kleinasien, dafs, so lange diese Festung nicht gefallen oder eine dieselbe deckende, gleichzeitig aber auch durch die Festung gedeckte Feldarmee nicht geschlagen ist, ein vom Kaukasus kommender Feind auf kein erfolgreiches Weitervordringen in Kleinasien, geschweige denn auf eine Bedrohung Konstantinopels auf diesem Wege rechnen dürfe.

Das von einem starken Wall umgebene und durch acht seit dem Kriege noch umgebaute und neu armierte Forts geschützte Erzerum liegt auf der am Abhange des Palantukam sich ausdehnenden Hochebene. Auf diesem Abhange, also zwischen Erzerum und der Höhe des Palantukam, befindet sich nun die, für eine Erzerum decken sollende Feldarmee höchst geeignete Stellung von Dewé-Boyun. Nun heifst es aber, dafs eine Feldarmee in dieser Stellung fast unangreifbar sein würde, resp. sein sollte, wenn im Rücken derselben sich Festungswerke befinden, die einerseits den Rücken besagter Feldarmee decken, andererseits aber auch dieselbe bei Zurückweisung aller von einem Feinde gegen sie unternommenen Frontangriffe durch übermächtiges Geschützfeuer unterstützen könnten. Solche allerdings sehr wichtige Aufgabe würde somit den beschriebenen Palantukam-Forts zufallen. Da nun aufserdem noch angenommen wird, dafs ein Marsch gegen diese Werke von Norden her nicht recht denkbar ist, so würde die ganze Sache so liegen: Das Eindringen in Kleinasien eines selbst sehr starken, vom Kaukasus herkommenden Feindes ist so lange unmöglich, bis nicht Erzerum gefallen ist. Ein Angriff oder die Belagerung dieser in der Ebene liegenden starken Festung ist aber nicht durchführbar, so lange eine Feldarmee ungeschlagen auf der einzigen, alles beherrschenden Anhöhe steht; diese Feldarmee ist aber wiederum unangreifbar, so lange dieselbe von dem übermächtigen Feuer der ihrerseits wieder von keiner anderen Seite zu umgehenden Palantukamwerke gedeckt und beschützt ist.

Im Falle sich diese nicht unwichtige Behauptung auch in Wirklichkeit bewähren sollte, würden die Palantukamwerke allerdings eine fast welthistorische Bedeutung beanspruchen können, wie es auch erklären, dafs die Türkei auf die Erbauung dieser gewaltigen Werke in so unerhörter Höhe solche aufserordentliche Aufmerksamkeit, Mühe und ungeheure Summen verwandt hat.

Ein von mir nach Erzerum vorausgesandter Bote erlegte mit einem glücklichen Büchsenschusse unterwegs einen sehr grofsen und schönen Steinadler, den er zu meiner Ansicht auf den Weg niedergelegt hatte. Von einer Flügelspitze bis zur andern mafs dieser Vogel nicht weniger als $7^3/_4$ Fufs.

Am 4. Juli in Erzerum eintreffend, war ich der kalten Witterung so überdrüssig, dafs ich mich, da ja auch Erzerum noch immer über 6000 Fufs hoch liegt, bereit finden liefs, die liebenswürdig angebotene Gastfreundschaft des russischen Generalkonsuls Maximow anzunehmen und mich so nach langer Zeit zum ersten Male von meinem Lager zu trennen.

Da Erzerum mit seinen etwa 50000 Einwohnern, wie auch mit seinem ziemlich wichtigen Transithandel in jedem Konversations-Lexikon beschrieben ist, so brauche ich die Leser um so weniger mit schablonenhafter Aufzählung alles einigermafsen Erwähnenswerten aufzuhalten, als ich die militärisch-politische Hauptwichtigkeit dieses Platzes bereits besprochen habe.

Nach einem viertägigen Aufenthalt brach ich am 9. Juli von Erzerum auf, um nach Trapezunt, dem Endpunkt meiner Landreise zu marschieren. Wohl führt eine, wenn auch nicht sehr schöne, so doch in diesem Falle mehr oder weniger wirkliche Chaussee[1]) von Erzerum über Baiburt nach Trapezunt, doch beschlofs ich, dieselbe nicht zu benutzen, vielmehr auf Saumpfaden direkt über das Pontische Gebirge zu gehen. Ich lagerte von Erzerum bis Trapezunt an folgenden Orten: Ghulabi-Kom, Maaden-Khani, Baiburt, Toronsos, Taschkjöpri und Tschaïrlyk. Ich überstieg am 10. Juli das Gebirge beim Kop-Dagh und zwar indem ich an der betreffenden Stelle die über dasselbe geführte Chaussee zu meinem Übergang benutzte. Ein arger Schneesturm machte diese Passage zu einer ziemlich ungemütlichen.

Meine Barometer zeigten oben 9700 Fufs, also viel mehr, als ich überall für die Höhe des Kop-Dagh-Passes

---

[1]) Der Bau derselben wurde von den Türken noch während ihres letzten Krieges mit Rufsland in aller Eile in Angriff genommen und etwas später auch glücklich beendigt. Da nun in der Türkei nichts erhalten oder ausgebessert wird, so geriet auch diese Chaussee schon einige Jahre später um so mehr in Verfall, als sie auch ursprünglich nicht solide genug angelegt war. Namentlich an vielen Stellen, wo sie an gröfseren oder kleineren Bergflüssen entlang führt, waren die betreffenden Dämme vom Wasser weggerissen.

angegeben finde (8350 Fufs). Ich halte diese Angabe um so mehr für viel zu niedrig, als ich auch von ganz zuständigen Leuten in Erzerum mehrfach hörte, dafs sie den Kop-Dagh gleich hoch wie den Palantukam rechnen, was also fast 11000 Fufs sein würde. Auch der englische Konsul in Trapezunt, Mr. Longworth, mit dem ich später darüber sprach, und der gerade damit beschäftigt war, Materialien zu einer neuen Karte dieses Gebietes zusammen zu bringen, sagte mir, dafs er den Kop-Dagh immer zu etwa 10000 Fufs angenommen, ihn aber in nächster Zeit genau messen zu lassen angeordnet habe.

Nördlich von Toronsos kommt man noch einmal über eine dem Kop-Dagh gleiche, von meinen Barometern mit 9400 Fufs angegebene Höhe. Überhaupt zieht sich das Pontische Gebirge zwischen Erzerum und dem Meere in der Art hin, dafs man wiederholt hinauf- und wieder hinuntergeht und somit über mehrere von Osten nach Westen parallel nebeneinander hinlaufende und durch tiefe Einsenkungen getrennte Ketten geht.

Das ganze Land zwischen Erzerum und dem Meere ist ebenso schön als auch in den Thälern fruchtbar. Was die Bevölkerung anbetrifft, so hören sehr bald, nachdem man Erzerum nach Norden hin verläfst, sowohl Armenier als auch Kurden fast ganz auf und es treten an ihre Stelle die Lasen. Es ist ein aufserordentlich schöner und kräftiger Volksstamm, der aber allgemein im Rufe steht, im höchsten Grade räuberisch und so leidenschaftlich zu sein, dafs bei ihnen im Zorne gelegentlich sogar eine dem malayischen Amoklaufen ähnliche Erscheinung vorkommen soll. Eine eigentümlich verachtete Stellung nimmt bei ihnen das Weib ein, das nur als zur Kindererzeugung notwendiges Übel geduldet und zur Verrichtung möglichst vieler Arbeit gebraucht wird. Ähnlich wie meist in Albanien, würde es einem jungen Manne als grofse Schande angerechnet werden, wenn man von ihm erfahren sollte, dafs er in ein Weib verliebt sei oder demselben den Hof mache, wohingegen Neigung zum eigenen Geschlecht nicht allein gestattet, sondern auch als einzige, aufser Krieg und Räuberei, eines tapfern jungen Mannes würdige Passion erachtet wird. Als solchen Ansichten huldigend, sind die Lasen ebenso allgemein wie die Albanesen im ganzen Orient bekannt. In Europa glaubt man gewöhnlich, dafs das hier angedeutete Laster im ganzen Orient allgemein verbreitet ist und dem entsprechend dort überall auch sehr milde beurteilt wird; das ist indessen durchaus nicht der Fall; denn mit Ausnahme der den höheren Gesellschaftsklassen angehörenden Türken, wird von denselben und noch mehr von den Arabern das erwähnte Laster sehr verabscheut.

Als ich in Tschaïrlyk am 15. Juli zu Pferde stieg, geschah es mit dem ziemlich wehmütigen Gedanken, dieser seit Damaskus 180. Marschtag sollte auch mein letzter sein, wenigstens hinsichtlich dieser grofsen Reise, die nunmehr zu Ende ging. Zum letztenmal wurde mein Lager abgebrochen und nicht so bald sollte es wieder aufgestellt werden. Noch an demselben Abend sollte ich schon wieder in einem Hôtel schlafen, im besten Falle höchstens nur noch wie in Europa ein den von ihm gemachten Ausgaben entsprechend geachteter Reisender. Mit der fast eine Art von Cäsarenwahn entwickelnden Allmacht, fast immer und in der Wüste unbedingt unumschränkt schalten und walten zu können, ja sogar über Leben und Tod bestimmen zu können

— mit alledem sollte es also schon in wenigen Stunden vorbei sein. Natürlich tröstete ich mich mit der Idee, ich träte ja nur ganz zeitweise in die kleinlichen Verhältnisse eines Unterthanen oder Gastes eines civilisierten und wohlorganisierten, jeden persönlichen Willen beschränkenden Polizeistaates zurück, und mein Aufenthalt inmitten des von Spiefsbürgern so geliebten Europas würde ja nicht ewig dauern.

So übermäfsig schnell sollte aber mein Eintritt in das so wohl organisierte Europa übrigens noch gar nicht stattfinden, denn bis auf weiteres ging es ja zunächst erst nach der Hauptstadt der Türkei, die der gedachten Civilisation ja noch nicht so übermäfsig nahe ist. Eine grofse Überraschung stand mir indessen noch an diesem letzten Tage meiner Reise bevor.

Mein Weg war nämlich an diesem Tage der halsbrecherischste, den ich gesehen, und zwar nicht allein schrecklicher als alles, was ich auf dieser Reise erlebt, sondern wohl auch gefährlicher als alles, was ich in aller Herren Länder oder auch in herrenlosen Ländern in dieser Beziehung früher durchgemacht hatte. Wohl bildete ich mir damals noch ein, ich hätte alles Denkbare bereits gesehen, mich auch durch Überwindung daran gewöhnt. Das alles wurde indessen an diesem Tage zu Schanden. Man mufs so etwas selbst durchgemacht haben, um mit anderen, die es erleben, vollständig mitfühlen zu können. Viele Stellen waren an diesem Tage wirklich fürchterlich. Es hatte in der vorhergegangenen Nacht stark geregnet, so dafs die Pferde, wenn man bisweilen auf kaum $2^{1}/_{2}$ bis 3 Fufs breiten, dabei halbschiefen Pfaden an riesigen senkrechten Abgründen vorüberritt, was an und für sich schon

unheimlich genug war, als besonders aufregende Zugabe
auf weichem Erdboden fast bei jedem Schritte ausglitten
und gelegentlich dabei sogar in längeres Taumeln gerieten.
Das wäre allein ja schon hinreichend gewesen, um bei
längerer Dauer einen Menschen vor Aufregung herzkrank
zu machen, und zwar um so mehr, als das Beschriebene
bisweilen einige Kilometer lang dauerte. Wohl stieg ich
hin und wieder auch einmal vom Pferde, um dasselbe ein
besonders arges Stückchen am Zaume zu führen. Dabei
kam aber auch nicht viel heraus, denn wenn ich glaubte,
das Schlimmste sei vorüber und wieder aufstieg, kam sofort
wieder eine ganz ähnliche oder gar noch schlimmere Stelle.
Wieder absitzend, ermüdete ich allmählich und hatte
selbst grofse Mühe, auf dem seifengleichen Erdreiche nicht
jeden Augenblick auszugleiten und so zu Fufs eventuell
noch eher in die Tiefe zu fallen, als wenn ich mich meinem
Pferde anvertraute.

Bei solchen Gelegenheiten wird man bald, wenn
auch nicht furchtlos, so doch vollständig abgestumpft und
hat zuletzt keine anderen Gedanken mehr, als ein der Ermüdung und Wut entspringendes, ziemlich wüstes Bewufstsein, dafs am Ende vom Liede alles einerlei sei. Allmählich in einen solchen Zustand verfallen, sollte ich auch
daraus durch einen wirklich beschreibenswerten Schrecken
geweckt werden. Ganz zufällig — denn das war durchaus
nicht immer der Fall — ritt ich gerade in dem langen,
aus meinen sämtlichen Reitern gebildeten Gänsemarsche
als zweiter, d. h. gleich hinter dem als Führer dienenden
Soldaten, einem jungen aus der Gegend gebürtigen und
daher diesen wenig benutzten Pfad genau kennenden
Menschen. Als ein in diesen Dingen aufgewachsener und

daran gewöhnter Mensch und aufserdem nicht auf einem Pferde, sondern auf einem Maultiere sitzend, bekümmerte er sich weiter um nichts, als dafs er einfach die Richtung zeigte und ohne sich umzuschauen, immer vorwärts strebte. Hinter ihm drein kam ich nun und zwar, wie schon erwähnt, mich ziemlich gleichgültig in das Unvermeidliche fügend und kaum noch sehr genau hinsehend.

Auf einmal erwachte in mir gleichsam das Bewufstsein, in einer sowohl durch ihre Neuheit wie auch durch ihre Entsetzlichkeit ganz besonders auffallenden Gefahr zu sein. Denn vor mir lag plötzlich eine vollständig glatte, höchst schiefe, abschüssige, aus nacktem Granit bestehende Felsplatte. Es war rein wie auf einem Dache, an dem entlang der verfluchte Lase mich ganz ruhig führte. Rechts von mir ein unübersehbarer schwarzer Abgrund, links aber das weiter schief aufsteigende Dach und vor mir gar kein absehbares Ende, so dafs es sich gar nicht um einige schreckliche Schritte handelte, sondern gewissermafsen um eine längere Reise auf so angenehmem Wege. Sogar das Maultier vor mir begann auf dem glatten Felsen auszugleiten und zu taumeln und desgleichen auch mein Pferd. Mit Gedankenschnelle überlegte ich, ob ich nicht vielleicht noch vom Pferde abzuspringen vermöchte, aber sogleich wurde mir klar, dafs das wahrscheinlich, auch mit Aufopferung des Pferdes, nicht gelingen könnte, denn das taumelnde Pferd hielt sich kaum noch im Gleichgewicht und wäre bei der geringsten heftigen Bewegung meinerseits gewifs gleich und zwar wohl mit mir in die Tiefe gestürzt. Vielleicht, so dachte ich weiter, wäre es möglich, das Pferd nach oben zu lenken und da irgendwo festen Fufs zu fassen; aber auch das ging nicht, denn es war zu steil und zu glatt. Nur mit Angst wagte ich den Kopf zu wenden, um zu sehen, was hinter mir vorging. Da standen, wohl 100 Schritte hinter mir zurückgeblieben, die anderen Leute. Sie waren abgesessen und sahen zu, wie mein Führer und ich auf diesem Steindache auf unsern Pferden gleichsam Schlittschuh liefen. Zu machen war meinerseits gar nichts, und da ich das Maultier vor mir taumeln sah und die Sache, soweit ich sehen konnte, noch lange dauern sollte, so gab ich mich wirklich verloren. Zu meinem Glücke ritt ich an diesem Tage Leila, meine schwarze Stute, von der ich schon früher als von einem ausgezeichneten Pferde gesprochen habe. Vorsichtig und leise, um sie nicht verwirrt zu machen, sprach ich dem vortrefflichen Tiere zu. Fast bei jedem Schritte und mit jedem Fuſse glitt das arme Tier aus, und alle Augenblicke berührten ihre Nüstern fast oder auch ganz den Erdboden, aber immer raffte sie sich, gewissermaſsen von einem Taumeln ins andere übergehend, wieder empor, und vermied so mit der ungeheuersten Kraftanstrengung ihr wirkliches Niederstürzen, das unfehlbar ihren und auch meinen Untergang zur Folge gehabt hätte. Das kluge Tier war sich, wie ich ganz deutlich sah, der fürchterlichen Gefahr vollständig bewuſst, denn mit vor Schreck weit aufgerissenen Nüstern und Augen strebte sie vorwärts und schaute, ganz weiſs vom Angstschweiſs, offenbar nach festem Boden aus.

Endlich war, wenn ich so sagen kann, dieses Dach seiner Länge nach zu Ende und es kam eine kleine Biegung mit ebenem Boden. Gottlob, es war zu Ende. Ich habe die Strecke nicht gemessen, aber lang war sie für solche Abschüssigkeit schon, vielleicht an die 400 bis 500 Schritt!! Schon oft und mehr als mir lieb war, hatte ich in äuſserster

Lebensgefahr geschwebt, die bei dieser Gelegenheit überstandene wird mir aber mein Leben lang als eine der schlimmsten und gefährlichsten in Erinnerung bleiben.

Der Landstrich bei Trapezunt ist sowohl durch seine landschaftlichen Schönheiten als auch durch seine aufserordentliche Fruchtbarkeit eine der herrlichsten Gegenden der Welt. Auch im Winter ist das Klima hier ein sehr mildes, was um so auffallender ist, als dann nur einige Stunden von der Küste das ganze Land weit und breit von Schnee und Eis bedeckt ist. Aus diesem Grunde scheint es mir eine belangreiche und recht schwierig zu beantwortende Frage zu sein, warum gerade diese Trapezunter Ecke soviel wärmer ist als z. B. Konstantinopel oder die mehr westlich gelegene Nordküste von Kleinasien, von der Krim und der russischen Südküste schon gar nicht zu reden!?

Dennoch ist dies eine ganz bekannte Thatsache, die ich auch selbst zu beobachten Gelegenheit hatte, als ich früher einmal diese Küste im Winter besuchte. Dieser ganz besonders gesegnete Landstrich beginnt etwa 20 km, bevor man aus dem Innern ans Meer gelangt. Man glaubt plötzlich in ein Paradies geraten zu sein, und das ganze Land erscheint wie ein in üppigster Pracht von Vegetation strotzender Garten. Ich erinnere mich nicht, jemals an anderer Stelle eine solche zusammenhängende Menge der schönsten Obstbäume gesehen zu haben, denn stundenlang reitet man hier durch dichte Wälder, aus Kastanien-, Feigen-, Kirsch-, Mandel-, Orangen-, Pfirsich-, Walnufs-, Aprikosen-, Apfel- und Birnbäumen, sowie auch aus Weinstöcken und Rosenbäumen bestehend. Namentlich in Europa sind wir gewöhnt, Obstbäume ziemlich weit auseinander stehend zu sehen und dem entsprechend solche Gärten selten sehr schön zu finden, hier aber ist das alles so wild, dicht und mannigfaltig untereinander vermischt, und auch die Bäume sind so gewaltig, dafs es wirklich den Namen eines Urwaldes verdient. Wie bedeutend derselbe ist, kann man auch daraus ermessen, dafs, obwohl Trapezunt alljährlich für viele Millionen kostbarste Hölzer nach Europa ausführt, dennoch von ausgehauenen oder ruinierten Waldungen nichts zu sehen ist. Sehr auffallend war mir auch der Boden dieses Landstrichs, der mir überall ausschliefslich aus der feinsten schwarzen Gartenerde zu bestehen schien, so etwa, wie es diejenige ist, die man in Europa zu besondern Zwecken bisweilen künstlich aus Dünger, vermodertem Holz, Laub und dergleichen mehr herstellt.

Für die in Trapezunt ziemlich zahlreichen Europäer sind die eben beschriebenen, in nächster Nähe belegenen Herrlichkeiten leider ziemlich ungeniefsbar, da die Unsicherheit eine so grofse ist, dafs man es nicht gut wagen kann, in den zahlreichen und reizend gelegenen, aber nur von den Aufsehern der Gartenbesitzer benutzten Landhäusern zu wohnen.

Trapezunt selbst ist mit seinen 50000 Einwohnern und recht bedeutendem Handel eine ganz blühende Stadt. Laut verschiedenen mir mitgeteilten Konsularberichten beträgt der Handelsumsatz nicht weniger als etwa 80 Millionen Mark und scheint, nachdem er eine Zeitlang im Zurückgehen begriffen gewesen ist, jetzt wieder mehr zuzunehmen.

Wohl sind Samsun und noch mehr Batum grofse Konkurrenten von Trapezunt, und schien namentlich letztgenannter Hafenplatz durch seine bis ans Kaspische Meer führende Eisenbahn den ganzen Transit-Einfuhrhandel nach Persien an sich reifsen zu wollen. Nachdem indessen Rufsland die bisherige Zollfreiheit der nach Persien transit gehenden Waren neuerdings aufgehoben hat, geht ein grofser Teil derselben wieder über Trapezunt. Aufser der bereits erwähnten umfangreichen Ausfuhr von Holz, führt Trapezunt auch eine Menge von teils rohen, teils aber auch schon bearbeiteten Tierhäuten und Fellen aus, sowie auch Wolle, Hörner und andere Produkte der bedeutenden Viehzucht des Hinterlandes. Unter diesen Produkten könnte und müfste eigentlich auch Butter für viele Millionen mit erscheinen; das ist aber nicht der Fall, weil sowohl die Kurden als auch die Armenier auf einer so niedrigen Kulturstufe stehen, dafs die von ihnen hergestellte Butter so schmutzig und schlecht ist, dafs sie dieselbe höchstens selbst aufessen, sonst aber an niemand verkaufen, geschweige denn nach Konstantinopel oder sonst wohin verschicken können. Seit 1894 hat sich ganz plötzlich auch eine ganz grofsartige, ganze Schiffsladungen betragende Ausfuhr von Eiern entwickelt.

Was die Einfuhr Trapezunts anbetrifft, so besteht dieselbe aufser den verschiedenen europäischen Luxusartikeln grofsenteils aus Getreide, da Armenien und Kurdistan selbst, auch in gewöhnlichen Jahren, nicht einmal annähernd seinen eigenen Bedarf zu decken vermag, und somit denselben mit dem Erlöse von verkauftem Vieh u. dergl. bezahlen mufs.

Während meiner Anwesenheit herrschte im ganzen Lande sogar eine recht bedeutende Hungersnot, und kosteten Cerealien nicht allein das drei- und vierfache ihres gewöhnlichen Preises, sondern waren bisweilen gar nicht zu haben. Gerste z. B. war nur durch Schmuggel zu bekommen, da die türkische Regierung alles Vorhandene für ihre Militärpferde haben und doch nur die von ihr selbst willkürlich festgesetzten niedrigen Preise bezahlen wollte. Durch solche und andere unvernünftige Mafsregeln wurde die Not und Verwirrung in allen Verhältnissen und Preisen natürlich noch künstlich gesteigert, wobei die Regierung nicht einmal ihren Zweck erreichte. Sie bekam nämlich zuletzt gar keine Gerste und mufste solche selbst über Trapezunt ins Innere einführen, was ihr dank diebischer Transportunternehmer noch teurer zu stehen kam, als es die Preise waren, die sie durch ihre verkehrten Mafsregeln für die Privatleute geschaffen hatte.

Bei den jetzt in Armenien herrschenden Zuständen dauern übrigens, wie ich höre, Hungersnot und hohe Getreidepreise nicht allein fort, sondern wird sich das wohl auch kaum in absehbarer Zeit oder aus absehbaren Gründen zum Bessern ändern. Es ist gar nicht zu übersehen, wie sich das alles weiter entwickeln und was daraus noch werden soll.

Nachdem sich infolge von Quarantäne-Mafsregeln gegen Batum die Ankunft des französischen Messagerie-Dampfers etwas verzögert, traf derselbe doch endlich eines Tages in aller Frühe ein und brachte auch richtig vortreffliche, aus Marseille bestellte, für den Transport meiner Pferde über See so unumgänglich nötige Kasten mit. Ohne dieselben hätte ich noch gar nicht abreisen können. So aber schiffte ich mich noch an demselben Nachmittag nach Konstantinopel ein.